长白文库

丛书主编 郑毅

吉林农业经济档案

马玉良 王婉玉 选编

吉林文史出版社

图书在版编目（CIP）数据

吉林农业经济档案 / 马玉良, 王婉玉选编. -- 长春: 吉林文史出版社, 2022.9
（长白文库）
ISBN 978-7-5472-8952-5

Ⅰ. ①吉… Ⅱ. ①马… ②王… Ⅲ. ①农业经济—档案资料—吉林 Ⅳ. ①F327.34

中国版本图书馆CIP数据核字(2022)第178780号

吉林农业经济档案
JILIN NONGYE JINGJI DANG'AN
出 品 人: 张 强
选 编: 马玉良 王婉玉
丛书主编: 郑 毅
副 主 编: 李少鹏
责任编辑: 高丹丹 吕 莹
装帧设计: 尤 蕾
封面设计: 王 哲
出版发行: 吉林文史出版社有限责任公司
电 话: 0431-81629369
地 址: 长春市福祉大路出版集团A座
邮 编: 130117
网 址: www.jlws.com.cn
印 刷: 吉林省优视印务有限公司
开 本: 170mm×240mm 1/16
印 张: 15.625
字 数: 260千字
版 次: 2022年9月第1版 2022年9月第1次印刷
书 号: ISBN 978-7-5472-8952-5
定 价: 168.00元

“长白文库”编委会

（排名不分先后）

"长白文库"总序

中华优秀传统文化是中华民族的"根"和"魂"，习近平总书记高度重视中华优秀传统文化，并将其作为治国理政的重要思想文化资源。"不忘本来才能开辟未来，善于继承才能更好创新。""优秀传统文化是一个国家、一个民族传承和发展的根本，如果丢掉了，就割断了精神命脉。"中华优秀传统文化具有多样性和地域性等特征，东北地域文化是多元一体的中华文化中的重要组成部分。吉林省地处东北地区中部，是中华民族世代生存融合的重要地区，素有"白山松水"之美誉，肃慎、扶余、东胡、高句丽、契丹、女真、汉族、满族、蒙古族等诸多族群自古繁衍生息于此，创造出多种极具地域特征的绚烂多姿的地方文化。为了"弘扬地方文化，开发乡邦文献"，自20世纪80年代起，原吉林师范学院李澍田先生积极响应陈云同志倡导古籍整理的号召，应东北地区方志编修之急，服务于东北地方史研究的热潮，遍访国内百余家图书馆寻书求籍，审慎筛选具有代表性的著述文典300余种，编撰校订出版以"长白丛书"（以下简称"丛书"）为名的大型东北地方文献丛书，迄今已近40载。历经李澍田先生、刁书仁和郑毅两位教授三任丛书主编，数十位古籍所前辈和同人青灯黄卷、兀兀穷年，诸多省内外专家学者的鼎力支持，"丛书"迄今已共计整理出版了110部5000余万字。"丛书"以"长白"为名，"在清代中叶以来，吉林省疆域迭有变迁，而长白山钟灵毓秀，巍然耸立，为吉林名山，从历史上看，不咸山于《山海经·大荒北经》中也有明确记录，把长白山当作吉林的象征，这是合情合理的。"（"长白丛书"初版陈连庆先生序）

1983年吉林师范学院古籍研究所（室）成立，作为吉林省古籍整理与研究协作组常设机构和丛书的编务机构，李澍田先生出任所长。全国高校古籍整理工作委员会、吉林省教委和省财政厅都给予了该项目一定的支持。李澍田先生是"丛书"的创始人，他的学术生涯就是"丛书"的创业史。"丛书"能够在国内外学界有如此大的影响力，与李澍田先生的敬业精神和艰辛努力是分不开的。"丛书"创办之始，李澍田先生"邀集吉、长各地的中青年同志，乃至吉林的一些老同志，群策群力，分工合作"（初版陈序），寻访底本，夙兴夜寐逐字校勘，联络印刷单位、寻找合作方，因经常有生僻古字，先生不得不亲自到车间与排版工人拼字铸模；吉林文史出版社于永玉先生作为“丛书”的第一任责编，殚精竭虑地付出了很多努力，为“丛书”的完成出版作出了突出贡献；原古籍所衣兴国等诸位前辈同人在辅助李澍田先生编印“丛书”的过程中，一道解决了遇到的诸多问题、排除了诸多困难，是“丛书”草创时期的重要参与者。“丛书”自20世纪80年代出版发行以来，经历了铅字排版印刷、激光照排印刷、数字化出版等多个时期，“丛书”本身也称得上是改革开放以来中国印刷史的见证。由于“丛书”不同卷册在出版发行的不同历史时期，投入的人力、财力受当时的条件所限，每一种图书的质量都不同程度留有遗憾，且印数多则千册、少则数百册，历经数十年的流布与交换，有些图书可谓一册难求。

1994年，李澍田先生年逾花甲，功成身退，由刁书仁教授继任“丛书”主编。刁书仁教授“萧规曹随”，延续了“丛书”的出版生命，在经费拮据、古籍整理热潮消退、社会关注度降低的情况下，多方呼吁，破解困局，使得“丛书”得以继续出版，文化品牌得以保存，其功不可没。1999年原吉林师范学院、吉林医学院、吉林林学院和吉林电气化高等专科学校合并组建为北华大学，首任校长于庚蒲教授力主保留古籍所作为北华大学处级建制科研单位，使得“丛书”的学术研究成果得以延续保存。依托北华大学古籍所发展形成的专门史学科被学校确定为四个重点建设学科之一，在东北边疆史地研究、东北民族史研究方面形成了北华大学的特色与优势。

2002年，刁书仁教授调至扬州大学工作，笔者当时正担任北华大学图书馆馆长，在北华大学的委托和古籍所同人的希冀下，本人兼任古籍所所长、“丛书”主编。在北华大学的鼎力支持下，为了适应新时期形势的发展，出于拓展古籍研究所研究领域、繁荣学术文化、有利于学术交流以及人才培养工作的实际需要，原古籍研究所改建为东亚历史与文献研究中心，在保持原古籍整理与研究的学术专长的同时，中心将学术研究的视野和交流渠道拓展至东亚地域范围。同时，为努力保持“丛书”的出版规模，我们以出文献精品、重学术研究成果为工作方针，确保“丛书”学术研究成果的传承与延续。

在全方位、深层次挖掘和研究的基础上，整套“丛书”整理与研究成果斐然。“丛书”分为文献整理与东亚文化研究两大系列，内容包括史料、方志、档案、人物、诗词、满学、农学、边疆、民俗、金石、地理、专题论集12个子系列。“丛书”问世后得到学术界和出版界的好评，“丛书”初集中的《吉林通志》于1987年荣获全国古籍出版奖，三集中的《东三省政略》于1992年获国家新闻出版总署全国古籍整理图书奖，是当年全国地方文献中唯一获奖的图书。同年，在吉林省第二届社会科学成果评奖中，全套丛书获优秀成果二等奖，并被国家新闻出版总署列为“八五”计划重点图书。1995年《中国东北通史》获吉林省第三届社会科学优秀成果二等奖。2005年，《同文汇考中朝史料》获北方十五省（市、区）哲学社会科学优秀图书奖。

“丛书”的出版在社会各界引起很大反响，与当时广东出现的以岭南文献为主的《岭南丛书》并称国内两大地方文献丛书，有“北有长白，南有岭南”之誉。吉林大学金景芳教授认为“编辑‘长白丛书’的贡献很大，从‘辽海丛书’到‘长白丛书’都证明东北并非没有文化”。著名明史学者、东北师范大学李洵教授认为：“《长白丛书》把现在已经很难得的东西整理出来，说明东北文化有很高的水准，所以丛书的意义不只在于出了几本书，更在于开发了东北的文化，这是很有意义的，现在不能再说东北没有文化了。”美国学者杜赞奇认为“以往有关东北方面的材料，利用日文资料很多。而现在中文的‘长白丛书’则很有利于提高中国东北史的研究”（在“长白丛书”出版十周年纪念会上的发言）。中国社会科学院边疆史地研究中心主任厉声研究员认为：“‘长白丛书’已经成为一个品牌，与西北研究同列全国之首。”（1999年12月在“长白丛书”工作规划会议上的发言）目前，“长白丛书”已被收藏于日本、俄罗斯、美国、德国、英国、加拿大、澳大利亚、韩国及东南亚各国多所学府和研究机构，并深受海内外史学研究者的关注。

为了更好地传承和弘扬优秀地域文化，再现“丛书”在“面向吉林，服务桑梓”方面的传统与特色，2010年前后，我与时任吉林文史出版社社长的徐潜先生就曾多次动议启动出版《长白丛书精品集》，并做了相应的前期准备工作，后因出版资助经费落实有困难而一再拖延。2020年，以十年前的动议与前期工作为基础，在吉林省省级文化发展专项资金的资助下，北华大学东亚历史与文献研究中心与吉林文史出版社共同议定以《长白丛书》为文献基础，从“丛书”已出版的图书中优选数十种具有代表性的文献图书和研究著述合编为“长白文库”加以出版。

“长白文库”是在新的历史发展时期对“长白丛书”的一种文化传承和创新，“长白丛书”仍将以推出地方文化精华和学术研究精品为目标，延续东北地域文化的文脉。

“长白文库”以“长白丛书”刊印40年来广受社会各界关注的地方文化图书为入选标准，第一期选择约30部反映吉林地域传统文化精华的图书，充分展现白山松水孕育的地域传统文化之风貌，为当代传统文化传承提供丰厚的文化滋养，是一件功在当代、利在千秋的文化盛举。

盛世兴文，文以载道。保存和延续优秀传统文化的文脉，是人文社会科学研究者的社会责任和学术使命，“长白丛书”在创立之时，就得到省内外多所高校诸多学界前辈的关注和提携，“开发乡邦文献，弘扬地方文化”成为20世纪80年代一批志同道合的老一辈学者的共同奋斗目标，没有他们当初的默默耕耘和艰辛努力，就没有今天“长白丛书”这样一个存续40年的地方文化品牌的荣耀。“独行快，众行远”，这次在组建“长白文库”编委会的过程中，受邀的各位学者都表达了对这项工作的肯定和支持，慨然应允出任编委会委员，并对“长白文库”的编辑工作提出了诸多真知灼见，这是学界同道对“丛书”多年情感的流露，也是对即将问世的“长白文库”的期许。

感谢原吉林师范学院、现北华大学40年来对“丛书”的投入与支持，感谢吉林文史出版社历届领导的精诚合作，感谢学界同人对“丛书”的关心与帮助！

郑　毅

谨序于北华大学东亚历史与文献研究中心

2020年7月1日

“长白丛书”序

吉林师范学院李澍田同志，悉心钻研历史，关心乡邦文献，于教学之余，搜罗有关吉林的书刊，上自古代，下迄辛亥，编为“长白丛书”，征序于予，辞不获命。爰缀予所知者书于简端曰：

昔孔子有言：“夏礼吾能言之，杞不足征也。殷礼，吾能言之，宋不足征也。文献不足故也，足，则吾能征之矣。”说者以为：“文，典籍也。献，贤也。”这是因为文献对于历史研究相辅相成，缺乏必要的文献，历史研究便无从措手。古代文献，如十三经、二十四史之属，久已风行海内外，家传户诵，不虞其失坠，而近代文献往往不易保存。清代学者章学诚对此曾大声疾呼，唤起人们的注意，于其名著《文史通义》中曾详言之。然而，保存文献并不如想象那么容易。贵远贱近，习俗移人，不以为意，随手散弃者有之。保管不善，毁于水火，遭老鼠批判者有之。而最大损失仍与政治原因有关。自清朝末叶以来，吉林困厄极矣，强邻环伺，国土日蹙，先有日、俄帝国主义战争，继有军阀割据，九一八事变后，又有敌伪十四年统治，国土沦陷，生民憔悴。在政权更迭之际，人民或不免于屠刀，图书文物更随时有遭毁弃和掠夺的命运。时至今日，清代文书档案几如凤毛麟角，九一八事变以前书刊也极为罕见。大抵有关抨击时政者最先毁弃，有关时事者则几无孑遗。欲求民国以来一份完整无缺的地方报纸已不可能，遑论其他。

中华人民共和国成立以来，百废俱兴，文教事业空前发展。而中经十年内乱，公私图书蒙受极大损失，断简残篇难以拾缀。吉林市旧家藏书，“文革”期间遭到洗劫，损失尤重。粉碎“四人帮”后，祖国复兴，文运欣欣向荣，在拨乱反正的号召下，由陈云同志倡导，大张旗鼓，整理古籍，一反民族虚无主义积习，尊重祖国悠久文化传统，为振兴中华，提供历史借鉴。值此大好时机，李澍田同志以一片爱国爱乡的赤子之心，广泛搜求有关吉林文史图书，不辞劳苦，历访东北各图书馆，并远走京沪各地，仆仆风尘，调查访问，即书而求人，因人而求书，在短短几年内，得书逾千，经过仔细筛选，择其有代表性者三百种，编为“长白丛书”。盖清代中叶以来，吉林省疆域迭有变迁，而长白山钟灵毓秀，巍然耸立，为吉林名山，从历史上看，不咸山于《山海经·大荒北经》中也有明确记录，把长白山当作吉林的象征，这是合情合理的。

“丛书”中所收著作，以清人作品为最多，范围极其广泛，自史书、方志、游记、档案、家谱以下，又有各家别集、总集之属。为网罗散佚，在宋、辽、金以迄明代的著作之外，又以文献征存、史志辑佚、金石碑传补其不足，取精用宏，包罗万象，可以说是吉林文献的总汇，对于保存文献，具有重大贡献。

回忆酝酿编余之际，李澍田同志奔走呼号，独力支撑，在无人、无钱的条件下，邀集吉长各地的中青年同志，乃至吉林的一些老同志，群策群力，分工合作，众志成城，大业克举。在整理文献的过程中，摸索出一套先进经验，培养出一支坚强队伍。这也是有志者事竟成的一个范例。

我与李澍田同志相处有年，编订此书之际，澍田同志虚怀若谷，对于书刊的搜求，目录的选定等方面多次征求意见。今当是书即将问世之际，深喜乡邦文献可以不再失坠，故敢借此机会聊述所怀。殷切希望读此书者，要从祖国的悲惨往事中，体会爱国家、爱乡土的心情，激发斗志，为“四化”多作贡献。也殷切希望读此书者，能够体会到保存文献之不易，使焚琴煮鹤的蠢事不要重演。

当然，有关吉林的文献并不以汉文书刊为限，在清代一朝就有大量的满文、蒙文的档案和图书，此外又有俄、日、英、美各国的档案和专著，如能组织人力，有计划、有步骤地进行整理，提要钩玄勒成专著，先整理一部分，然后逐渐扩大，这也是不朽的盛业，李君其有意乎？

吉林 陈连庆 谨序

一九八六年五月一日

前言

“农业是整个古代世界的决定性的生产部门”。自古以来，中国素以农业立国，农业经济占据头等重要位置。没有农业经济的发展史，就构不成完整的中国发展史。若研究吉林地区的历史，非研究其农业经济不可。然而，吉林有史以来，有关的论著寥寥，究其根源，在于原始资料的开发尚未引起人们的高度重视，尤其是作为历史真实见证而又最具有权威性的档案文献迄今未见发掘，尚无一本有关资料书问世，致使史学工作者在研究吉林地区历史时，“巧妇难为无米之炊”。我国著名的马克思主义史学家范文澜曾说：“理论联系实际是马克思主义的定理，理论和材料二者缺一不可，作史学工作必须掌握大量的历史资料，没有大量资料，理论怎样来联系实际呢？现在对历史资料确有望洋兴叹之感，资料太多、太散、太乱，收集、整理和考证资料，实在是一件十分重大迫切的事情。我们必须特别重视资料工作，才能动员大批力量投入这个工作里去。……希望今后有许多资料书、工具书陆续出版，这是一件功德无量的工作！”由此可见，档案文献编纂在我国史学发展史上之重要价值。

清代康熙十二年吉林建城后，成为东北地区军事、政治和经济中心之一。吉林位于祖国东陲，是一个美丽富饶的地方。溯至远古，吉林人民世世代代在这里艰辛地开发、劳动、繁衍、生息，用辛勤的汗水，耕耘了这块广袤的土地，为农业经济的发展奠定了坚实的基础。特别是康熙中叶之后，地处边外的吉林，在农业经济方面又有一定的进展。遗憾的是，由于东北被满族贵族视为“龙兴圣地”，自清初封禁，近二百年，吉林几与外世隔绝，限制了它的进一步开发。道咸以降，禁令渐弛，吉林的农业经济始有较大进步。尽管清末及民初动乱不已，但其农业经济在吉林人民坚韧不拔的努力之下，仍然获得了长足的发展。在长期的农业生产中，吉林人民积累了一套适合当地条件的生产经验，荒芜土地不断得到开垦，经济作物日益增多，新技术、新品种陆续得到推广，粮食产量不断提高，并大量运销内地，相应出现了一些有益于发展农业的农业组织及设施。所有这些为后来吉林的繁荣奠定了一定的基础。与此同时，封建政权及新旧军阀政权为维护其自身的统治，大大加强了对农民的盘剥和控制。名目繁多的赋税与捐税，天灾人祸频仍，均转嫁到农民头上，通过各种渠道，无尽无休地搜刮着农民，极大地破坏了生产力，从而使近代的吉林农业经济呈现出畸形发展的态势。

在吉林市档案馆中，收藏着七八万卷珍贵的历史档案，这是研究吉林历史的弥足珍贵的“传家宝”，如能开发利用，必将极大地推动吉林历史的研究工作。我们从客观需要及档案史料基础出发，选定吉林农业经济这一课题，历时经年，从尘封的原始资料中进行“去粗取精、去伪存真、由此及彼、由表及里”的分析研究，历经对档案史料的查检、选择、考订、标点、拟题、编辑，谨将我们的成果奉献给广大读者。

本编以类相从，分为六题，即：土地政策；赋税制度；土地管理；农业调查；农业组织及技术；建仓积谷。全书共二十三万余字。

本书选编由马玉良、王婉玉共同完成，特请周克让先生审校，左喜、张丽光同志核校，李澍田教授审定。在编订过程中，蒙吉林市档案局刘裕仁局长，刘国堂、吴耀庭诸同志大力帮助，谨致谢忱。

由于选材限于吉林市档案馆所藏，难称完璧，编者孤陋，舛误之处敬冀方家匡正。

编　者

己巳季秋

编辑说明

一、吉林近代农业经济史料系从吉林市档案馆馆藏历史档案中选出，共二百五十六件。其时间断限为清代乾隆十八年至民国二十年，为不割断历史，对关系密切的东北沦陷时期档案史料酌加附载。

二、本书按史料所反映的基本问题分为六大类，每类下分属类，所选史料均按成文时序排列。各件标题皆系编者所拟。

三、本书所选档案史料均属首次发表，基本上全文照录。档案正文中与本编无关者，为免繁杂冗长，略作删节。凡删节处均注明（上略）（中略）（下略）字样。

四、由于历史的原因，档案正文无标点，不分段，并有字句的倒讹衍脱。为方便读者，编者在整理的基础上，进行标点分段；原件中残缺及无法辨认的字，用□补缺；颠倒字，径改；原件中错字、衍误字用（ ）括除；应添之文用〔 〕增补；凡行文中书写官员姓名避讳之处，依原档式样空出位置。

五、本书所选史料，均依原件在文题之后标注时间，凡原件无时间或时间不详的，均由编者考订标出，并于括号中注明。

六、文内有“如左”“如右”字样，今改横排，一仍其旧。

编　者

1989年10月1日

目 录

一、土地政策

（一）封禁官荒

吉林理事同知为令张永溶帮同驱逐沙河子等处流民的札文

道光六年九月初三日

为札令依限严逐事。

本年九月初一日蒙将军衙门札开，户司案呈，据撵逐流民之协领吉凌阿报称：其杉松背等处流民因被拆烧房屋，始行陆续迁移。惟沙河子等处流民邀众恳限延挨不搬，请添派干员兵丁帮同驱逐等情。查前据试用同知达庆报称，已将舒兰河等处流民徐恺等二十余户撵逐出境，各等情，先后呈报。查该委员、协领等撵逐之流民均系搬往何处，并未声明，似属不合。本衙门暂且毋庸添派官员兵丁，饬交理事同知着派巡检张永溶，多代干役前往该处帮同协领严行撵逐。如有不遵撵逐，即将为首之恶民拿送衙门，从重惩办。并札饬协领吉凌阿等遵照，勿论纳粮民人以及流民概行晓谕，务于九月初十日以内全行逐出禁境，均不准往东、南、北三面搬移，令其全往西北卡伦界内搬移居住。仍将驱逐之民数姓名、于何日搬往何处，按名随时造册呈报。再卡伦外关系禁山，如何有纳粮民人缘由一并立即查明，等因到府，蒙此。查札内所开卡伦外现有纳粮丁民不遵驱逐，并未指明该户等注册姓名，无凭稽查，除派干役跟随外，合亟札饬。为此，札仰该候补巡检照札事理，札到立即带同差役前往沙河子等处，帮助前往撵民官员等，依限严行驱逐，务于九月初十日以内一概逐出禁界，并将卡伦外现有丁粮民户若干按名查明，系于何年潜居该处垦地，何年报册起征丁粮，逐一查核明晰，分别具报，以凭按册稽核办理。该巡检务宜实力帮同撵逐查办，毋得观望迁延，致干未便。毋违，速速。特札。

吉林理事同知为奉上谕驱逐流民不准占垦禁山出示晓谕的告示

道光六年九月十一日

为剀切出示晓谕矜全愚氓事。

照得卡伦外各屯流民集聚多年，本干例禁，前因尔等赴城乞恩，当蒙将军、大人恩准具奏，两次吁恳天恩，安插尔等升科乐业，代民祈命，不为不切。

乃两次钦奉谕旨，卡伦外皆系禁山，定例不准存住流民，务令迁移净尽。将军、大人已获申饬，管理各官均经降革，想尔等亦有见闻。此刻将军深念尔等穷民安土重迁，流离颠沛，诚所不忍。惟叠奉圣旨，自当钦遵办理。所有卡伦内地面，均任尔等迁住，果于卡伦内各有开垦契买地亩，仍听尔等报官，登册纳粮。前曾奉有恩旨，赏给尔等盘费，已属仁施格外，倘迁费尚有不足，本府现拟酌量赀恤，许尔等报明投领。兹将军给限九月底搬移净尽，务各作速料理迁运。况尔等皆系良善愿民，各有身家，各有正业，倘有无籍之徒架词煽惑，结伙阻挠，尔等无知听信，随波逐流，妄异迟延或得不迁，尔等不思以小民抗违旨意，何等重罪，一经大加查办，尔等尚能保全身家性命乎？本府恻念愚氓，深怀哀悯，岂忍坐视，为此合行出示，明白晓谕。尔等急宜各爱身家，善自保全，如再执迷不悟，观望莫迁，诚恐良莠不分，后悔无及也。凛之，惕之，毋违。特示。

吉林理事同知为移置流民俾免失所肃清重地的告示

道光六年九月十五日

为出示晓谕移置流民，俾免失所，肃清重地事。

照得卡伦外舒兰、霍伦等处流民，奉旨迁移净尽，钦遵办理。兹据查移流民各委员等禀明将军据称：舒兰等处流民业经迁走二百余户，往赴卡伦内地就近乡社寄居。讵各卡伦查禁不容暂住，以致流民栖止无所，仍行搬回卡伦以外，一时难以肃清，禀请筹办等语。本府当奉将军面谕，饬令在于卡伦内存俭、永智二社甲村屯查觅闲房空地分住流民，俟明年春融，听其去留。

奉此，本府查存俭、永智二社甲管界乡约尚有二十二名，核计每名界内分住流民五十余户，散布该社甲各屯，尚不至于拥挤。如此均分于二十二名乡约界内，其流民一千余户尽可尽数迁移，卡伦外既可及早肃清，而该流民等亦不致颠扑载道，所往向隅。本府除另谕分派各该乡约遵办外，为此合行出示晓谕卡伦内存俭、永智二社甲旗民人等知悉：遇有霍伦等处流民迁往觅居，不许仍前阻禁，并着派各该乡约各于各界村屯查觅闲房空地，或自盖窝棚，指令流民栖止。俟明年春融，该流民等或愿招佃，或自垦闲荒，或竟他往，各该乡约查明具报。倘有该社甲旗民人等遮匿房间，勒措重租，任意作梗，不容暂住者，各该乡约即速具禀本府查究，重惩不贷。此系奉将军面谕，自示之后，务各一体凛遵毋违，特示。

吉林将军奏为流民抗旨照例恭请王命正法以靖地方折

（原文无时间，经考应为道光六年九月）

奏为刁民抗旨逞凶不法，照例恭请王命正法，以靖地方，据实奏闻事。

谨查奴才前将遵旨驱逐流民情形恭折具奏，于九月初二日接奉军机大臣字寄：道光六年八月二十五日奉上谕：前据富奏流民无籍可归，恳免驱逐，当经降旨，令该将军不惮繁难，另筹善策。乃本日据富奏遵旨出示，四垧以上不给钱文，四垧以下流民四千余口，按大口八百文，小口减半，作为路费，限九月内搬尽。如有抗违，即严办以靖山界等语。朕前谕该将军于吉林所属各厅或盛京所属各州、县指示地方酌分户口，原以该民等历年滋事，当令迁移，不至失所。今该将军完限九月内搬净，但以驱逐为事，而无安插之道。富接奉此旨。确查吉林所属伯都讷及长春厅新分荒地并盛京所属闲荒，出示流民令其自便，其种地四垧以上，固系有力之家，然宅宅亩田亦费成本，自宜酌给迁费；至四垧以下无力流民，情尤可怜，该将军尤当体察地方情形，酌分期限令其前往，以所得之房价、地价，垦田筑室，各安生计。总以散处而不聚集为要，但能陆续搬移尽净，原无容刻期迫促其所遗之田地房屋应作何办理之处，亦须预为筹定，断不可复任外来流民私行占据，仍蹈故辙，方为妥善。俟另行妥议，奏到时再降谕旨。为此由四百里谕令知之，钦此。遵旨寄信前来，奴才跪读之下，仰见我皇上爱育黎元无微不至之至意，无任感悚。伏查此项流民，奴才于道光四年查知后，即派员前往驱逐，经该流民等屡次讨限展期，延挨至今。奴才查看情形，奏恳免逐，迨奉谕旨指示，未便容留，奴才随即派员宣示恩旨，指地安插，不令失所，限于九月内搬移尽净。缘吉林地方十月即有冰雪，前此该流民等曾恳以冬寒时冷，冰雪在地，容俟春融，定必搬移。及至春融，又以籽种下地，恳俟秋收。迨秋收，又以场未打完，延至冬令。如此辗转推延，亦非一次。因九月天气尚在和暖，故定于九月以内迁移。兹奉慈谕，正拟展限，不意九月十八日奴才骑马上衙门，有舒兰河等处流民八九十人，在奴才马前跪求施恩。奴才立马有数刻之久，详细曲为开导，再三并谕以伯都讷厅现在肥美荒地，汝等先指二三人，吾给盘费官车，派人带领前往查看认领，即可永远安居，不致失所。该流民等坚不肯去，亦不求展限，只要仍在本处居住，舍死不搬。奴才谕以不准，该流民杨幗仁等即喝令大家动手，众随突起迈越鹿角木，奔前喧嚷。狂悖情形实堪发指，有将奴才马鞘揪住者，随经官兵番役拴获十九犯，余各逃散，奴才督同协领富、参领灵、同知锦等提犯严讯，实系杨幗仁、祖亮在屯为首，起意纠约，来城挟制。查省城公廨，万民观瞻，有此刁民抗旨逞凶，若不严加惩办，益滋刁风。查例载直省刁民假地方公事，强行出头，约会聚众四五十人，并未殴官者，照光棍例，为首拟斩立决，为从拟绞监候，被胁同行者各杖一百。讯明如实，系首恶渠魁。该督抚一面具题，一面将首犯于该地方即行正法，将犯事缘由及正法人犯姓名刻示遍贴城乡晓谕等语。奴才审明后，于十九日恭请王命饬委协领富、同知锦，将杨帼仁、祖亮二犯绑赴市曹斩决示众，从犯照例分别拟罪，咨送刑部，查核逸犯李太等见拿逃散，尚知畏法。讯据现拿各犯供称，实系被胁，分饬委员令其依限搬迁，请免查究，并将惩办刁民、逞凶不法缘由，出示晓谕众民外，所有奴才办理抗旨逞凶刁民情形，理合恭折具奏，并将杨帼仁等供单进呈御览，伏祈皇上圣鉴。谨奏。

寄谕吉林将军富俊严催吉林舒兰河等处流民依限迁移

（原文无时间，经考应为道光六年十月）

军机大臣　字寄吉林将军富：

道光六年十月初五奉上谕：富　奏刁民不遵驱逐，聚众逞凶，严行惩办一折，吉林舒兰河等处流民，皆历任将军因循玩纵，以致日益增多，迨经查明驱逐，犹恤其无业可归，指出他处荒地，饬令迁移。乃抗违不遵竟敢聚众在该将军署前，要求因未允许，首恶杨帼仁等辄即喝令群起逞凶喧闹，现将该将军饬令兵役擒获匪犯，讯系杨帼仁、祖亮为首纠约挟制，业经按律斩决，从犯分别拟罪，自应如此办理。其余逸犯李太等，讯系被胁，登时逃散，尚知畏法，免其查拿究办。该将军现已出示晓谕，着即督饬委员等催令该流民等依限迁移，仍照前旨指定荒地，令其散居分种，勿再集聚一处。其霍伦河等六处地方田亩既据富奏称，多系山坡山沟，不成片段，其已迁移各户房屋窝棚间有拆去木料运往并自行烧毁者，不能为移住京旗之用，着该将军于该流民全行驱逐后，务当随时严查，断不容再有人潜往居住。倘日久仍前玩纵，惟该将军是问，将此谕令知之，钦此。遵旨，寄信前来。

（二）旗田官地

吉林分巡道奉饬为方正泡荒地作为津贴兵丁招佃开垦张贴告示而广招徕的札文

光绪二十三年四月二十八日

为札饬事。

光绪二十三年四月十七日，蒙将军衙门札开，户司案呈：窃据十旗协、参领等会议禀，准省城十旗水师营筹款，请领方正泡荒地一万五千垧，照章交纳荒价，作为旗署公田，届限升科。所收租粮除交纳官租钱文，余为津贴兵丁例交仓粮之用。现已派员往赴该处招佃开垦，酌拟筹垫食粮籽种，并量予开地工本钱文，以为盖房开地之资。兹经刊刻告示，分发各城厅旗民等处，务于各扼要处所遍行张贴，俾各周知，以广招徕。合将告示刊刷妥协，钤用堂印，亟应分发各该处张贴晓谕之处，相应呈请咨札遵照，等情，据此。拟合咨行各副都统，并照会乌拉总管衙门查照，札饬吉林分巡道转发所属府、厅、州、县一体张贴可也。特札。计札发告示六十张。等因，蒙此。除分行遵照外，合亟札发。札到该府，即将发去后开告示，分处张贴，俾众周知，而广招徕。毋违，特札。

吉林省公署为查旗产种类数目具报的训令

民国五年十二月十五日

令吉林县

为令行事。

案据清丈局呈称，案奉训令，准财政部咨，据前吉林财政厅厅长柴维桐条陈：查职局前拟变通办法大纲四条，交由临时会共同讨论，拟具草案，令由职局妥拟章程，呈候核咨，等因，奉此。除原文抄件有案邀免重叙外，查临时会议决办法约有三端：曰变卖旗署官产，曰清查城镇街基，曰自报浮多升科。职等复加详核，意见相同，除清查街基、自报升科两节，另拟详细办法呈请核示外，查变卖旗产一节，曾经前吉林巡按使孟呈准将此项旗产，作价十成，以六成归公，以四成作为旗人生计之需。并允于开办后，先解部洋二百万元，旋因收价不易，巨款难筹，暂由中国银行息借一百万元，先行解部。嗣因本省办理平粜，又提此项地价二十万元，加以此次结束清丈总分各局，开支二十三万余元，统计共需大洋一百四十三万余元，而银行各处利息，尚不在内。上年由省派员设局勘放者，共有六县：曰舒兰，曰额穆，曰依兰，曰桦川，曰富锦，曰宁安。而考其成绩，舒兰因起风潮，未及开绳，奉文停办；额穆则查明并无此项旗产；依兰、桦川、富锦，虽据依兰道尹查报，按照现存旗署原册，依兰共有荒熟地亩七万四千八百三十七垧，桦川共有五万八千二百零八垧，富锦共有一万四千一百五十二垧，乃据勘放委员册报，依兰仅丈过荒熟地九千五百七十余垧，街基二万四千九百六十余方丈，共收价费三千六百一十余元；桦川仅丈过一万八千二百一十余垧，街基四万八千一百六十余方丈，富锦仅丈过一万四千零三十余垧，均未收有价费；宁安虽丈地五千九百七十余垧，街基二百五十八方丈，共收价费一千二百一十五元有奇，而该县仅有官庄地八千余垧，尤属杯水车薪。其余各县，如吉林、榆树、双城、扶余、阿城、五常，虽据前旗务处册报地亩甚多，迨经细加查访，有由旗署私行变卖者；有由历任知事化官为民者；甚至佃户暗中盗卖；年远弊深，无从究诘。现在究有若干，亦无从得其确数，即使悉数变价，能否弥补前亏，目下实无把握。职等再四商酌，查依兰、桦川、富锦三县旗署官产，曾经依兰道尹阮忠植详请一律免丈，即按各该县现存旗署原册所载数目，由委员复查，分别定价出放，较为简便等情，未及核办，即奉文撤局。此次职局改组，既已规定外县不设分局，原为节省经费免蹈覆辙起见。此项依、桦、富三县旗产，亦毋庸派员前往，徒资靡费，拟请省长令行该道尹查照原案，并按现在地方民情，酌定地价，妥拟变价期限办法；责成各该县知事，照章悉数变卖，不准稍事拖延。其余各县，并请省长令行各知事，勒限按照前旗务处册开各项旗产名类、垧数，逐细查明究有若干。一俟具折到日，再由职局妥拟章程，呈请核办，似较妥协。所拟是否有当，理合抄单具文呈请省长鉴核指示施行。谨呈，等情。据此。除指令并分行外，合亟抄清单，令仰该县即便查照单开数目，逐细查明，呈候核办。毋违，切切，此令。

附　发清单一纸。

吉林县公署为遵令查明旗产数目列折具报请鉴核的呈文

民国六年元月五日

为呈复事。

案奉钧署第一千五零二号训令，内开：据清丈局呈送旗署所辖产业种类清单一纸，合亟照抄清单，令仰该县即便查照单开数目，逐细查明，呈候核办，等因，奉此。遵即委派本县官仓处经理员杜著渤详查具复去后，旋据该员分别查明，开列清折，呈请核转前来，知事复查无异。理合抄同清折，具文呈请省长鉴核，指令施行。谨呈

吉林省长郭

计呈清折一扣

谨将本县及乌拉等处界内旗产按照来单开列数目逐一查明缮单，呈请鉴核。

计　　开

一、查六旗马厂大垧熟地九千二百六十五垧五亩，山林地大垧二千四百七十七垧零三分，内有正黄旗大垧熟地一千五百一十八垧七亩六分，山林地二百一十五垧零一分，查此一旗马厂地址确划在双阳县界内。计在吉林县内仅有五旗马厂，计共大垧熟地七千七百四十六垧七亩四分，山林地二千二百六十二垧零二分，纯系旗产，年纳钱租无几，现归旗蒙科经理。复查此项地数核与原单开来数目相符，合并声明。

一、查二旗马厂大垧熟地五千二百零六垧，核与原单开来数目计少九十四垧。此项旗产纯在本县境内，向归县属官仓纳粮，于去冬今春期间已经清丈局尽数卖出，合并声明。

一、查陈屯牌官庄地计小垧五千一百零七垧六亩，扣大垧地二千五百五十三垧八亩。此项地亩纯在本县界内，向归县属官仓纳粮。于去

年冬间已经清丈局尽数卖出，合并声明。

一、查玛延上下牌官庄地统计小垧五千四百八十一垧，扣大垧地二千七百四十垧零五亩。查本县界内仅有玛延上牌小垧地七百三十二垧八亩，扣大垧地三百六十六垧四亩，于去年冬间已经清丈局尽数卖出。其双阳界内有玛延上牌小垧地一千六百一十九垧一亩，扣大垧地八百零九垧五亩五分。伊通县界内有玛延上牌小垧地四百垧零九亩，扣大垧地二百垧零四亩五分。桦甸县界内有玛延下牌地小垧二千七百二十八垧二亩，扣大垧地一千三百六十四垧一亩。以上三县界内计玛延上下两牌地计小垧四千七百四十八垧二亩二分，扣大垧地二千三百七十四垧一亩一分，向归县属官仓纳粮，于今春时已经清丈局请准将此项官地永远留作仓田不准变卖。综计陈屯及玛延上下等牌官庄地小垧一万零五十八垧八亩六分，扣大垧地五千二百九十四垧三亩，核与原单开来官庄地一万五千垧数不符甚巨，合并声明。

一、查单开乌拉凉水泉津贴办公地二万垧，此项旗产虽归乌拉旗务分处经理，而其地址纯在舒兰县界内，究竟地数若干，本县无案可稽，合并声明。

一、查喀萨哩官地有三种名目如下：一仓地，大垧一百一十八垧八亩一分；一纳粮折钱地，大垧七百八十七垧九亩四分；一纳钱租地，大垧一千三百八十二垧零一分。当前清时代此三项地亩统归省城官仓经理，迨民国元年间只留仓地一项仍归官仓纳粮，其二项纳钱租地拨归舒兰县署经收，已脱离本县范围。惟该处仓田计一百一十八垧三亩，已经去冬清丈局请准将该地一并留作仓田不准变卖，其余二千一百六十九垧九亩五分虽归舒县管理，本县官仓处尚有底册可稽，合并声明。

一、查单开五官屯官庄地二千一百七十五垧，此数尚属相符，向归乌拉公仓纳粮，经去冬清丈局变卖旗产时，已将此项地亩请准留作乌拉学校暨省城养济所两项公产，合并声明。

一、查单开五官牧官地二千二百余垧，其外牧养浮多地又八百余垧，二共三千余垧，数目尚属相符，统在本县界内，惟此项租粮系归省公署教育科经收充作学费，合并声明。

官仓处经理员杜著渤谨签

清理吉林官产处通令减收灾地租粮章程

民国六年十二月十九日

令吉林县知事

为通令事。

案查吉省站地，向由文报局审定租额，招佃承租，征收租粮在案。乃近来承佃各户，往往于征粮之际，辄以灾歉为词，纷请免租。若不厘定办法，殊非折中至当之道。前由本处拟定因灾减租章程七条，呈奉吉林省长批:呈悉，所拟章程尚属妥善,仰该处即便分行各县一体遵照。章程存,此令。等因,奉此。除分行外，合将章程抄发，令仰该知事即便遵照，此令。

附　因灾减租章程一份

清理吉林官产处减收灾地租粮章程

兹拟订各站地因灾减收租粮章程刊后

计　开

一、佃户报灾之地，应以曾经各该县审定分发查明呈复有案可稽者，方能适用此项章程。

一、被灾之地，均应由各该佃户及时呈报，以凭派员履勘。其有自旧历八月以后，禾稼已经登场始行来处报灾者，概应作为无效。

一、按各县册报之地被灾十分者，应照租粮原额减收十分之六；九分者，减收十分之五；八分者，减收十分之四；七分者，减收十分之三；六分者，减收十分之二；其未及六分者，一概照旧征租。

一、本处据各县之呈复，即将灾地审定分数各表册，饬交收租委员遵照章程，减收租粮。

一、自本章程施行之后，各佃户如有藉词违抗，不按定章办理，仍行无理要求者，一经收租委员指送到县，应照征收条例，予以相当之惩罚。

一、本章程自呈奉省长批准到处之日，由处刊发布告，实行公布，并通饬各县及收租员一体遵照办理。

一、本章程如有应行删改之处，应随时呈请省长核定之。

吉长道尹为按各省屯田拟照国会议决免予缴价的训令

民国八年十二月二十四日

令吉林县知事

案奉省长训令，案准内务、财政两部会衔咨开，承准国务院函开，奉发众议院咨文一件，内称：本院议员葛梦朴等提出免除各省屯田缴价议案，又议员金咏榴等提出请罢屯田缴价议案，并据王绍鹤等、詹介臣等、葛浚等、刘万育等递具请愿书，分别交付审查，兹于常会合并提出审查报告，将全案多数通过，咨请查照办理等因，应检同原件函达查照办理。等因，到财政部。当以各省屯田向有屯租、屯粮、屯折、屯饷等项名目，征收方法及输纳多寡均不一致。户部则例所载，有屯省分计直隶、山东、江苏、江西、浙江、湖北、湖南、安徽八省，俱原设征所，于前清光绪季年多已陆续归并州、县经征。

此外，户部则例载屯田征租一项，列有黑龙江、伊犁、塔尔巴哈台、阿克苏、乌什、乌鲁木齐、吐鲁番、科布多、哈密等处，以及四川、贵州、云南等省。又查《大清会典》事例所载，有新疆屯田、北路屯田、西路屯田、东三省屯田等名称。民国四年十月广东官产处曾拟有清理屯田等项章程，五年三月福建财政厅官产处亦曾详送清理屯田简章。是有屯省分实不止八省。近年经办各省屯田缴价事宜，或已办有成效，或尚议而未行。原定各省章则于注重临时收入之中，本属有画一科则之意，现在屯田缴价既经国会议决免除，自应统筹规划，以臻妥善。当经本部等会同拟具各省屯田拟照国会议决案免予缴价，另拟升科办法，并分别征收契税各缘由，并缮具屯田升科办法大纲八条，于九月廿九日呈奉大总统指令：呈悉。准如所拟办理，即由该部转行遵照，此令。等因，奉此。除分别咨令、函知外，相应刷印原呈一件暨屯田升科办法大纲八条，咨行贵省长分饬查明，列册咨报，以凭核办。并先将呈准免除屯田缴价缘由通行布告可也，此咨。等因，准此。除分行外，合亟照抄原件，令仰该道尹即便转行所属各县一体遵照，查明册报，以凭核咨，并布告周知，等因。除分行外，合附抄件一纸，令行该知事即便遵照，此令。

呈为各省屯田拟照国会议决案，免予缴价，另拟升科办法，并分别征收契税，恭呈仰祈钧鉴事。

窃承准国务院函开，奉发众议院咨文一件，内称：本院议员葛梦朴等提出免除各省屯田缴价议案，又议员金咏榴等提出请罢屯田缴价议案，并据王绍鹤等、詹介臣等、葛浚等、刘万育等递具请愿书，分别交付审查。兹于常会合并提出审查报告，将全案多数通过，咨请查照办理，等因，应检同原件函达查照办理。等因，到财政部。

查近年经办各省屯田缴价事宜，于注重临时收入之中，本属有画一科则之意，故原定各省章则，于缴价之后，给照注册，改升民赋，各节均属泛同。其缴价等则，因各省田亩价值不一，当经财政部分别核定：江西省每亩自八元至二元不等，浙江省每亩自十元至三元不等，江苏省每亩自六元至一元二角不等，福建省每亩自四元至一元不等，贵州省未明定价，则比照邻近地亩分期缴纳。以上各省，迄今尚未一律催缴竣事，亦有甫经试办即行中辍者，此外各省虽经筹议进行，均未办有端绪。现在各省屯田缴价既经国会议决免除，自应照办。惟此项屯田，向有屯粮、屯租、屯折、屯饷等项名目，征收方法及输纳额数亦甚参差。拟即由部统筹规划改办升科，期于归并税目、整理田赋各端均有裨补。谨酌拟屯田升科办法大纲八条，缮呈钧鉴，如蒙允准，再由部分别咨令有屯各省省长、财政厅厅长，查明报部，以凭核办。其他各省并拟另令咨令查明有无屯田，并案分别办理。

再，此项屯田既经拟定升科，其未缴价者自应按照契税条例，饬将各种租据或推据换领官契，照章征收。契税及契纸费其已经缴价给有部照者，即径行升科，不纳税费。其虽经缴价尚未给照者，应准免纳契税，只收契纸费。如此酌量变通，既可确定产权，并不失公平普遍之意。

所有各省屯田拟照国会议决案免予缴价，另拟升科办法，并分别征收契税各缘由，是否有当，理合拟具屯田升科办法大纲，缮折呈请鉴核，训示施行。

再，此呈系财政部主稿，会同内务部办理，合并陈明。谨呈大总统

谨将拟定各省屯田升科办法大纲八条开呈钧鉴

计　开

一、各省屯田科则轻于民田地丁者，应改照坐落县分科则科征；其重于民田地丁者，亦应酌量减轻，改照坐落县分科则科征。

一、各省屯田坐落县分如系向征漕粮者，应改照征收，以归一律。

一、各省屯田已经缴价尚未升科者，应比照坐落县分之普通民田科则一律升科。但应核其所缴价额之多寡，酌予展缓升科年限，以昭公允。

一、各省屯田未经缴价者，不必再行催缴，应比照坐落县分之普通民田科则，即行升科，不得展缓。

一、各省屯田尚有他省代征或隔县兼征等事，自经升科之后，不论何项屯卫，其田坐落何县，即归何县经征。

一、各省屯田之荒废无主者，一概充公，列册报部，另案办理。

一、各省屯田从前原额及现在亩分，应饬坐落各县详细查明，列册转报。

一、各省屯田既比照坐落各县民田科则一律升科，应即饬由各该县查明，分县列表，送部核办。

（三）学田公产

吉林县劝学所请由密山等县清丈余多之荒拨留三千垧为吉林县学田的详文

民国三年十二月十二日

为详复事。

案奉钧署第二百三十三号饬开：为饬知事。民国三年十一月十九日奉吉林巡按使第一千八百三十四号饬开：案查吉省丈放荒地，每满百垧拨留二十分之一作为学田案，前已咨经教育部转咨财政部核准，咨复通行，遵办在案。兹为时已逾一年，照案拨留者，仅有虎林、富锦两县，其余均未具复。现在

依兰等十八县已经派员监理清丈，其余各县亦另定有放荒规则，各该县应留学田，亟应照案拨留。其已经拨定者，应将地点、垧数绘其略图，先行详报；其未经拨定者，限一月内拨定，即将地点、垧数绘图具报；其有现不放荒或无大段生荒可放及原留学田为数已多似可无须再留者，亦应声叙理由，详候核夺。总之，此项学田关系各县学款，无得稍涉玩忽，致碍教育进行。除分行外，合饬该知事即便遵照办理，此饬，等因，奉此，合亟饬知。饬到该所，即便查照文内事理，详复转报，此饬，等因。

查县属本无可放之大段生荒，虽前数年零星夹荒准由人民报领，然并未拨留学田。所有各镇乡学田，均系本所于庙会各公产内提拨，现正派员勘丈。将来学务稍事扩充，四路学田仅有三千余垧，断难敷用。吉林为全省首县，学务有无进步，久为各县之视线所集。伏乞监督据情转请省公署，于东边密山、依兰等县清丈余多之荒，拨留三千垧，作为吉林县学田，以便招佃开垦，藉裕学款，而促教育之进行，实为公便。所有县属实无放荒拨留之学田，并恳转请拨留缘由，理合具文详复监督鉴核转详示遵施行。谨详

吉林县公署

附　吉林巡按使公署对此案的批文

查此项学田系咨准拨留，与价领者有别，自不能以甲县之田移拨乙县。该县既无可留之学田，自可往他县价领。所请由密山、依兰等处丈出余多荒地拨除三千垧作为吉林县学田之处，碍难照准。此批。民国四年一月卅一日。

孙文祥等请将会产拨归学田的禀文

民国六年六月十三日

具禀人孙文祥、赵令均系乌拉北锦州屯住民，为会产无着，请求拨归学田，以资培养人才事。

窃查本屯向有庙会熟地十五垧，并毗连有毛荒约七八垧之谱。当年乌拉农务分会成立，经本屯住民赵殿安等报归农务。未待经理，将该会取消，以致数年之久此项产业无主掌管。况部令早经规定，农务再行成立，不准提取公产，一凡用款，均由会员等自行担负。惟查此项产业现虽有人耕种，近年以来无处交租。民等维思至再，无如将此项地段全数拨归学田，提由劝学所掌管，以资培养人才。再，此产每年租粮约值二十余石，合并声明。倘蒙允准，由民等代为经理租种，并向种此地之户核算历年租粮若干，交由劝学所收存，则有用之款，何必空悬无着。是以禀请

县长大人。

吉林县饬财务处查报学田学款并拟办法的训令

民国七年三月二十八日

令财务处

案奉教育厅训令第一四四号内开：查教育为永久事业，使能筹备经费，立于巩固确切之地位，斯企图发展之心因之而愈笃。欧美各国类有教育基金之制，近来关内各省亦有仿行之者，惟筹聚方法，因时、因地而各有不同。本省学款向以垧捐、粮捐、学田等项为收入大宗，迭经历任长官详密计划，并经本厅呈奉省长训令，行查各县垧捐及学田数目在案。惟查各县呈复之件，调查尚欠周密，如垧捐一项，或只有每垧收数，而无收入总数，学田则有总数，而无坐落形势，与本厅原旨不甚符合。为此，令仰该知事迅速督饬该县劝学所，会同地方财务处，清厘该县原有学款，如学田、造林、垧捐及其他庙会房产等项。凡向归学务之用者，克日详细清查，注明地址、面积、租佃姓名、收入确数，造册具报。并仰按照该县地方情形，悉心拟议条陈办法，以凭察核，是为至要，此令。等因，奉此。除分行劝学所外，合亟令仰该处即便遵照会同条议办法具复，以凭转报。此令。

吉林省教育厅为整顿学田收益以补学款不足的训令

民国十五年一月二十二日

令吉林县知事

查各县学田为数甚巨，值此财政支绌之时，倘能认真经理，每增进一分学款，即可每扩充一分教育。本厅长莅任初年，当即通令各县斟酌地方情形，妥协整理办法在案。乃近查各县其办理完善学款逐增者，固属不乏，而经理不得人，轻则饱囊肥己，重则变公为私，甚至已熟之地任其荒芜，未垦之田更毫不过问者，尤所在每有。似此积弊不除，殊于增进学款推广教育不无影响。兹再重申前令，嗣后各县局关于学田一项，务宜认真清查，严定保管章程，并将每年收支数目分别呈报到厅，以资考核。除分行外，合行令仰该知事，即便遵照办理。切切，此令。

吉林县教育局清丈学田简章

民国十六年十二月

计　开

第一条　本局为清丈学产、增进学款起见，规定简章，以资遵守。

第二条　此次清丈学田职责，仍责成经理学产事务所办理，以收驾轻就熟之效。以该所所长为主任，商承教育局局长，办理一切清丈事项。设清丈员四人，按东、西、南、北各领一路，稽核一人，每路用雇员一人，绳弓二人。如清丈员不敷用时，得临时酌添助理员。

第三条　清丈、稽核各员均由局所内人员兼充，以资熟手。雇员、绳弓均另行雇用，但各清丈员须负监督之责。

第四条　清丈各员不另支薪，应按执行职务月分酌给津贴。雇员、绳弓按月发给薪工。

第五条　清丈员等应用图表册簿及纸张文具等项，由学产事务所由新增租粮项下开支。

第六条　清丈学田应需一切经费，均由清丈增进学田收入租款项下开支。惟此款有无多寡，难以逆料，又缓不济急，拟请暂由教育费项下借垫，俟收入浮多租款，再行归垫。倘此项浮多不足用时，再由公产租粮较多各校酌摊归补。

第七条　此次清丈学田，不厌翔实。各区立校学田，宜根据提产原案及升科部照。其五官屯、密什哈学田，宜根据模范区移交册图，先清理界址，每清丈一段，标志界址，绘图附说，注明四至内弓尺垧数。凡生荒、熟地、山川、道路、房井、坟墓均加列符号，如两段或数段毗连者，可并作一图。

第八条　图末说明：凡地势高下、土质肥硗、荒地能否开垦、熟地有无抛弃以及界址重要关系，均应详注。

第九条　如查出学田被人侵占，除令退还原地外，如系熟地，仍按年追缴租粮。如有恃顽不服者，送请处以侵占之罪。

第十条　如有人报告学田被人侵占，且能有确据证明者，得酌量报酬之。

第十一条　清丈员每到一处，宜将校董、佃户、地邻屯绅召集到界。清丈已毕，责成校董、佃户出具领界无误切结，均署名签押，倘后地有遗失，同负责任。结式另定之。

第十二条　清丈员如丈出学田内有浮多，即责成佃户当年纳租。但本年（十六年）秋丈出之浮多，准减半交纳。

第十三条　清丈员清丈学田后，如认为地质膏腴租粮微薄，应参照地方情形，酌增租粮，取具保户保证，缴还原领租照，函请另发新照。如佃户不愿租时，得撤佃另招。

第十四条　凡丈出浮多地，均须另换佃户租照。倘佃户不愿承种者，亦须照十二条之规定追缴租粮。

第十五条　学田租粮除五官屯、密什哈两处外，以两石至两石五斗为率。但地质硗薄，亦可斟酌变通办理。

第十六条　查侵占学田之纠葛，多发生在地邻。嗣后学田不租与挨界之户，若早已承种者，一律撤出，以防流弊。

第十七条　清丈员所提缴之浮多租款，应随时解送事务所，以凭汇报。

第十八条　清丈员应执行之职务，应亲自到界，不得委托代理。

第十九条　丈出浮多地，除不保租赋外，其余一律升科。仍请援照前次学田升科原案，第一期原额地每垧纳费一毛，浮多地每垧纳费一元办理。

第二十条　学租斗量，应依各所在地市斗为准。

第二十一条　因勘丈学田各校校董、屯绅需用伙食，准予该校作正开支，但不得任意虚靡。

第二十二条　清丈学田时期：每年以阴历三、四、五、九、十、十一六个月为宜，以赶急办理完竣为止。

第二十三条　清丈完竣，汇造图册，呈报转送法厅备案。

第二十四条　本简章自呈奉核准之日施行。

吉林县教育局为拟将公产校余款置买学产以裕办学基金的呈文

民国十六年十二月三十日

呈为拟将公产校余款置买学产，以裕办学基金，仰祈核转示遵事。

窃查本局所属公产学校，从前经费多不足用，自本局严加考核，限制用款，以杜中饱之弊，所以近年以来，经费不足者仅十分之二，且间有存款之处。惟此等存款例由校董保管，徒利于校董，而不利于学校，以故每逢校董交代，多有亏款者。韩前局长有鉴于此，曾拟提集余款，送储蓄会生息，以固办学基金，业经呈明在案。卒以各校董款不在手，因而中止。兹拟一变通办法，既能使校董无可染指，又可生息，且以巩固办学基金。拟将充裕之校，除坐留常年办学经费外，其余存款用以置产。一校不足，可集同区数校之款，而伙置一产。所有置买产业与经理学租等事，均责成经理学产事务所代办，以免权限庞杂。但须于置产之先，物色相当产业，先将款项提齐，而后着手办理。此项学产每年收入租粮，非各置产校有正当要需，不得轻易请予发还，仍由学产事务所保管，设法生息，以备续置学产。如此源源不竭，不出二十年，则满县皆公共学产，学务之发达，自不待言矣。案关处分学款，曾函交本局董事会核议，认为可行，理合具文呈请钧署鉴核，转呈示遵。谨呈

吉林县公署

县知事批：

呈悉。仰候转呈教育厅核示饬遵。此令。

民国十七年一月四日

附　吉林教育厅指令 第一百九十七号

令吉林县知事

呈悉。该县教育局拟将公产学校之余款提交学产事务所以便置买学产，藉以巩固教育基金事，尚属可行。惟案关处分学产，办理稍失详慎，难免不发生误会。此项余款究竟何时提取并如何保管及如何处置，应由该知事饬局详细拟定妥善办法，呈候核夺，仰即饬遵。此令。

中华民国十七年二月一日

吉林县公产学校余款置产试行办法

民国十七年四月十三日

计　开

第一条　本办法为增裕学款、扩充租息、巩固办学基金起见，凡吉林县公产学校皆适用之。

第二条　各区公产学校如有余存之款，除准其照常年额定经费数目截留一年之用外，再有余存，即以此款酌量添置学田或城乡房屋。

第三条　一校之余款如不敷一产之用时，得集合数校共置一产，但集合之校不出同区。

第四条　一校所置之产，租款仍作该校经费；数校合置之产，租款则归数校按摊款之数分劈，抵充经费。

第五条　此项置产先由校董自动办理，协商教育委员、学产经理员，请准教育局执行之。

第六条　各校能自动办理者，得由教育局转请给奖，以资鼓励。

第七条　各校自置之产，应先仅本区置买。倘邻区有相宜地段时，亦可置买，但主权仍属之置产学校。

第八条　各校校董如余款积有成数不肯置产时，得由学产事务所代为置产，但仍须会同各该校校董商酌办理。

第九条　此项置产，必须查酌存款能置产若干，物色相当之产业，临时由教育局呈请核准后，方能派员提款即行交价。此事既责成学产事务所办理，提款之后未交价之先，应由学产事务所负责。

第十条　如置产校经费有余，得于代置之产收益项下拨作无款校之补助，原校不得把持。

第十一条　所置之产须将契照送交教育局保存，并须即时丈明界限，绘图附案。

第十二条　本试行办法如有未尽事宜，得随时呈请修改之。

附　吉林教育厅指令 第七百二十七号

令吉林县知事

呈暨附件均悉。查该县教育局所拟处置学校公产办法尚属妥善，应予照准，仰即饬遵。清折存。此令。

民国十七年四月廿一日

永吉县教育局清丈学田绘具界址图册的序言

（原无年代，经查应为民国二十年）

窃维国家之兴盛，端在教育；而教育之进展，尤赖基金。本县学田创始于清宣、民初之间，由会产一变而为学产。原属以小公济大公，化无益而有效，立意之善，无逾此者。乃提归以后，纠葛纷乘，虽民三勘丈一次，而每感手续多不完备，总有难以维持经久之虞。本局因于民国十七年四月呈准清丈，毅然举行，强御劳怨，概不畏避，越两载零十月，至民国二十年一月而全县学田于以丈竣。凡关于界址之标识、面积之弓尺、山脉、河流、沟渠、道路等项，均逐一丈明，绘列图内，务求详尽确凿，为将来立永久巩固根据。惟各校以后自应继续力图保管，毋令贻误，是尤本局所窃盼者也。兹约定数则，用资遵守。

（下略）

吉林县地方财务处管理自治公产规则

民国六年十一月三十日

第一条　县属各区自治公产均由本处管理，以免分歧而除积弊。

第二条　自治公产各佃户，由本年起一律更换租照，以便清理。

第三条　本处设自治公产征租员一员，征收自治地租。如遇各佃户发生纠葛，不论何时，凡在自治公产范围内者，均由征租员随时查办。

第四条　征租员经理自治公产，须受本处主任之指挥。如有旷职及舞弊情事，得由本处呈请撤换。

第五条　征租员每年于阴历十月初旬赴乡收租，于阴历十二月底收齐。

第六条　征租员征收地租除钱租外，遇有粮租，须按当地折中市行酌量变价征收官帖。

第七条　征租员变卖粮价，如与佃户通同舞弊、以多报少及额外敲诈，一经察觉或被告发，均须呈请转送法厅究办。

第八条　征租员收进钱额每足两千吊外，即须汇交本处，并须列表注明某户完纳若干，以备查核。

第九条　征租员赴乡征收粮、银两租，携有执照，须按应收原额填就于根据内，签盖名章，以备查核。

第十条　征租员收进官帖，如有赝造或遗失，无论多寡，均责令征租员照数赔偿。

第十一条　征租员征收租款如有挪移及侵蚀等弊，除呈请撤差外，并照数追偿。

第十二条　征租员应需之薪金、川资及办公等费，均得由自治进款开销，每月由本处发放，不准由征收粮、银两租款项内擅自扣留。

第十三条　自治公产以前租额均觉过轻，由民国七年起一律增租。

第十四条　自治公产增租，须由征租员查照田地等级酌核增加，惟某佃增加若干均须报由本处备案。

第十五条　自治公产招佃时，均依照清丈之大垧计算，每面积以二千八百八十弓为一垧，以归一律，不得再有中垧、小垧之别。

第十六条　自治公产无论粮租、钱租，须按土性肥瘠分等作则，某地每垧粮租或钱租若干，及某项山林荒甸钱租若干，得于租照内分别注明。

第十七条　各区市斗大小不同，有与省斗相等者，有比省斗每斗多粮二升五合或二升者，嗣后征租即以省斗一斗二升五合为一斗，以昭一律，而免偏枯。

第十八条　各佃户租粮，须按乡俗以红粮、元豆、谷子三色均交。某户应纳某色粮若干，须于租照内分别注明，以防混淆。

第十九条　各佃户承种自治公产，均须取有当地殷实粮户二名具结担保，如佃户有欠租情事，惟承保是问。无承保者撤佃。

第二十条　各佃户承种公产，如未遇水旱虫雹等灾，不准无故欠租，并不准变更租照内原定粮色石数，违者呈请究办。

第二十一条　各佃户遇有报灾时，须俟征租员到界，验其租粮应否减免，呈由本处转请县公署核办。

第二十二条　各佃户所种公产，如在春、夏被灾，须于立秋以前呈请查验，逾期不准。

第二十三条　各佃户尝有包揽自治公产转行租给他人从中渔利者，须由征租员查明撤佃。

第二十四条　各佃户欲垦生荒，须先请由本处呈请县署批准，方许开垦。

第二十五条　各佃户所垦生荒当年起租，每垧作租若干，按年递加至第三年为止。

第二十六条　各佃户如有建筑房舍、收拾水井门窗等事，除工钱由该户自备外，其余应需木料、需款若干，俟征租员验收具报后，由自治款下开销。

第二十七条　本规则如有未尽事宜，得随时呈请修改。

第二十八条　本规则呈请县公署批准后，即为有效。

县公署批：甚属妥洽，应准。

吉林县地方财务处为自治公产拟照学田办法垧捐由佃户照额减半输纳的呈文

民国十二年四月二十三日

为呈请事。

案查本处管理县属地方自治公产，计共应纳大租、垧捐熟地九百二十五垧四亩二分七厘，业经遵令分晰造具表册，呈报升科在案。兹查民国十一年份租捐已届截征之期，所有应纳大租每地一垧大洋五角，关系国课，应由自治租款项下动支，固无问题。惟垧捐一项系地方之款，学田已有减半纳捐出自佃户成案，而自治产业系属公有，拟请援照学田办法，公家仅完纳大租，其垧捐由佃户照额减半输纳，以维公产。是否可行，理合具文呈请钧署鉴核，指令施行。谨呈

吉林县公署

县知事批：

呈悉。准如所拟办理，仰即知照。此令。

四月二十四日

自治佃户王春升为董姓霸垦公产的呈文

民国十五年六月七日

呈为霸垦自治公产，仰祈鉴核勒令退还事。

窃民承租钧县坐落第一区后岗子屯自治公产一段，其东至分水，西至大桥，南至王姓，北至赵姓，经民陆续开垦迄已数年之久，毫无异议。于日前突有邻近汪屯董二爷，督饬犁杖在民承租公产段内西首桥东，强行开垦五垧有奇。屡加阻止，置若罔闻，并云此地系属尔屯应有。事关公产，未便默而不言，是以具文呈请监督鉴核施行。谨呈

吉林县监督高

县知事批：

呈悉。已派员前往勘查，具复再行核办，仰即知照。此批。

六月十一日

吉林县地方财务处为拟定清丈自治公产章程的呈文

民国十七年七月十九日

呈为拟定清丈自治公产章程，以清边界而增租款，仰祈鉴核事。

窃查自治公产熟地山荒共计二千零八十九垧二亩三分，向归职处经理招佃，按年收租。惟事经多年，现在界址是否与原案相符；挨荒有无续垦；界

内有无浮多；树株林场有无栽培或窃伐盗卖之处，在在均关紧要。且近年因边界不清，佃户与地邻动辄涉讼，每一讼案发生往往经年不能解决。尤非派员实行清丈，难以得其底蕴。兹经拟定清丈章程二十七条，请由职处在差人员兼任清丈员，不另支薪，其他雇员绳工等人役，应酌给工食。至所需绳签、笔墨、纸张等项，每月约在吉大洋三百元，以四个月为期统计，应需经费不过一千二百元之谱，拟请由收存自治公产租款项下，撙节开支。查清丈公产虽稍有消费，然丈有浮多增进租粮，亦实为永久之进款，且嗣后边界确定，讼端亦庶几可免。是否可行，理合检同拟定清丈自治公产章程，具文呈请鉴核，示遵施行。谨呈

吉林县监督高

附　呈章程一份

吉林县地方财务处清丈自治公产章程

（民国十七年八月二十六日省长批准）

第一节　总纲

第一条　本处为清理边界、便于管理并增进租款起见，拟定清丈自治公产章程，俾便遵照。

第二条　此章程凡清丈人员均应一体遵照。

第二节 额设

第三条　清丈宜分两起，每起设清丈员一员、雇员一名、绳工二名。

第三节 职权

第四条　清丈员禀承本处，办理清丈自治公产一切事宜；雇员受清丈员之指挥，缮写文件、核算表册，及保管卷宗各项事宜；绳工受清丈员指挥，履界行绳并服役一切杂项事宜。

第五条　清丈员负清丈全责，务须亲自莅界，不得委托他人代理。

第四节 薪津

第六条　清丈员由本处人员兼充，不另支薪，来往火车费实用实销；雇员每人月支薪水吉大洋二十元；绳工每人月支工食吉大洋十六元。

第七条　凡清丈所需之绳签、笔墨、纸张以及其他必需物品，均由本处购备，转发应用。

第八条　清丈自治公产经费由本处收存自治公产租款项下作正开支。

第五节 期限

第九条　清丈须在春、秋两季行之，以四个月为限。若清丈完竣而绘图缮表等事尚有未完者，得将雇员延长一月赶办完竣。此一月内雇员仍支原薪。

第六节 手续

第十条　清丈仍以二八八行弓，以符向章。

第十一条　清丈各镇乡自治公产，均须根据原案办理，以免错误纠纷。

第十二条　每清丈一段，须将坐落四至、弓尺垧数，及熟地、生荒、山川、道路、房园、井墓、树株、林场绘图帖说，详列符号，以清眉目。

第十三条　公产如有毗连者，得并绘一图。其地势之高下、土质之腴瘠、荒地能否开垦、熟地有无抛弃、界址有无变更，均须详注图后说明之内。

第十四条　清丈员每到一处，须召集佃户邻佑并该屯之绅耆等到段领界实行丈量，每段四至除旧有山之分水、河之流域为天然界限外，其余得随时眼同所召集之人，埋立界堆或界石或灰桩灰橛等标记，以垂永久而免移易，并将采用何项标记注于图内。

第十五条　凡领界人均须出具并无隐匿错误切结，以便同负责任。

第十六条　清丈员每丈一段，须查明原册共地若干；原租若干；四至界限有无浮多；边界有无变更。如有变更，当将变更原因或系原有错误情形，均注于说明之内，以资考核。

第十七条　清丈绘图须定准方向，坐南向北，图纸大小一应一律。兹将图例符号拟定于后，以便遵照，而免参差。

图例符号列后（中略）

第十八条　公产毗连佃户己产者，清丈员得随时另招佃户以防流弊。但有天然界限或原有一定标识与公产万难混淆者，得斟酌情形权宜办理之。

第十九条　清丈界址如与原案不符或有浮多，除随时注册外，须于清丈报竣汇总升科，换领部照，以便纳赋，而资经理。

第二十条　公产丈有浮多或清丈后认为土质膏腴租粮较轻者，应参酌地方情形增加租粮。所增之租，责成佃户由当年认纳，并取具佃户保证，缴回原发租照，另行填给新照，以凭考察。

第七节 赏罚

应赏之项

第二十一条　公产被人侵占经人揭举确有证据将地追回者，揭举人所酌给报酬。报酬之数，应视得地之多寡临时分别酌定呈请给予之。

第二十二条　公产内之林场树株被人私自砍伐有人报告确有证据者，按前条之规定酌予报酬。

应罚之项

第二十三条　侵占公产之人，一经查明，除令照数退还外，若系熟地，应查明其侵占之年限，追缴其租粮。如有顽抗不服者，呈请县署惩办，以儆效尤。

第二十四条　公产内树株被人窃伐盗卖有人告发，清丈期内由清丈员，平时由征租员随时查明窃伐若干株，酌核拟罚。树株分为三等，最大以树根直径满三尺五寸者为一等，每株作市价大洋三十元；次大以树根直径满三尺者为二等，每株作市价大洋二十元；小者以树根直径满二尺者为三等，凡在一尺五寸以上、不及二尺者亦以二尺论，每株作市价大洋十元；在一尺五寸以下者，可酌为估定，但不得超过十元之数。每株除追正价外，并按三倍科罚。若柳林或其他林场被人窃伐盗卖者，得查核地方柴价情形分别拟定数目，除追缴正价外，仍按三倍科罚，以示惩警，而戒将来。

第二十五条　公产内之荒甸山头有被人窃挖取土者，由清丈员或收租员查明系何人窃挖及挖土面积若干尺丈，应责令修复并酌核拟罚。若有顽抗不服者，呈请县署惩办，以示儆戒。

第二十六条　清丈、收租各员若有与佃户通同舞弊、以多报少或以膏腴报为荒瘠者，经人揭举一经查实，如无贿赂嫌疑，即将清丈、收租各员撤差，其舞弊之佃户撤地另佃，以儆效尤；倘有贿赂行为查明证据确凿者，清丈、收租各员除撤差、追缴原赃外，应呈请县公署处以所受赃款十倍以上、三十倍以下之罚金，其行贿佃户除撤地外，处以原纳赃款十倍罚金，并均转送法厅惩办。

第二十七条　告发人对于告发之事项如查无实据，应呈请县公署将该告发人以诬告罪论；倘诬告清丈人员有赃款嫌疑查无实据者，即将告发人按所告之赃数以十倍处罚；如因借端敲诈得有赃款确据者，除追缴赃款外，仍按赃款数目反处以十倍以上、三十倍以下之罚金，并转送法厅惩办。

第二十八条　凡于本章范围内无论处罚之款或追缴赃款，均须呈请县公署核准施行。所有案内款项一律归公，作为自治正款。

第八节 附则

第二十九条　本章程如有未尽事宜，得随时呈请修正之。

第三十条　本章程自呈准之日施行。

自治公产征租员为自治公产租粮仍照学田租均价办法并分三限征收的呈文

民国十七年十一月十五日

呈为仿照学田租粮均价，拟具征收十七年度自治公产租粮价目表，仰祈鉴核事。

窃查催收自治公产租粮，向均仿照教育局征收学田均价并参酌地方情形折收官帖，历办在案。兹届应征十七年份自治公产地租之期，所有应征租粮仍拟按照学田地租均价办法折收官帖，以符向章。并拟仍分为三限征收：由本年十二月一日起至十八年三月底止为第一限；四月底为第二限；五月底为第三限。在第一限交租者，照原表定价核收；在第二限交租者，每石照原表定价加收一百吊；在第三限交租者，每石照原表定价加收二百吊。盖以奸猾佃户，每俟春季粮价昂贵始行交租，以致故意拖延。定递加办法，以杜取巧而为滞纳者戒。如三限期满交不齐者，即请出票传追，以资结束。所拟是否有当，理合缮具均价比较表，具文呈请鉴核，示遵施行。谨呈

吉林县监督高

计呈均价比较表一纸〔见书后附表一〕

县知事批：

呈、表均悉，准予照办。惟该租户等如逾三限期满不交，即按定价加收，以为滞纳租粮者戒，仰即遵照。表存。此令。

十一月十六日

（四）官荒报领

1. 生荒

宋天珍等为报领诚忠乡乃子街生荒的呈文

民国三年八月

具报呈人诚忠乡乃子街屯公民宋天珍、阎焕等联名恳请准领生荒事。

窃查敝屯原有关帝庙一处，所有熟地生荒早已提归学堂在案。现本屯庙附近有牧场一处，约有荒地一垧七亩八分，屯西有义冢一处毗连公用土坑一处，共约有二垧三亩余。公民等均系本屯粮户，与此荒颇有关系。现闻公家出放夹荒，为此联名凑款，甘愿备价呈领本屯公用，以免奸民从中报领，纷争不清。是以不揣冒昧，来省呈请县尊案下恩准派员勘丈，准领施行。

县知事批：

据报荒地与学田有无纠葛，候汇案委勘核办。

富申等报领龙潭山、小白山官山的禀文

民国七年二月十九日

禀为遵示备价承领国有荒山，以辟地利，而裕国课事。

窃民等前奉钧台布告内开：凡属国有官荒山林一律开放，等因，奉此。

遵查钧署属境江东之龙潭山乃系国有官山，其山之巅有潭，故于前清时代每服单衣之时，政界人员登山望景，名曰换季。自改民国以来，已息此举也。并有西南之小白山亦系国有官山，乃当清代为望祭长白山之所，借以蓄养鹿只。该山界址甚阔，即如山之南面平坦之荒约计三四十垧，其间树木早被附近居民偷伐殆尽，近来茅柴丛生，每因禁止樵采，时有野火危及山林鹿圈之虞。既改民国，又无致祭，尤难禁止樵采。似此国有官荒未便弃利于地，虽有鹿只按月由官发给草豆，只有虚耗而无生利，莫若将鹿迁移公园，借盛观瞻，而节消耗。所有以上二处四址以内山林荒地，惟有恳请恩准开放，民等备价承领。理合禀请钧县鉴核，俯准施行，实为公私两有裨益矣。谨禀

吉林县知事于

县知事批：

异想天开，令人可笑。

二月十九日

傅安庆为报领侯家屯河北占垦山荒的呈文

民国九年五月二十五日

呈为附属坟茔地亩，恳请备价升科事。

窃于前清康熙年间，经民曾祖父锁全由团山子迁居乌拉镇侯家屯河北占垦生荒，未及数年，即行物故，遂卜于屯东旷闲荒甸之中葬埋，迄今二百余年，户口繁多，终未迁移。查该坟茔附属地亩四至划清，东至土壕，西至大道，南至河沿，北至大道，确与他姓之地毫无毗连之处。惟于民国七年春间，以该茔范围内尚有余地若干，当即垦熟，每年收入粮石卖为祭扫之费。当此自报升科之时，不敢隐匿，兹特丈明东西宽六十弓、南北长七十弓，按二八八核地，计共一垧四亩六分，除坟墓二处占用地二亩六分外，净余熟地一垧二亩之谱。按照此项地址近临河沿，一时常受水患，恳请规定下等地亩备价升科，以示体恤。若以自报为不凭信，即请转饬警区验明，以昭实在。是以不揣冒昧，具呈声明，恳乞钧署鉴核，准予备价升科，实为感德之至。谨呈

吉林县行政公署

县知事批：

据呈是否属实，候令行第一区保安警察队查勘复夺，仰即知照。此批。

七月二十八日

2. 熟荒

吉林府为各区速将境内民户报领生熟荒地饬令来省领照的札文

宣统三年十月初六日

为札饬事。

案奉劝业道宪札开：案查吉省清赋放荒改归本道衙门总理，前已奏咨一律告竣。所有吉林府属境以内民户报领生熟零荒尾剩，讼争未结及未及复勘嗣经勘明以及讯结准领各户，均未来辕领照，业于上年冬间抄单发交该府差传赴领在案。迄今瞬又经年，仍有三十余户延宕未到。此项尾剩零荒，现在即拟奏报升科，期早蒇事，未便再任观望稽延，应亟再行抄单发交该府，拣派妥差分往各社甲协同该管乡正按名催传，务令该户等于腊月初一日以前来辕领照，以期扫数清结，汇案核报，倘再逾限不领大照，定将小票追缴，撤地归公，其有交价者一并扣充公用，概不发还。合亟札饬，札到该府即便遵照，速即签差按照单开花名分头催传各户速即依限来辕领照，毋任再行逾延。切速，特札。计抄粘。等因，奉此。查未领大票各户散居四处，所限领照之期不过两月，如逾限不领，即将所领之地撤销，已交之价一并充公。诚恐签差传知一时难遍，分途派遣队兵，人数又属不敷，合亟札饬。札到该公所，仰即转饬各区会同乡正副查照单开各户，按名传知，务饬该户等遵照限期，前赴劝业道衙门领取执照，毋再迟延自误。切切，此札。

吴琪为报领双顶子官荒业经垦成熟地的呈文

民国十年四月十六日

具报呈人吴琪系警察第八区界双顶子小屯居民，距省四十五里，为报领毗连新垦成熟山地一小段，恳请准予照章承领事。

窃民因已报之升科地界外，尚有毗连山地一段。惟此地原系民产，缘为地临山根，沟坎重叠，陷陋不平，距家甚远，勉力从耕。前于宣统元、二年间迭被水冲沙压，硗不堪种，当将租额报请注销，弃为抛荒，迄历十有余年。不期近年天气干旱，民复将该地开垦成熟，核计实有地三晌二亩，坐落大屯西山，四至分明，

东　河　　南　荒格

　至　　　　至　　。该地虽原系己产，惟租赋前经报消，界址，四清，

西　本姓、北　毛道

并无侵套不明纠葛，是以未敢循隐，特速据实呈请县宪大人俯核恩准，或允予照数升科，抑或令饬该管警察诣界勘明呈复，以便价领，并乞批示遵行。谨呈

吉林县公署

县知事批：

据呈各节是否属实，候令行第八区保安警察队查勘复夺，仰即知照。此批。

五月二十六日

3. 夹荒

白国玺为报领乌拉镇太平山夹荒的呈文

民国二年十月初九日

为呈请空闲山荒恳恩出放，以便开垦升科事。

窃查吉属乌拉镇东南坐落太平山夹荒一段，约计十五垧余，东至道，西至常、孙姓，南至道，北至道；又毗连山荒一段四垧余，东至曲姓，西至道，南至濠楞，北至曲姓；二共荒十九垧余，与民间私产毫无胶葛。是以仰恳宪台恩准派员勘丈出放，公民情愿备价遵章承领，开垦升科，以期上裕国课，下便民生，一举两得，莫便于此。为此，具情呈恳省长鉴核恩准放给施行。

省行政公署批：

呈悉。候委员便道勘复核办。此批。

十月十八日

赵俊、关惠中为报领小孤家子国有夹荒的呈文

民国十五年七月三十日

具呈人赵俊、关惠中等系吉林县第十区小孤家屯居住，为备价承领国有夹荒以及浮多余荒，恳请恩准缴价承领事。

窃查第十区老爷岭东小孤家子屯坐落迤南，有柴山夹荒水沟洼塘以及毗连就近居民熟地边界混杂包套夹荒浮多一大段，四至分明，距吉敦路线遥远，于该路建筑及开展毫无妨碍，而人民可借交通便利以谋生活。该荒面积东西约计三里有余，南北约计二里许，除柴山水洼不能开辟成熟外，可垦成熟地八九十垧。查此项夹荒，就近居民虽欲报领，实无力开垦，以致国家税赋减收。且以频年胡匪猖獗，人民相率裹足不前，致使国有大好山荒坐失其利。将来吉敦路告成，交通便利，人民繁盛，则匪人自少，而国有空闲余荒可逐渐垦成熟地，国家税收无形起色，而人民藉以谋生活者多矣。是以恳请钧署准予备价承领，并恳饬当地警察率民等到地界勘验明确，以便缴价承领外，合将未经报领而即私自垦成熟地者，其间胶葛务须澄清，以杜争执而重国税。因民等居住较近，确悉该地实系国有大段浮多夹荒，故敢恳请钧署恩准承领，谨将该地形势及四至绘成略图开列于后，以凭查核，理合具文呈请钧署恩准施行，是为德便。谨呈

吉林县监督高

县知事批：

呈悉。查此案前据民人赵子仪、石玉堂等四名呈报小孤家子国有夹荒，批示此项山荒有关吉敦路线，前奉田赋局命令禁止出放在案，该民等所请事同一律，仍不准行，仰即知照。此批。

七月三十一日

4. 闲荒

赵静波为报领乌拉镇西北闲荒的呈文

民国十一年八月二十五日

呈为报领旷地，以裕国课事。兹查乌拉镇西北有闲荒一段，计地一垧余，如久旷闲，莫若开垦，虽官家所收微数之款项，而小民实得无量之生计，两有裨益。况四址内无侵占，外无纠葛，确系官有旷土，公私无碍。是以仰恳俯允，即行派员查勘，以便备价承领。谨绘具草图，具文呈请钧鉴恩准，批示祇遵。谨呈

吉林县公署

县知事批：

呈悉。查乌拉镇老城基址并余地，前据民人刘文桥等迭经报领，均经饬区查明，一经勘放有种种窒碍等情，批准免予勘放有案。该民所请，事同一律，未便照准。此批。

八月二十九日

5. 毛荒

抽查员阎肃为勘丈段德禄呈报毛荒的呈文

民国十二年十一月

为呈报事。

查有二区蜂密营屯民户段德禄呈称，原有毛荒毗连一段，坐落屯东，计地一垧五亩，呈报前来。职当即携带弓绳前经勘丈，计实有地一垧四亩六分，取有四邻切结，合并呈报。谨呈

吉林县公署

县公署批：

呈悉。民人段德禄占垦毛荒壹垧五亩，既据该员查明并无纠葛，取有邻结，应准按照官荒备价承领，仰即转饬知照。原呈、切结存。此令。

十二月二十二日

抽查员阎肃为勘丈关魁英呈报原占毛荒的呈文

民国十四年二月十六日

为呈报事。

兹第八区洋磊石屯旗户关魁英呈报该屯原占毛荒一段，恳请履界勘丈转呈备价前来，抽查员当即携带绳弓，会同邻右关恩山等前往勘丈，确有一垧，并无包套，旋取具关恩山等切结一并呈报，理合具文呈请。谨呈

县知事批：

呈悉。此地既据勘明并无纠葛，应准由关魁英备价承领，仰即转饬知照，结、呈存。此令。

二月二十八日

6. 山荒

钱继德等为报领大韩屯山荒的呈文

民国三年一月

具再报呈人钱继德、常嘏菴等年址在卷，为详陈是实，恳请照准事。

窃因于客岁年终，民之比邻大韩屯有无粮山荒地段七十余垧，委知无赋，具情呈报。蒙批：究系何人开垦，与李绳武前报有无同段，均未声明。仰即明白另呈，再行核办。等谕，奉此。遵将李绳武所报始末原由明白具情呈请备案，旋奉批示：呈复已悉。此项荒熟地亩既系该屯会占垦，纵系无粮黑地，亦系原有主管之产，是否隐匿无照无赋，应候勘明，照章核办。等批，奉此。仰蒙宪台体察周详之至意，遵奉之下钦感钦佩。民惟呈报此项山荒地段，确系国有性质，无人报领升科，其中又无纠葛。若终任余旷，未免失之可惜。在奸徒愈得愈贪、何有激发天良之日，从为国计民生起见，是以不揣冒昧，具情再陈。如蒙鉴准，实为公便。为此，呈请

民政宪公鉴

省行政公署批：

呈悉。尔等前报大韩屯荒熟地亩，业经令交委员查验，仰即回屯候勘。此批。

三年一月十日

吉林县第四区为李海偷开官荒情形的呈文

民国七年二月一日

呈为报请示遵事。

前于分所长赴第四派出所巡阅时，查得该所属界太平庄迄南小山嘴屯住

户李海偷开官荒二垧余，私种二三年未经报明升科。当将该李海及租地户车鸿福等传区斟询，据李海直认偷开官荒不讳，又据车鸿福声称，去年租种此地，年纳红粮七斗、元豆七斗，今年又归李义租种。等情，据此。除由区派员前往实地勘丈并饬该李海等回屯听候指界外，合将该户偷开官荒之情形先行报请鉴核备案施行。又，此地究应归何人备价承领，俟勘查明确后，再行绘图详请示遵，合并声明。谨呈

吉林县行政公署

县知事批：

呈悉。私垦官荒刑律并未定有罪名，该区小山嘴屯李海如有其事，尽可令其赴县备价报领，切勿稍涉刁难，致妨民事。仍将勘查情形绘图具报，仰即遵照。此令。

二月四日

吉林县第九区警察队长为勘明王捷三呈报山荒的呈文

民国九年五月二日

为呈复事。

于本年四月二十七日案奉钧署训令第三百三十一号内开，案据该区小风门屯民人王捷三呈称：窃查本屯江东有山荒一段，约计有百垧，惟此项山荒与民山荒毗连，是以遵照清查土地山荒章程呈请备价承领，等情前来。除批示外，合行令仰该队长即便遵照前往该处查明此段山荒，如无别项纠葛，即行勘明等次，丈量宽长弓尺若干，填注甲社，绘图呈复，以凭核办。等因，奉此。遵即携带绳弓前往该处，传集四邻，并无别项纠葛，当经报户王捷三指领段落，眼同四邻秉公勘丈山荒一段，分晰缮单，绘具草图，填注甲社，粘连文尾，理合具文呈报钧署鉴核，饬领施行。谨呈

吉林县公署

县知事批：

呈、图均悉。候饬王捷三备价承领，仰即知照。图存。此令。

五月四日

7. 园地

赵万禄为报领安家窝堡园地的呈文

民国九年四月

具呈人赵万禄年三十二岁，系警察第五区克勤社五甲安家窝堡屯居民，

呈为请领原有祖遗园地事。

窃民先人占有房园一处，计地八亩，向与已产地一同纳租，嗣因已产先后卖尽，遂致此地无粮。现奉清查土地之际，民不敢隐匿，理合开明四至，呈请鉴核恩准价领升科，实为德便。谨呈

吉林县公署

县知事批：

呈悉。此段园地既系无据无粮，应准备价承领。仰即取具图保，交清正价、经照各费，以凭掣发据证。此批。

五月一日

屈群海为报领杨树河子园地的呈文

民国十一年十二月二十九日

吉林县第二区杨树河子屯旗户屈群海为呈请事。

窃民原有祖遗坐落本屯东沟无粮房基园地一段，计地四亩，东至张姓荒格，西至吕姓荒格又至杨树上下取直，南至河心，北至分水岭为界。委因此段园地经先人占有之地，自旗地升科纳租以来迄未封纳，殊属玩忽，刻值清理地亩之时，国课攸关，民曷克再事隐匿，致干罚办。为此具文呈请升科，照章交价，上重国赋，下便民生。除将取具地邻人等押结随文附呈外，理合具文呈请钧署鉴核，准予派员抵界勘验，照章缴价升科，发给部照，以凭管业，是为德便。谨呈

吉林县公署

县知事批：

据呈是否属实，候令行第二区警察分所长查勘复夺，仰即知照。此批。

十二月三十日

8. 山林

吉林县第十区警察分所长为勘明阎荣祥呈报小官地屯山林的呈文

民国十二年十月十六日

为呈复事。

案奉钧署训令内开，案据该区小官地屯民人阎荣祥呈称：窃民屯有山林一段，长六百四十弓，宽四十八弓，南至山头，北至牧牛道，东至山岗，西至山坡，按章扣成三垧有余，从来无人经理。民阎荣祥询明邻佑人等，情因无力经理，不曾报明升科。今民商允四邻，甘愿书名画押，准民自报升科，

承领执据，以凭经理，而裕国课。理合具文呈请鉴核施行。等情前来。除批示外，合行令仰该分所长即便遵照，前往该处查明呈称各节是否属实及有无别项纠葛，再行依法勘明，详细绘图具复，以凭核办，此令。等因，奉此。当即会同原报人阎荣祥诣临地界履勘，兹勘得此段山荒坐落在小官地屯东山，系属下等毛荒，南北长三百三十三弓，东西宽九十弓，东至山岗分水岭，西至山根，南至山头与傅姓连界，北至牧羊道，四至分明，并无纠葛，询据地邻亦无纠葛。理合绘具草图具文呈复钧署鉴核施行。谨呈

吉林县公署

县知事批：

呈、图均悉。候饬阎荣祥备价承领，仰即知照。图存。此令。

十月十九日

吉林县第五区警察分所长为勘明赵广有呈报山林的呈文

民国十四年五月十二日

为呈复事。

案奉钧署第三百三十九号训令内开，案据该区蒐登站屯民人赵广有呈称：窃民先人占有茔地毗连山林熟地一段，约计遵章三扣一，扣成二垧，东至道，西至荒格，南至道，北至山岗分水岭，理合具文呈请监督鉴核，饬区查勘价领，实为德便等情。据此，除批示外，合行令仰该分所长即便遵照前往该处，查明呈称各节是否属实及有无别项纠葛，再行依法勘明，详细绘图具复，以凭核办。此令。等因，奉此。当即前往蒐登站屯会同原报人赵广有诣临地界，查得此项地亩系属赵姓先人占得，坟茔熟地毗连山林一段，东至道，西至荒格，南至道，北至山岗分水岭，四至分明，并不与邻右地亩毗连，亦无侵占包套情事，当经分晰履勘，兹勘得熟地南北长九十弓，东西宽四十弓，核地一垧二亩五分；山林东西长一百二十五弓，南北宽均四十弓，核地一垧七亩五分，二共计地三垧。理合绘具草图，附文呈复钧署鉴核施行。谨呈

吉林县公署

县知事批：

呈、图均悉。候饬赵广有备价承领，仰即知照。图存。此令。

五月十九日

9. 官山

抽查员阎肃为勘明杨平呈报朝阳屯官山的呈文

民国十三年十二月十八日

为呈报事。

窃吉林县第九区四甲一牌乌金朝阳屯民户杨平报领该屯官山一段，呈报前来，职当会同该山四邻杨连庆等履界勘丈。面积一万七千二百八十弓，计地六垧，按三扣成二垧。当时取有四邻切结一纸，一并具文呈报鉴核，批示施行。谨呈

吉林县公署

县知事批：

呈悉。此地既校勘明确系官山，应准由杨平备价承领，仰即转饬知照。结、呈存。此令。

十二月二十三日

抽查员阎肃为勘明崔文明呈报大孤家子原占官山的呈文

民国十四年一月十四日

为呈报事。

窃吉林县第九区二甲大孤家子民户崔文明报领该屯原占官山一段，呈报前来，职当会同该山四邻白兆和等履界勘丈，面积一千四百六十九弓，计地五亩一分，按三扣成一亩七分。当时取有四邻切结一纸，一并具文呈报鉴核，批示施行。谨呈

吉林县公署

县知事批：

呈悉。此地既校勘明确系官山，应准由崔文明备价承领，仰即转饬知照。结、呈存。此令。

一月十九日

10. 柴山

吉林县第八区警察队长为遵令查复文祥呈报小丰满柴山的呈文

民国九年三月十二日

为呈复事。

前奉宪台吉字第二十九号训令，案据该区小丰满屯旗户文祥呈称：窃民

原有坐落小丰满屯柴山一段，业经呈报领据在案。兹仍有毗连柴山一段，东至山根姜姓地边，西至山顶，南上至杨姓，下至陈姓，北至本地，计地毛二十垧。因系早年占有，率皆石包不能开垦，故未经呈报完赋，迄未领据。兹当普通清丈，是以报明，请按次等一九扣成二垧，价领升科。等情前来。除批示外，合行令仰该分所长即便遵照前往该处查明此段柴山，如无别项纠葛，即行丈明等次，丈量宽长弓尺若干，填注甲社，绘图具复，以凭核办。此令。等因。

奉此，遵即前往抵至该处，按照文祥所指界址，勘丈山荒一段，业已丈明长二百四十弓、宽二百三十三弓，乃系官山，并无纠葛情事。取具该邻右押结一纸，绘具草图，填注甲社，具文呈复宪台鉴核施行。谨呈

吉林县公署

县知事批：

呈及结、图均悉。候饬文祥备价承领，仰即知照。结、图存。此令。

三月十八日

吉林县第九区警察队长为遵令查复马景福呈报石井沟柴山的呈文

民国十年十二月十三日

为呈复事。

案奉钧署训令第八八五号内开，案据该区石井沟民人马景福呈称：为报领山荒，恳请查验发照，以凭培养枝柴事。窃在石井沟南界有山荒一段，约计十余垧，东至蔡姓，西至耿姓，南至李姓，北至官道。其地原系官荒，并未出放，亦无承领，是以民情甘备价承领，以裕国库，而便民生。等情前来，除批示外，合行令仰该队长即便遵照前往该处，查明呈称各节是否属实及有无别项纠葛，再行依法勘明，详细绘图具复，以凭核办。此令。等因，奉此。遵即带警携带绳弓前往该处，招集四邻到场，眼同该报户指领段落，秉公行绳依法勘丈，四至分明，并无别项胶葛。查得此项山荒内有无主坟茔三座，除照茔地一亩三分不计外，合将勘明坐落甲社、四至宽长弓尺数目分晰等次，绘具草图缮单，粘连文尾，具文呈复钧署鉴核，饬领施行。谨呈

吉林县公署

县知事批：

呈、图均悉。候饬马景福备价承领，仰即知照。图存。此令。

十二月十三日

11. 甸荒

谢万发为报领其塔木北三家子无赋甸荒的呈文

民国三年六月三十日

为报请勘丈闲荒，准民价领升科事。

窃民系吉林县属永智社第二区其塔木北三家子屯久户，因本屯原有无赋甸荒二段，第一段东至刘姓地，西至道，南至钱姓坟，北至徐姓地，计地十余垧；第二段东西至刘姓熟地，南至道，北至关姓熟地，计地五垧余，二共计地十五垧余。保守至今，未经在各机关呈报。近闻省长曾有指令，各县属凡腹地内有荒熟地亩未经报归学田自治机关者，即归国有，准予人民报领，等因。查本屯此项甸荒，虽系下地，经民手经理迄今多年，确悉其详，毫无他项纠葛，若被外人揭领，殊亦可惜，应即援案备价承领，藉以永久经管，兼增国家课赋。如有冒报不实暨他项胶葛情节，自甘包偿勘丈员川资。理合具情呈请宪台鉴核，派员勘丈，恩准价领，伏候批示施行。谨呈

吉林县行政公署

县知事批：

候汇案委员勘丈，分别等则，照章核办。

徐享久为报领四台子圣贤宫草甸用作牧养的呈文

民国十二年十二月二十日

为价领草甸河洼，请予恩准事。

窃四台子屯公会会首徐享久查于本屯原有草甸河洼一处，前已呈报在案，仍准该屯公共牧养取土之需，均是天然河崖旧界，并无别项胶葛。近年以来土地昂贵，恐年深日久，倘被附近居民渐渐侵占，地方日渐狭窄，牧养取土诸多困难。是以公会会首徐享久甘愿遵即照章备价承领，以垂永远。按三扣一，实有四垧五亩，扣成一垧五亩，此地未能开垦成熟，特为公共牧养取土之用。是以绘具草图，叩恳监督鉴核，准予备价承领，并请饬区勘验，实为德便。谨呈

吉林县公署

县知事批：

呈悉。此项河洼既不能开垦成熟，应准仍旧公用，以符原案，所请着勿庸议。此批。

十二月二十二日

12. 牧荒

张丙五等为前报领花家屯牧荒请派员勘验的呈文

民国三年四月十七日

具续呈人张丙五等年址在卷，为遵批呈报续情，陈明恳请速饬委员赴屯勘验荒界，以免拖累而误耕事。

窃于去冬民等再三呈报花家屯河北牧养夹荒一案，屡蒙批示在案：业已发交委员查验，尔即回屯候勘毋渎，等谕。迄今四个余月，未经派员勘验，民理宜静候，曷敢再渎。缘花家屯河北尚有夹荒一段，约计四十余垧，仍属公共牧养，与界邻毫无纠葛，民等遵章已竟呈报在案。累及半载，未蒙派员，时值春耕之际，此案尚无头绪，彼时民等在店旅资耗费殊属拖累难堪。伏恳鸿慈体恤公民，倘蒙俞允，速可派员赴屯勘验，赏发契照，则民等甘愿遵章备价呈领，以免久累而除误耕，实为德便。为此，谨呈实业司大夫案下恩准施行。

吉林省行政公署批：

呈悉。勘荒委员业已停绳回省，尔等前报牧荒，俟新章规定，再行勘验。仰即回屯安业，毋庸羁旅守候。此批。

四月二十一日

吉林县三家子众商民为报领公共牧场请升科的呈文

民国九年七月

呈为公共牧场请升科事。

窃以本屯关岳庙前有荒地一段，南北长一百二十弓，东西宽五十弓，约计两垧有奇。因其屡被水冲兼以沙砾不能开垦，嗣经本屯公会合力历年修补河堤，始免冲没之患，遂即作为本屯公共牧场。本欲今年春季呈报升科，乃经七区各集谷董事商磋，拟将斯段地址留作修仓之用，加以报请升科期限尚未届满，是以延迟迄今未经呈请。讵日昨闻说有前在七区曾充分所长之韩振山者，竟不通知本屯骤将此地呈报升科，作为已有。商等逖听之余，不胜骇诧。伏思此段夹荒自三家子设立街基以来，此处常被水患，嗣经屡次修堤，始可作为公共游牧猪羊之场。即前年学田清丈公产时亦曾认可将此荒留作本屯公共牧场，自行呈报升科。今韩振山只图私利不顾共益，竟行自报升科承领，七区警察队并未查询，以并无纠葛捏自呈复，实属有背功令。应请钧署将韩振山所报取消，仍归本屯公会升科领照，是为公便。谨呈

吉林县公署

县知事批：

呈悉。此地既为该屯公会经理有年，且为公共放牧牲畜之所，应准将韩振山报案撤销，归该屯公会价领升科，仰即措缴正价、经照各费，以凭掣发据证。此批。

七月二十四日

13. 柳通

吉林县第三区警察队长为奉令查复孟荣荫呈报将军屯柳通的呈文

民国九年十二月二十一日

为呈复事。

前奉钧署第五百九十八号令开：据将军屯民人孟荣荫报有祖遗柳通一段，因无钱粮，呈请升科等情前来，合行令仰该队长前往查明此段柳通是否为该户原有及有无别项纠葛，再行勘明等次，丈量宽长弓尺若干，填注甲社，绘图呈复。等因，奉此。遵派巡长黎福盛前往查勘，去后旋称：巡长抵至该处，找同报地人孟荣荫亲领到界，查其所报柳通一段中有伊之本族地相隔，应作两段丈量。北一段二垧四亩八分二厘，南一段七垧三亩三分三厘，其地九垧八亩一分五厘，照原报五垧之数不符。坐落克勤社八甲将军屯，确系该户先人遗产，别无纠葛，地势低洼，应列为下等之荒。合将勘明孟荣荫所报之荒丈量宽长弓尺、核地垧数，绘图具报等情，据此，理合备文附图，呈复监督鉴核施行。谨呈

吉林县公署

县知事批：

呈、图均悉。候饬孟荣荫备价承领，仰即知照、图存。此令。

十二月廿七日

于献廷等为报领大红屯江滩柳通的呈文

民国十二年五月十七日

具呈人于献廷、孙庆林等年岁不一，均系二区永智镇大红屯民，距城一百六十里，为报领江滩柳通，请求备价承领事。

窃因大红屯东有江水，昔年水流昌旺，宽处百十余丈，迄今数年以来，沙积泥淤，江水因而缩小。遂于大红屯之东、江流之西，淤出江滩约有十垧许，柳毛发生暨今阅二三年之久，竟成柳林。但此滩在民等之屯东，相隔一道久为民等公共牧场，及所生柳林亦系民等栽培，复加以保护，而柳条始能留存。

又自去年江水涨发，此滩之淤起几与江岸等平，从此以往经年累月不但所生柳林能昌旺，将有垦荒成熟田之望，且此通虽系无粮江滩官荒，而民等作牧场挖土坑之用已有年矣，现已升科限满，浮多均已升科，而无粮之江滩又无纠葛不清之处，能不备价承领以凭管业乎？是以谨将段落垧至开列于呈尾，用敢声请钧署鉴核，准予备价承领，庶几公私两便，则民感德无极矣。谨呈

吉林县公署公鉴

县知事批：

呈悉。查勘放官荒章程并无勘放江滩之规定，所请应勿庸议。此批。

五月十九日

吉林县公署为调查县境柳通并拟具铲除方法的训令

民国十六年三月二十八日

令保卫团事务所总队长。

案奉吉长道尹公署宥代电内开：查道属各县匪患，迭经令饬肃清，而抢劫之案仍所在多有。一届夏令，啸聚多股，到处绑掠，为害尤烈。详加查核各属警团剿捕不力固为要因，而伊通、驿马两河沿岸多属柳通，夏令树木葱茏，适足为盗匪渊薮，若不设法铲除，非惟无以清盗源，亦实无以施剿捕。前据德惠县知事条陈归并柳通小户办法，虽属扼要，惟柳通不除，盗源难清，仍非根本之计。究竟各该县濒河之区柳通占地若干，长狭情形何若，宜用何法铲除，仰于电到半个月内详细调查，报候核夺。案关肃清盗匪，务各遵限办理，不得逾限干咎。等因，奉此。合亟令仰该总队长遵照，限文到十日内，将县境濒河之区柳通占地若干，长狭情况何若，宜用何法铲除，详细查明，拟具办法，呈复来县，以凭核转。切切，此令。

吉林县公署关于查复县境柳通情形的呈文

民国十六年五月十六日

呈为遵令查复县境柳通各情形，请鉴核示遵事。

案奉钧署宥代电开：因计划肃清盗匪，饬即查明县属濒河之区柳通占地若干，情形何若，宜用何法铲除，拟具办法，报候核夺。等因，奉此。遵即分别令饬县属各区警团查明拟报，以凭核转去后，兹据先后复称：第一、二、七、十等四区管界柳通均系零星少数，多已分别饬令各业主随时铲除，不致有藏匿盗匪之患。第三区打鱼楼地方靠江边有柳通一处，长约五里，宽约里半，系公会所有，已于今春全行砍伐。又乜司马屯地方亦有柳通一处，长约二里，宽约半里，系属学产，亦于春间砍伐。第四区所属驿马河东岸柳林，由石头

口门北起，至望青山子西止，蜿蜒长约三十余里，宽狭有一半里、二三里者不等。经该区分所长招集各林户劝令砍伐，该户等佥称：我等多系贫民小户，依此柳林出产为生活，按年纳有租赋，又兼地临河沿，势甚洼下，不能垦种，如果将柳林砍伐，不惟我等全家无以生活，即应纳之租赋亦将势无所出，拟恳免于砍伐，以维生活等情。又第五区驿马河沿岸柳通，南北长约五十里，其中尚有间断之处，东西宽约一里。所有各柳通业主，大多数可以谕知铲除，间有少数不愿铲除者，尚可详为开导，使其就范。又第六、八、九等三区管界，均查无柳通，各等情呈报到县。查第一、二、三、七、十等区柳通，此际既经砍伐，似可毋庸计虑；第五区柳通，既有多数业户愿遵令铲除，间有少数不从，尚可晓以利害，较易办理；惟第四区柳通，占地面积颇大，各该业户因生活攸关，恳请免予砍伐。知事当以事关剿匪计划，未便以个人利益致碍进行，因饬该管分所长再三开导，无如该业户等，均以生计关头，坚不承认即时砍伐，恳乞代为转饬恩免。知事详加审核，该业户等所称利害关系各情，尚非虚妄，若勒令铲除，不惟有妨人民生计，亦且诸多困难，如果准予免伐，又恐剿匪计划，因之妨碍。究应如何办理之处，除分别指令候转请核示饬遵外，理合将遵令查明县境柳通各情形，具文呈请宪核指令遵行。

再，本案因各区呈报参差不齐，又兼往返驳复，以致呈复稽迟，合并声明。谨呈

吉长道道尹孙

吉林县警察所长为具复饬令各区铲除柳通各情形的呈文

民国十六年十二月九日

呈为具复饬令各区铲除柳通各情形，仰请鉴核事。

案奉钧署训令第六五零六号内开，案奉吉长道尹公署第二一五号训令内开：案查本署前饬各县调查伊通、驿马两河沿岸柳通并条陈铲除办法，俾清盗源一案，业据各县先后呈复在案。兹查各县滨河柳通其长狭面积虽大小不等，而其足为盗匪渊薮无不尽同。其中或系民人纳赋之地，或系乡屯公有之区，情形纵不一致，究以属诸人民私有者为多。倘令全行铲除，无论面积颇广一时碍难办到，而人民生计所系亦不能不兼筹并顾。详核各县条陈铲除情形，以长春县所拟办法较为简而易行。查该办法系将柳通循环分段铲除，无论柳通宽狭若干，均以二丈为一段间隔铲除，留新割旧。如此办法，则盗匪既无以藏身，人民生计亦不致大受影响，即应以此办法依为各县铲除柳通之标准。经此次通令之后，各县知事务须督饬警察传谕柳通户主一体遵办。案关肃清匪患，不得因循敷衍，致干议处。除呈报并分行外，合亟令仰知事即便恪遵办理，

并将办理情形随时报查。切切，此令。等因，奉此。合亟令仰该所长转饬所属传谕柳通户主一体遵照。案关防范匪患，事在必行，如有抗违，准将该户主传案究办，并将办理情形先行具复，以凭转报，勿稍疏虞。此令。等因，奉此。遵即饬令各区按照令开各节妥慎办理，具复备转去讫。兹据第二区分所长于相臣、三区分所长关维翰、四区分所长于文翰、五区分所长孙绍文、十区分所长印山先后呈称：遵将各柳通户主详细查明，逐一开导，晓以柳通藏匪之利害，督催各户急尽力进行，无论柳通面积宽狭，均以间隔二丈为一段循环铲除；其余各区均呈以管界并无柳通无从铲除报请核转。各等情前来。除指令铲除柳通各区仍切实办理外，理合将各区铲除柳通各情形具文呈报鉴核，转报施行。谨呈

吉林县监督高

14. 柳荒

马永春为报领柳通荒地的呈文

民国八年三月二十四日

呈为柳通荒地，恳请饬区勘验，备价领照，以便升科事。

窃民屯东北原有祖遗柳通荒地一段，东至马姓，西至官牧场，南至卢姓，北至马姓，因该地近临江沿，常受水患，渐次淤泥，柳枝枯槁，经民垦成熟地，若不涨水，即能收获。所有沟洼壑甸均行在内，兹特丈量明晰，东西长一百弓，南北宽四十四弓，按二八八核地，共计一垧五亩三分。当此清查土地之时，拟请照章备价领照升科。按此项地址低洼，应照下等规定，以示体恤。为此具呈声明原委，恳乞钧署鉴核，转饬警区勘验，备价领照，以便升科，实为德便。谨呈

吉林县行政公署

县知事批：

呈悉。该民原有柳通一段，应准照章备价承领，仰即取具妥保，径赴升科处缴纳正价、经照各费，以凭掣发据证可也。此批。

三月二十六日

陈凤德为报领黄家坨子江沿柳荒的呈文

民国十年三月三十日

呈为遵章揭报柳荒，请派员勘放，准予价领事。

窃本县第二区辖境黄家坨子前江沿一带江湾，往年因江水洪大，砂石堆积，既不得开垦成熟收益使用，又不可栽覆倾培借生柴木。虽距江稍远之处间生薄

弱柳枝，然每值夏秋牧畜之际，附近各户多求牧于此，该地所生柳枝本极微细，若更加以牲畜蹂躏，何异旦旦伐之。其残余之枝株至秋成后，亦尽为樵者所采。以故，人人以该地生殖难繁，利息莫获，无肯出而管领。致使将来可期发育之江湾、天赋不动之权利，一任戕之贼之，濯濯不得其常美，甘忍抛之弃之，悠悠不得其主归。不特此也，近年雨水迟滞，江流移辙，昔日之江底已呈现朝天，江水既从远流，条毛亦渐萌茁，而与此项柳荒又紧毗连，二者并一，络绎纵横，约计不下二十余垧。民见该地之状态，现在虽等于不毛，若加以栽培灌溉之力，异日定有错节盘根发荣滋长之望。爰依定章所载,用敢揭报,深维物权不弃之理，多增国税收入之额。谨请钧署速为派员往勘，准予备价承领。谨呈

吉林县署公鉴

县知事批：

呈悉。查江滩一项并不在勘放官荒之列。且此滩本无何等收益，附近各户又多牧养于此，一经该民承领，难保不无纠葛。应准免予勘放，以维公益，所请派勘之事，着勿庸议。此批。

四月十二日

15. 土坑

云善堂公会为报领吉林县第三区后骚达屯土坑的呈文

民国十一年八月三日

具呈人云善堂公会，系县属第三区后骚达屯，呈为报领公有土坑，以裕国赋兼济民便事。

窃云善堂即后骚达屯公共命名，屯之迤北历有土坑一处，面积实足计有五垧，历年邻近居民遇有土木事宜，咸皆取土于斯坑。掘取既久，业成深坑，遇有阴雨即成水泡，浸润不干，殊感不便。是以民会佥谓若不集资报领加以限制，否则挖掘范围益将扩大。日后容平，在官有赋收裕入，在民后可以有济会事。际此升科期迫，是以具情钧署准予照章报领，速为派员彻查抑或令区以便备价承领，至于折扣若干，饬属查照，实为德便。谨呈

吉林县公署

县知事批：

呈悉。此地既为公共土坑，应准免于勘放，永久留作取土之处，所请应勿庸议。此批。

八月十日

吉林县土城子屯民白云庆为会首霸占公共土坑不准取土的呈文

民国十六年八月三十日

呈为霸占共有土坑不准取土，恳请传案训谕，仍须共 有用，以符原案而免偏袒事。

窃民屯有土坑一处，专备本屯住户公共取土之用，前由屯众凑资请由钧署勘放，升科价领，以供合屯公共取土之场。等情在案。乃于本年秋间有民之佃户王炳南因修理墙垣，即赴该土坑内拉土，竟被本屯公会首等上前阻拦，不准拉运，凶横异常，不可理喻。伏查此项土坑于凑资价领时曾声明备合屯住户取土之用，不料墨沈未干，会首等竟至阻拦不准取用，殊属非是，迫不得已，惟有叩乞监督鉴核恩准，将会首传案严加申斥，谕令遵照原案将此项土坑仍准合屯住户公共挖取，勿得再有阻拦情事，以符原案，而维共益，实为德便。谨呈

吉林县公署

县公署批：

呈悉。据称会首阻拦取土，未免语涉含混，究竟会首系属某人，另呈声复再夺。此批。

九月二日

16. 茔荒

吉林县第二区警察分所长为勘明佟宝德呈报大孤家茔荒的呈文

民国十二年四月三十日

为呈复事。

案奉钧署第五百零六号训令内开，案据该区大孤家屯民人佟宝德呈称：窃民原有祖茔一处，内有毛荒连同坟地一垧，东至大道，西至分水岭，南至大道，北至大沟，四至毫无纠葛。现值清查之际，自当报明备价升科，发给大照，遵章纳赋，以裕国课，而保管业。为此，恳请监督鉴核，饬区查明，准予备价领照，实为德便。等情前来。除批示外，合行令仰该分所长即便遵照，前往该处查明呈称各节是否属实及有无别项纠葛，再行依法勘明，详细绘图具复，以凭核办。此令。等因，奉此。遵往该界传同地邻人等勘丈，南北长一百二十弓，东西宽二十四弓，以二八八核地计一垧，堪列下等。查其四至与原报相符，并无纠葛侵越情弊。理合绘具草图一纸，附文呈复鉴核施行。谨呈

吉林县公署

县知事批：

呈、图均悉。候饬佟宝德备价承领，仰即知照。图存。此令。

五月十日

吉林县第八区警察分所长为勘明吴成喜呈报小白山迤南茔荒的呈文

民国十二年七月二十一日

为呈复事。

案奉钧署第七百一十四号训令内开，案据该区民人吴成喜呈称：窃民之祖茔在八区小白山迤南，计南北长二百弓，东西宽八十三弓，四至均有界石柱，除坟墓占用之外，尚有余荒四亩。从前坟茔均无租赋，仅有满文契纸。现已自报升科行将告竣，宜应遵章声请升科，以免遗漏。惟查民之祖茔面积辽阔，若按尺丈领照，应缴经费过巨，力难担负。况有余荒四亩尚可开垦，仰恳监督恩准按照地亩升科纳粮，以期久远。为此，检同满文契纸一份呈请鉴核批示施行。等情前来。除批“呈悉。该民茔地一段所列四至是否相符，仅据送到满文红契一纸无凭查核，仍候令行该管区警察队长履界查勘复夺，仰即知照。契暂存。此批。”等因，挂发外，合行令仰该分所长即便遵照前往该处，详细查勘具复，以凭核办。等因，奉此。遵即前往该处，传集该户到界，按照文内所指查勘，除坟墓占地不计外，勘得均垦成熟地长一百八十弓，宽五十五弓，按二八八核地三垧四亩三分。四至相符，查验该地堪列下等。理合绘具草图纸并具文呈复钧署鉴核施行。谨呈

吉林县行政公署

县知事批：

呈、图均悉。候饬吴成喜照章升科多仰即知照。图存。此令。

七月二十四日

17. 坟地

范文合为报领欢喜岭坟地的呈文

民国九年十二月二十七日

为呈请事。

窃民有坐落第五区欢喜岭屯先人坟地一段，南北宽十丈，东西长十丈，并无执照，请按照下等镇基注册换照，以凭执守。为此具文恳请钧鉴，核准施行。

县知事批：

收经照各费，以凭掣发执据。此批。

十二月廿九日

李桂林为报领致和门外坟地的呈文

民国十二年八月二十六日

具禀回民李桂林，四十五岁，住致和门外致和胡同四区，门牌九九二，为报领坟地及四周草甸，兼之以重赋税而保坟墓事。

窃民先人来吉二百余年，所有故去民之前辈均埋在致和门外居仁胡同西山坡，名曰占山户，并未报领坟地多寡。现在人心不古，世道嚣薄，时有在坟地内偷卖沙土，民未敢过问。近来偷卖沙土，将民先人棺木露出，民亦不敢过问，因无报领凭据故也。窃思为人子者，若不能保护坟墓，以失子职，何以为人？是以民声明报领理由，仰恳钧县准予报领，令区查明禀复，饬民呈领，以保坟墓，而尽孝忱，实为恩同再造。为此，谨禀

吉林县公署公鉴

县知事批：

据呈是否属实，候委员前往履勘复夺，仰即知照。此批。

八月二十八日

18. 义地

陈焕春等为请免放山荒永作公共义地的呈文

民国九年二月十五日

具呈人陈焕春等为呈请免放山荒，永作公共义地事。

窃县属五区界内蓝旗屯北山一处原系温姓世居己产，此段山荒东头系温姓祖茔，其以西山荒早年经温姓先人垦成熟地四垧余，舍作庙会香火产业，有地可查，余剩山荒尽数施舍公会，留作屯中公共义地牧养之所，系为公益起见，为屯中公会所共认。近年以来经屯户伊耕莘由劝业道署报领。此荒经温姓户长温怀等联名声请永作公共义地，旋蒙批示将伊耕莘原呈驳回，谓为无理之要求。又经屯中公会民等出为呈请此荒久为屯中公共义地牧养山荒永远封禁，均蒙照准各在案，公署第四科有案可查。今本屯民户关秀具呈报领，民等疑窦顿生，溯自公会呈请此地封禁之时，关秀即魁喜亦列名其中阻止，今忽顿起贪心出而报领，化公为私，希图肥己情弊显然。且此山荒庐基林立，屯中居民及外来无业流民死亡坟墓五百余冢，又系牧养牲畜立足之地，如任其自报，拓地开垦，实与屯中存殁利害关系诚非浅鲜，而犹失温姓先人乐善好施之美意也。理合呈请俯准立案，准予照旧永作公共义地牧养之所，则感戴大德无极矣。谨呈

吉林县知事于

县知事批：

呈悉。此项荒地既系温姓施作公共义地，应准立案永远免予勘放，以维善举。并候令行第五区警察撤销关秀报领原案，仰即知照。此批。

二月十七日

19. 会荒

吉林县劝学所为上八家子屯有会荒一段请归学堂一半的呈文

民国八年一月十三日

为呈请事。

民国七年十月间据十区密什哈站高等小学校校长秦士敏呈称：为呈报事。中华民国七年九月三十日据邻屯上八家子住户孟广福面称：本屯有会荒一段，约在四垧，坐落屯西江湾。此地虽近江沿，而淤土高埠，尚堪开垦。查教育改良以来，凡庙产会产半多提归学校，此项会地名义相符，亦应援列归公，以尽地利。第附近各校经费多寡尚能办理，惟密什哈站本年添设高等一班，款项非常拮据，可否将此项会地提归密什哈站学校，以资补助。如承照准，即由民国八年开垦。第一年每垧纳租三斗，第二年纳租七斗，第三年纳租一石，以丈出实数为标准，以后每垧按年纳租一石。住户虽为耕田计，而实为学堂经费困难起见，此地报归学田后，如别生枝节，住户完全负责，请转报施行等情。据此，查该屯住户孟广福自首会地归为学田，足见民气已开，实堪嘉许。惟系江湾之地，恐不能永保租赋。该户既请愿，自应请予转请查勘，以收地利。除取具甘结留校备查外，理合具文呈报钧所鉴核，派员查勘施行。等情到所。当即转行东路学务委员孙翰声便道查勘，去后旋据复称：委员当往该屯传集原报户孟广福指领地界，该地东西南均至江套，北至下八家子界，中间被水冲断，分为二节。南节宽三十六弓，长二百五十二弓，核地三垧一亩五分；北节宽二十弓，长一百五十弓，核地一垧零四分。二共四垧一亩九分。据该屯户刘华林、关斌魁等声称：本屯仅有此项会地，若全数归学，本屯会中遇有他项公益，恐难办理。且本屯本年办有代用国民学校一所，经费尤极困窘。可否以此地北节归作本屯办学经费，南节仍为本屯会中公用。至孟广福呈报在前，应请准其开垦二垧，其余另由本屯会中开垦。等情前来。委员复询及密什哈站校长秦士敏，亦以同属办学，地数又不甚多，且又难保租赋，甘愿听凭所中处理。委员详加体察，秦校长既无争执，即照刘华林等请求办法办理，似无不可。惟代用校似无归产之必要，应仍由密什哈站学校照数升科，以昭核实。所有查办孟广福呈报上八家子屯会地缘由，是否有当，理合具文呈请鉴核，转呈指令祗遵。等情，据此。本所复核存义乡上八家子会荒既经孙委员勘清计共四垧一亩九分，该屯绅户恳请给留一半，用于办屯中公益，其余一半提作密什哈站学费，用以补助上八家子代用学校，是否可行，理合具文呈请鉴核，指令施行。谨呈

吉林县公署

县知事批：

呈悉。查上八家子会荒从前既无租赋，现在亦无胶葛，确系官荒无疑，无论归办学务、归民管业，均应照章备价承领，仰即知照，此令。

二月十四日

吉林县第一区警察队长为勘明杨逢春等呈报杨木林子会荒的呈文

民国九年十月十三日

为呈复事。

窃查案奉钧署第六百九十号训令内开，案据该区杨木林子屯民人杨逢春、何青山、刘铭山等三名呈称：为呈请勘放浮多会荒，准民承领升科事。情因民屯旧有山甸毗连会荒一大段，东至大道，西至民地，南至甸心，北至岭后车道，共计面积约一百五十余垧，已经清丈升科七十垧外，下余甸荒五十余垧，实属浮多。查现当清赋经正疆界之时，民等忝属屯民，亟应呈报，而裕国课。等情前来。除批示外，合行令仰该队长即便遵照，前往该处查明此项会荒，是否在高来升等原报四至以外，及有无别项纠葛，再行勘明等次，绘图详细具复，以凭核办。切切，此令。等因，奉此。队长遵即前往该处，按照所指地段详细勘查，此地实系在高来升等原报四至以内，并无别项纠葛。当即眼同该屯中证人等，行绳勘丈弓尺均在图中注明，惟所丈出浮多熟地，系属黄砂，堪列中等毛荒；系属洼甸柳通，堪列下等。理合将勘丈杨木林子屯会荒等次，绘具草图一份，并取该屯会中中证人等及报荒户双方甘结一纸，一并附文呈复宪鉴，核夺施行。谨呈

吉林县公署

县知事批：

呈及结、图均悉。候饬杨逢春、何青山等备价承领，仰即知照。结、图存。此令。

十月十四日

20. 水泡

刘锐为报领北山公园水泡的呈文

民国十一年四月

呈为备价承领官有积水洼地一段，以图官民两有禆益事。

窃民居宅南毗连洼地一段，南北长约八十弓，东西宽约四十弓，历年积水，种田盖屋均不适用。原闻归北山玉皇阁经理，现经该庙因诉讼关系，经钧署查明确系官产，业经呈明省长公署核准决定有案。查此地与民房地基毗连，按之惯例自应有优先承领权。民拟遵章备价承领，在官家既可收到地价，省得空废；而民利用积水拟种荷花，且毗连公园，又可遥为点缀；是一举而两有禆益。理合绘具草图，呈请钧署鉴核，批示遵行。谨呈

吉林县公署

县知事批：

呈悉。此段空闲地基既与公园毗连，应仍留作公园将来开展之用。所请勘放之处，着勿庸议。此批。

四月二十九日

赵瀛桥为请领弓箭通水泡的呈文

民国十四年六月二十日

具呈人赵瀛桥，年四十五岁，吉林县一区民，现住乌拉街，为照章备价请领水泡，恳恩准领事。

窃因在县境第一区距省城七十里地名弓箭通官有水泡一处，约计面积十垧之谱。该泡西北角又有毛荒一段，约有二垧左右。因该地洼下，常年积水为患，向无人过问。民今生计无聊，拟作养鱼为业。查该泡并荒地四至，东至沟帮，西至熟地，南至沟头，北至熟地，均行分明，并不包套他人界址。为此，具情甘愿照章价领，仰恳监督大人恩准，派员勘查，俾予承领，上裕国课，下资民生，是以不胜感德之至。谨呈

吉林县署监督大人钧鉴。

县知事批：

呈悉。查勘放官荒章程并无勘放水泡之规定，所请应勿庸议。此批。

六月二十七日

21. 洼荒

吉林县第一区警察队长为勘明关子祥呈报泡子沿洼荒的呈文

民国九年四月十日

为呈复事。

案奉钧署吉字第六三九号训令内开，案据该区泡子沿屯民人关子祥呈称：

窃因民地南北各有洼荒一段，南段约三十余垧，北段约十余垧，向者只以略生水草，为全屯放牧牲畜之区。近则风俗渐移，牧养日少，且当此辟放闲荒之候，亟应声明呈请勘放，俾资备价承领，而使野无旷土。等情前来。查此项洼荒既称为全屯牧放牲畜之地，该关子祥独自承领，能否得全屯同意，不事争执，除批示外，合行令仰该分所长即便遵照前往该处详细查勘，如果并无纠葛，再行勘明等次，分别丈量宽长弓尺若干，填注甲社，绘图呈复，以凭核办。切切，此令。等因，奉此。遵往该界详查关子祥呈报该屯南北二段洼荒，当据该屯绅民关纶阁等声称，屯南一段系与学田毗连，所余无几，应归学田，余多自报升科以内领照，不失本屯公益。如任关子祥一人承领，诸多滞碍，难认勘放。其屯田一段系与民等赋地毗连之江沿边陵，不能开垦，仅可插柳，以御江水冲淘之患，可否免放，以保公益，是为公便。等情，据此。窃查此荒既经全屯不认可，碍难堪放，合将绅民关纶阁等声称情形备文呈复宪台鉴核施行。谨呈

吉林县公署

县知事批：

呈悉。此一段地亩既有种种窒碍，应准免予出放，候饬关子祥知照。此令。

四月十四日

吉林县第五区警察队长为勘明关恩林呈报蓝旗屯洼甸的呈文

民国十一年六月九日

为呈复事。

窃奉钧署第二百七十二号训令内开，案据该区兰旗屯民人关恩林呈称：窃民旧有祖遗洼甸一处，坐落在屯居西南，计东西长八十一弓，南北宽七十五弓，东至河，西至沟心，南至本地，北至沟心，合荒地二垧一亩，向以地属洼泾兼多沙碛，永久不堪开垦，故未呈请升科。今当清赋告竣之际，若不呈明，诚恐将来经界攸关，致起纠葛。为此，谨具呈恳祈县署案下俯为饬区勘丈，或径准按照下等洼荒折扣升科，发给执据，俾便执守，实为德便。等情前来。除批示外，合行令仰该队长即便遵照，前往该处查明呈称各节是否属实及有无别项纠葛，再行依法勘明，详细绘图具复核办。等因，奉此。遵即驰往该处传同该户等到界勘查，关恩林呈报祖遗洼甸一处，内除坟茔外，勘得东西长八十一弓，南北宽七十五弓，核荒二垧一亩。询问村邻，界址明白，并无有胶葛不清之处，荒属低洼，堪列下等，虽不能垦地，尚能滋生柳条，系诚信社二甲，核与原报相符。理合绘草图一纸，一并具文呈复监督，鉴核施行。谨呈

吉林县行政公署

县知事批：

呈、图均悉。候饬关恩林备价承领，仰即知照。图存。此令。

六月十六日

22. 江滩

戴荻麟为请领松花江江套淤滩的呈文

民国十一年十二月八日

具禀戴荻麟，年四十二岁，系吉林县人，住省会警察第一区大德胡同门牌一百三十四号，为请领江套淤滩照章升科，以裕民生而增国课事。

窃查省会警察第三区九队界松花江北沿有最高淤滩一段，东至渡口，西至江滩，南至行船牵路，北至贸易公司之地，东西长二百五十弓，南北长一百六十弓，计地十三垧八亩八分八厘。伏思该项江滩既经淤高，虽系沙石之田，若耕种得法，亦可收获。与其长此荒废弃之不理，莫如准人经营，变作良田。为此，呈请照自报升科章程，估价承领开垦，如蒙俯允，实于国课民生两有裨益，仰恳钧署派员查勘，准予照章备价承领，实为德便。谨呈

吉林县公署钧鉴

县知事批：

呈悉。查勘放官荒章程并无勘放江滩之规定，所请应勿庸议。此批。

十二月十二日

吉林县实业局长沈玉和为遵令派员查复石振山呈报江滩仰乞鉴核的呈文

民国十六年一月三十日

呈为遵令派员查复石振山呈报拟领江滩仰乞鉴核事。

案奉钧署第八一三四号训令内开，案据二区东哈什蚂屯民人石振山呈称：为江心淤积历久成滩，恳请准予备价等情，据此，除批示外，合行令仰该局即便遵照，派员前往该处查明呈称各节是否属实及有无别项纠葛，再行依法勘明，详细绘图，取结具复，以凭核办。此令。等因，奉此。遵派劝业员杨东坡前往查勘去后，兹据该员呈称：呈为遵令查复石振山报领江滩仰祈鉴核转报事。窃奉局令内开：案奉吉林县公署第八一三四号训令内开，案据二区东哈什蚂屯民人石振山呈称：为江心淤积历久成滩，恳请准予备价承领，以裕国课而利民生事。缘县属二区东哈什蚂屯地方，松花江经流至此分岔里余，复归于一，因而岔内积久成滩，蒿柳丛生。其面积南北长约计三百六十弓，

东西宽约计二百四十弓，按照定章一九扣成核地实有三垧。环滩皆水，其南北至长江、东西至江心，天然界限，与人无涉。现因连年水涨，淤积益高，蒿柳丛生，颇堪经理，若长此弃置，未免可惜。是以不揣冒昧，具情呈请钧署鉴核，准予备价承领，发给执照，以凭管业，则上可以裕国课，下可以利民生矣。一俟重淤，再行呈请履勘，续报多寡。恳请先行备案，准予价领。等情，据此。除批示外，合行令仰该局即便遵照派员前往该处，查明呈称各节是否属实及有无别项纠葛，再行依法勘明，详细绘图，取结具复，以凭核办。此令。等因，奉此。合亟令仰该员即便遵照前往该区详细调查，取具甘结，切实呈复，以凭转报。切切，此令。等因，奉经前往二区东哈什蚂屯询悉，该滩址在江心，周围环水，江之东岸系属舒兰县境，江之西岸有沿岸柳林一段，为石晏楼、关升三等三十余户伙领之产。当由报户石振山邀集林主关升三、石振芳、石晏楼等同往该滩查勘一周，查得该滩址于江心，南北长约二里，东西宽有里许，地质沙漠，蒿柳间萌，尚堪经理，惟该滩腹地与周围结水之处稍见突起，勘其面积核与原报弓数相符，此该滩形势如此。而与该滩毗连者，仅西岸关升三、石振芳等伙有之林，并经关升三等声明该滩与其林场无涉，其他悉无妨碍。除取具关升三等甘结外，理合绘具草图，连同甘结，备文一并呈请鉴核转报。等情前来，据此。理合检同图结具文呈请钧署核夺施行。谨呈

吉林县监督高

县知事批：

呈暨附件均悉。查该民所报之江滩既位在江中，诚恐有碍交通；况此地半属舒兰县界，本县未便越界勘放，应将石振山报案撤销，仰即转饬知照。附件存。此令。

二月廿一日

二、赋税制度

奉天府尹致船厂将军催报耗羡银两等项收支表册的咨文

乾隆十八年三月十七日

为咨催事。

案照吉临兀喇同知：征收耗羡并各官支领养廉等项，例归奉省汇奏报销。今奏销期届，所有乾隆十七年耗羡等项收支、动存各数未准造册咨送，相应咨催。为此，合咨贵将军，查照转饬造报，星飞咨送，以便汇办，幸勿延缓施行。须至呈者。

右咨　船厂将军

吉林理事同知奏销乾隆十七年地丁耗羡养廉款的呈文

乾隆十八年四月

理事同知案呈

为呈明解送银两事。

窃查乾隆十七年分带征十五年地丁耗羡银二百一十一两七钱一分二厘二毫。遵照部复，应尽数解送，补还拨补十五年同知养廉之项。乾隆十七年带征十五年余地耗羡银内，补还十七年春秋二季丈地官兵盘费银七十四两四钱。以上共银二百八十六两一钱一分二厘二毫。应解送大人衙门，分别归款。理合呈明，移交户司，照数兑收。仍呈明出具收付，以便备案可也。

吉林理事同知为晓谕开征的告示

嘉庆十四年十月初二日

为晓谕开征事。

照得地丁钱粮，攸关国家经费，最为紧要。例限岁内扫数征完，不容稍有延缓。今兹百谷告登，正尔小民急公输将之候，所有本年应行征收府属八社地丁钱粮，现经本府择于本年十月初八日开征。合行出示晓谕。为此示仰府属各乡地，以及花户人等知悉：自开征之后，乡地务各催令各该管花户，按照单开粮额，将应纳钱粮，上紧及时封纳，务于岁内全完，以凭解交。毋得稽延顽抗，致干比责。尔乡地人等，敢有包揽多收，以及侵渔欺隐等弊，一经查出，定行照律惩治，决不宽贷。各其懔之慎之，毋违。特示。

吉林理事同知为晓谕公平兑换银两以便输纳的告示

嘉庆十四年十月初二日

为晓谕公平兑换银两以便输纳事。

照得地丁钱粮，攸关国家经费，例应征收本色。但小民卖粮，类皆收得钱文，不得不向钱铺易银交纳，而钱铺未免易滋垄断。至于钱粮火耗及添补库平，本府现系按照各前任定则征收，尤属毫无加派。虽经本府取具各钱铺按照市价公平兑换，不致多收勒索甘结在案，第恐罔利之铺，不无阳奉阴违，高抬市价，多收病民亦未可定，合行出示严禁。为此示仰府属各钱铺及八社纳户人等知悉，凡遇花户易银输纳，务必按依库平市价，公平兑换。倘敢额外多收，许花户指名禀究。如钱铺并无多收情弊，而该花户捏词妄告者，一经审实，亦必重处不贷。其各懔遵，毋违。特示。

吉林理事同知饬令员役上紧催征谕

嘉庆十四年十月初二日

为饬知开征事。

照得地丁钱粮，攸关国家经费，最为紧要。是以例限岁内全完，不容稍缓。今兹百谷告登，正小民急公输将之候。所有本年应行征收地丁钱粮，经本府择于十月初八日开征，合行通行谕饬。为此仰役赍持印发花户应纳粮额名册，前往八社，转交各甲乡地牌头等，催令各花户，按照粮额，踊跃输纳，务于岁内扫数全完。倘不上紧催追定行按限比责，去役毋得迟延，借端需索滋扰，致于查出严处不贷。毋违，速速。须票。

壮总头郝良臣为控溪浪河乡地不肯协催粮银及民户不纳丁银的禀文

道光三年九月二十六日

具禀壮总头郝良臣　为禀恳传案追纳事。

切役奉派承催永智社钱粮。讵有五甲溪浪河界内民户韩成安、曹明、阎三虎、傅元明、滕亮、罗洪玉、荆士德、陈五、王凤成、李茂元、王自相、姚汝珩等十二名，各有应纳丁粮银两，抗不完纳。屡饬社差协同伊等该管乡地，催令赶紧完纳。孰期乡约姜兴久、蒋果秀，地方齐有绪、滕文举坚不协同催办。现值钱粮完竣之际，役实无力垫封。为此禀明，伏乞太爷钧电〔鉴〕，恩准传案，追纳施行。

批：

准先传该乡地讯夺。

吉林将军衙门为奏准三姓旗民带征同治八年分地丁钱粮等项展缓十二年秋收后完纳的札文

同治十二年正月二十六日

为札饬事。

户司案呈：同治十一年十一月二十五日，本衙门附片具奏，为将三姓地方收成歉薄，应征银谷拟请分别展缓以纾丁力等情一片，当经抄录原片咨报在案。兹于同治十一年十二月二十九日奉到回折，军机大臣奉旨另有旨，钦此。同日接奉廷寄，同治十一年十二月初十日内阁奉上谕：奕　等奏旗民歉收情形，开单恳请展缓钱粮等语。吉林三姓地方本年被灾歉收，若将新旧银粮照常并征，民力实有未逮。加恩，着照所请，所有三姓旗民应带征同治八年分义仓谷七百二十石，公仓谷四千五百石，春借秋还谷二千六百十石，永宁社地丁米折银六十七两零，均着再行展缓一年，俟同治十二年秋收后依限完纳，以纾民力。该将军即刊刻誊黄，遍行晓谕，务使实惠均沾，毋任吏胥舞弊，用副轸念歉区至意。该部知道，单并发。钦此，钦遵前来。本衙门当即遵奉谕旨，刊刷誊黄二十张，咨行三姓副都统衙门，遍行张贴晓谕外，相应恭录谕旨，呈请咨报查核。等情，据此。拟合咨报，为此合咨户部查核暨咨行三姓副都统衙门遵照外，并札吉林理事同知遵照可也。特札。

右札吉林理事同知，准此。

吉林将军为饬速将光绪八年分地丁耗羡租赋各项银钱扫数解交的札文

光绪九年五月初二日

将军衙门　为再行札催作速收齐报解以济公用事。

户司案呈：案查吉林通省按年应放饷项，全赖所属各城厅应征地丁租税、烧锅票课、厘捐等项银钱，如期报解，应时散放。等因，历办在案。查有吉林府应征光绪八年分地丁米折等银五万六千五百二十二两三钱二分四厘，内除拨归伊通州知州经征地丁银二万零六百十二两六钱三分六厘，又拨归敦化县知县经征地丁银六十六两二钱九分八厘外，实剩应解银三万五千八百四十三两三钱九分。内除陆续解交银三万四千九百零九两三钱四分七厘外，尚欠银九百三十四两零四分三厘。又应征耗羡银三千七百七十六两零二分三厘，内除拨归伊通州知州经征耗羡银一千四百零八两三钱四分一厘五毫，又拨归敦化县知县经征耗羡银五两零零三厘五毫外，实剩应解银二千三百六十二两六钱七分八厘。内除解交银二千二百八十九两八钱九分九厘四毫外，尚欠银七十二两七钱七分八厘六毫。又应征各项地租钱十万零八千一百五十二吊九百文，内除陆续解交钱十万零六千七百二十三吊九百三十二文外，尚欠钱一千四百二十八吊九百六十八文。伊通州应征地丁米折等银二万零六百十二两六钱三分六厘，内除解交银九千六百四十两外，尚欠银一万零九百七十二两六钱三分六厘。又应征耗羡银一千四百零八两三钱四分一厘五毫。敦化县应征地丁米折等银六十六两二钱九分八厘，又应征耗羡银五两零零三厘五毫。以上各府州县欠交各项银钱，均关抵饷要款，宜应依限催征齐楚，报解来省，以济公用。等因。

前经札催在案，迄今未据各处报征齐楚，运解来省。转瞬间，又届核放秋饷之际，立待急需，岂容延不清解，致误应用。合亟再行札催各该府、州、县，即将各该处应征地丁耗羡等项银两，赶紧催齐。务于文到一月内，星速报解来省，以济公用，不准稍涉稽迟之处。除移付吉林分巡道查照外，应呈请札催。等情，为此，合行札仰吉林府，即便遵照，速将经征八年分地丁耗羡租赋等项银钱，务于文到一月内，赶紧扫数解交来省。立待急需，不可迟延可也。特札。

右札　吉林府，遵此。

吉林府为晓谕围荒佃户遵照开征卯期赶紧赴柜封纳租赋的告示

光绪二十年十月二十五日

为晓谕事。

照得府属围场边荒，舒兰、土门子、荒沟河、漂河、桦皮甸子、乌林沟等处大小租赋，前归户司经征。自光绪八年，改归吉林府征收。定于年终收齐解库，不容丝毫拖欠，历办在案。兹届百谷告登，正小民急公输将之候。所有光绪二十年分应完租赋，本府择定于十一月初一日开征起，分为五卯交清。以十五为一卯，完纳二分。至明年正月十五日，五卯期竣，扫数全完。如有拖欠，定将该乡甲暨延不封租之佃户，一并拘案，分别比追究惩。除当堂谕饬各乡地赶紧催征外，合行出示晓谕。为此，示仰围场边荒旗民人等知悉：自示之后，尔等遵照卯限，务将光绪二十年分大小租赋，赴府照章完纳，不准观望拖延。倘有劣衿玩户，故意抗延，定行押追，决不宽贷。至征收书役，已经严禁，不准额外浮收勒索。其封租花户，应交银两，亦不得以低潮之银，顶充蒙混。如有前项情弊，查出重惩不贷。各宜懔遵，毋违。切切，特示。

吉林分巡道转奉军宪札准部咨奏请核减地丁折征制钱暨另加带征学堂经费的札文

光绪二十四年七年十六日

为札饬事。

光绪二十四年七月初八日，蒙将军衙门札开，户司案呈，准户部咨开，山东司案呈：据北档房传付，所有议复御史徐士佳奏请核减地丁折征制钱数目暨另加带征学堂经费一折，光绪二十四年五月二十一日具奏奉旨：依议，钦此。相应传付山西等司即赴本档房抄录原奏，恭录谕旨，飞咨各该省将军、督、抚，一体钦遵办理。等因前来。相应抄录原奏，飞咨吉林将军遵照可也。计单开户部谨奏为遵旨议奏事，光绪二十四年四月三十日御史徐士佳奏请核减地丁折征制钱数目暨另加带征学堂经费各一片，军机大臣面奏，谕旨户部议奏，钦此钦遵，抄交到部。

据原片内称：江苏同治年间银价最贵，每两需制钱一千八百文，故民间完纳丁银，奏定每两折征制钱二千二百文，约照市价每两酌加四百文，以为匠工火耗等项之用。今则市价每两已至一千二百，贱于当年且六百文，而地丁折征仅减去二百，仍需二千文。办公固觉宽舒，民力实形苦累。此等情形，凡折征省分皆是，非独江苏为然。请大加核减，通行各省，归于一律。等因。

又片称：现在行令各省设立大小学堂，费无所出，莫如即取诸地丁之折征。以目下纹银市价每两一千二百文，若照当年酌增四百文计之，则每丁银一两折征制钱一千六百文，在官亦不致赔累。拟令折征各省每两丁银只准折收制钱一千六百文，另加带征百文，名曰学堂经费，另行存储，专备开办西学之用。计每丁银一两共出制钱一千七百文，视以前尚少三百文，民情固自乐从，在官亦并不赔累，而大小学堂可以借手开办等语。

臣等伏查近年银价日贱，钱价日贵，凡地丁漕粮折征省分民间完纳制钱情形，甚为苦累。亟应按照市价酌量减收钱文，以纾民力。第向来折征之数，各省既多寡不等，则现议核减之数，各省亦不能相同。今御史徐士佳奏请通行各省归于一律，未免窒碍难行，应仍令各该省就本地征收丁漕折纳制钱数目，比较近年来市价实有盈余若干，因时制宜，量为核减，俾民困得以稍苏。至设立大小学堂，原奏请令折征各省照市价酌增四百文，准折收制钱一千六百文，另加带征百文，名曰学堂经费，计共出制钱一千七百文，原为实事求是起见，惟地丁折钱各省既难一律，每两加学堂经费百文数目稍多，带征亦复不易。且地丁之内添设带征别项款目，更恐不肖州县借此多取浮收，为百姓无穷之累。臣等公同商酌，拟令征收地漕折收制钱各省，除照臣部上年通行奏案，减征民间丁漕钱文及提出归公凑还洋款不计外，均按现在征收丁漕折纳钱数，每银一两、每米一石，各提出制钱五十文，另款存储，以为学堂经费之用。庶提解之数较少，办理不致为难，惟此系专指业已征收在官者而言。其有因此项名目并借口办公不敷而民间多索丝毫者，该督、抚等即随时查明奏参，不得徇隐。倘嗣后银价复贵，钱价又贱，仍准将学堂经费另行设法筹措，免由折钱款内提用，以昭平允。所有遵旨议奏缘由，理合恭折具陈，伏乞皇上圣鉴，谨奏。等因前来，相应呈请咨札遵照。等情，据此。拟合咨行宁古塔、三姓副都统衙门查照外，暨札吉林分巡道遵照可也。特札。等因，蒙此。除分行外，合亟札饬，札到该府，即照录转行所属，一体知照。特札。

札吉林府

署吉林将军达桂奏吉省府厅州县以前银米兼征田亩拟请每垧改征大租银一钱八分折

光绪三十二年九月九日

为吉林府厅各属银米兼征田亩，赋重弊多，拟请改照续放荒地赋额，一律征收大小租银，恭折仰祈圣鉴事。

窃照　达于上年夏间，遵旨驰赴吉林，查看垦荒事宜，当将清赋为难情形并筹拟办法，具折复陈。旋奉恩命署理军篆。莅任后，正值两强战事甫停，地方扰累，民气未苏，未能速办。遂饬将各旗户报出原无钱粮地亩，先行升科，并督催局员于被扰稍轻之处，将应清民田赶紧勘丈，及带便勘放夹段零荒。业将各属旗户陆续报出无赋旗地升科垧亩及纳租各数目，先后分起奏报在案。

第查清赋一事，本极繁难，吉林田赋定则又甚分歧。大约纳租荒地开放未久，不分等则，清厘尚易。惟银米兼征之地，历年已多，经界早紊，且因该地赋重，跳牌越甲，飞洒诡寄，弊端百出，清出实难。上年达复陈荒务折内，所拟酌定浮多赋则一条，请将查出浮多地亩，无论粮地、租地，概免交价，均照大、小租钱六百六十文征收。原因陈地种久力薄，租地新放多肥。肥地赋轻，薄地赋重，未免倒置。是以，请将浮多之地一律征租，俾照允。至今，细加体察，觉立法尚未持平，而积弊仍难尽去。查吉林、伯都讷、伊通、敦化各府、厅、州、县及宁古塔、三姓等处旧管陈民额地一项，定额之初，乃分作上、中、下三则，计亩升科。乾隆年间，查丈流民续垦之地，名曰新地，每亩征银八分。较之陈民原垦上地每垧征银三分之额，亦已倍重。彼时系按赋役全书所载各直省折田之例，或以二三亩折一亩，或以五六亩折一亩，量地高下，折以为额，非按实在亩数计则升科。矧吉省原系旗籍驻防之所，山高土冷，数里陂田不及腹地腴田一亩。雍正初年，人民迁聚开辟，彼时土旷人稀，大都择于高原土性活暖之处，开垦成熟，报为上、中之地。其低潦洼荒，土性冷浆，则为下地。日远年深，沧桑互变。昔之所谓上地者，耕耘年久，山水冲剥，或挨近江河，竟为硗确陷没之区；其洼潦者，既有折田之数在内，且复淤壅平衍，已成膏沃之田。或阡陌云连而粮轻，或畎陇零星而赋重，或将所买无粮旗地隐括纳粮地内以相遮掩。以致贫者或有包纳空粮之累，而富者实获轻赋之益。计自雍正初迄今二百余年，从无清丈案据可援。此次清赋，虽有四则分等之实限，久为册载征纳之虚名。所以官之催科、民之输将，皆以银额之数为丝毫不可亏短之准则。至其等则高下，既使委员履亩清勘，亦断无一准把握。源既难清，流将焉洁。此次既将银米兼征之地勘出浮多，则地愈少而赋愈重，其势愈形苦累。况一户之地、同段之田，制赋两歧，征纳尤为不便。第周咨博访，辗转筹商，讫乏善策，随督饬司道局员通盘查核。吉林府厅各属统计额征地丁米折等项，共银九万两有奇。若以浮多之地并记在内，改照大租，每垧征银一钱八分，较之原额，约可多出二成。当此时艰饷绌之际，未便仍泥成宪胶柱办理，亟宜因时变通，随地立制。拟将此项额赋陈地、新地不分上、中、下、新四则，不计银米兼征旧制，并将应征丁耗银一并摊入，一律改照荒地赋额，每垧征收大租银一钱八分，使其同条共贯，整齐划一，则畎亩既清，积弊可除，有司既易于催科，小民亦便于输纳。且际兹普律清赋之年，即借以划澄清之经界，定公溥之良规，以期民无无地之赋，野无无税之田，于裕饷、恤民之道，两有禆益。抑且全省之中，无论土田高下腴瘠，均平划一，庶弭脱漏欺隐之弊。如此办理，实为因地变通之至计。如蒙圣恩允准，则吉省复禹甸之畴，大东沐熙皞之化矣。

第见所及是否有当，理合恭折具陈，伏乞皇太后、皇上圣鉴训示。谨奏。

吉林分巡道转饬吉林府为署军宪奏银米兼征田亩改照大租折奉到硃批一体遵照的札文

光绪三十二年十一月十三日

为札饬事。

光绪三十二年十月二十三日奉署军宪达　札开，荒务总局案呈：于光绪三十二年九月初九日本衙门恭折具奏，为吉省各属陈民银米兼征田亩，改照荒地，征收大小租银等因一折，当经照抄原折，咨报查核在案。兹于十月初五日奉到硃批：度支部，知道。钦此钦遵。相应恭录硃批，呈请咨行查核，等情，据此。除分行外，合亟札饬。札到该道，即便转饬各属，一体遵照可也。特札。等因，奉此。除分行外，合亟札饬。札到该府，即转饬所属，一体遵照。特札。

札吉林府

吉林行省为改征大租并对比旧额每年多征银两数目分晰缮单的原奏饬吉林府的札文

宣统元年十二月初八日

为札饬事。

劝业道呈，于本年十一月十五日，本衙门恭折具奏：为吉省办理清赋。现将通省原设银米兼征、陈民地亩清勘完竣，一律改照大租。赋额按垧征银，较比银米原额多征五成有余。谨将各属银地数目，缮具清单，恭折仰祈圣鉴事。

窃查吉省前自庚子兵燹之后，度支告匮，饷无来源。经前任将军长　奏准，将通省民田清赋，旗地升科，及带放夹段零荒，以济饷需。光绪二十八年春间，即在省垣设立荒务总局，委派总理各员，先行开办荒赋并通省旗地升科事宜。嗣于伊通州、伯都讷、双城厅、阿勒楚喀、宾州厅、五常厅、延吉厅、敦化县、拉林、退搏、拉法站各属先后续设分局十处，按界依次清勘。其各属大租地亩开放未久，清查尚不甚难。惟吉林府、伯都讷、伊通州、敦化县及宁古塔、三姓等处，旧管四则银米兼征陈民老地一项，迄今二百余年。沧桑已变，经界久紊，从无清丈案据可援。此次清赋，虽有四则分等之实限，久为册载征纳之虚名，所以官之催科、民之输将，皆以银额之数为丝毫不可亏短。其或粮多地少，粮少地多，侵隐欺蒙，诡寄飞洒，以及山水冲刷，江河坍陷，业户逃亡，空粮无地，乡甲难摊，百弊丛生，额赋不均，莫此为甚。前署将军达　因查知前项情形，乃亟筹均平除弊办法。遂周咨博访，通盘核议，随土地之宜，作变通之则。爰拟将此项额赋，民地不分上、中、下、新四则，不计银米兼征旧制，一律改照历次所放计垧征租荒地赋额，每垧改征大租银一钱八分，使其同条共贯，整齐划一。则畎亩既清，积弊可除，有司既易于催科，户民亦便于输纳。且较之原额约可多出二成，裕饷、恤民，两者裨益。等因，于光绪三十二年九月专折奏明在案。

及改行省后，臣等先后严行督催委员认真清厘，现已一律办理完竣。综计吉林通省原设额征地丁米折耗羡，共银九万一千一百七十二两二钱九分六厘八毫。此次共清出地七十九万三千二百零四垧五亩七分。遵照奏定章程，每垧改征大租银一钱八分，每年共应征大租银十四万二千七百七十六两八钱二分二厘六毫。内抵除原征地丁米折耗羡旧额银九万一千一百七十二两二钱九分六厘八毫，每年计多征银五万一千六百零四两五钱二分五厘八毫。较比旧额银数，多至五成有余。自宣统二年起，由各该地方衙门，照依新章征解抵垧。如此按地计垧纳租，俾民无无地之赋，野无无赋之田，则二百年来通省额赋不均，久难清厘之积弊，一概剔刷净尽矣。所有清勘通省银米兼征民地议纳大租银两一律办竣缘由，除咨度支部查核外，谨会同东三省臣锡　分晰缮具清单，恭呈御览。伏乞皇上圣鉴。谨奏。等因。除俟奉到硃批，再行恭录咨报外，相应抄录奏报吉林通省原设银米兼征地亩清勘完竣，一律改照大租赋额，按垧征银，较比原额多征五成有余，分晰开单，呈请札饬遵照。等情，据此。合亟札饬。札到该府，即便遵照征租可也。特札。

今将清勘完竣吉省原设银米兼征陈民地亩，一律改照大租额赋按垧征银，并较比旧额每年多征银两各数目分晰缮单列后。

计　开

吉林府据清赋委员呈报，该府原设地丁米折耗羡，每年共额征银三万七千九百九十四两七钱七分五厘六毫。现共清出地三十一万九千四百二十七垧六亩三分，每垧议征大租银一钱八分，每年共应征银五万七千四百九十六两九钱七分三厘四毫。内抵除前项旧额银三万七千九百九十四两七钱七分五厘六毫，每年计多征银一万九千五百零二两一钱九分七厘八毫。

东三省总督锡良吉林巡抚陈昭常会衔晓谕自宣统二年起改照新章封纳大小租银的告示

宣统元年十二月十八日

为出示晓谕事。

照得吉林旧设府、厅、州、县各属经征陈民老地一项，原系分作上、中、下、新四则计亩升科，银米兼征，迄今二百余年。虽有四则分等之实限，久为册载征纳之虚名，于是官之催科、民之输将，皆以银额之数，为丝毫不可亏短之准则，诚以沧桑互变，经界久湮所致。所以，前将军长　因庚子乱后饷无来源，于光绪二十八年春间奏准，将此项陈民田赋及各项大租地亩一并清赋，以裕饷需。遂先后设立总、分各局，依次勘办。惟清赋一事，本极繁难，其或粮多地少、粮少而地多者；或侵隐边荒、飞洒诡寄以及山水冲剥、江河坍陷，业户逃亡、有粮无地归于乡甲花户摊纳者，种种弊混，不一而足。所以，纰缪棘手，清厘为难。光绪三十一年夏间，前署将军达　饬局会同司道通盘核议，奏准变通作则，将此项额赋民地，不分上、中、下、新四则，不计银米兼征旧制，并将应征人丁耗羡一并摊入，一律改照历次所放荒地赋额，计垧定赋，每垧改征大租银一钱八分、小租银一分八厘，使其同条共贯、整齐划一，有司既易于催科，花户亦便于输将。等因，奏明在案。兹据荒务总局禀报，清赋放荒一律告竣，总、分各局全行撤遣。等情，到辕。惟是本　大臣、部院　查此次普律清赋，其各社甲花户原纳钱粮轻而地数多者即予按垧加赋，其原有钱粮重而现有地数少并山水冲剥、江河坍陷、空纳课赋及逃亡无著各户，所遗缺额空粮归于各牌甲花户摊纳者，以及各属按年随于银米征纳之人丁耗羡银两，均于此次清出浮多地银内概行抵除，以纾官民之累。除专案奏明并通行各属遵照外，合行出示晓谕。为此，示仰阖省官绅军民人等，一体知悉。自示之后，尔等应纳银米兼征陈民老地银粮，均照此次清赋印票内所注现有地数，于宣统二年起改照新章，按每垧封纳大小租银一钱九分八厘。其印票内所注原纳旧额地丁米折耗羡银数一概蠲免，以后并无地米丁耗各项名目，永免人丁耗羡包封摊纳之累。期于尔民勤力稼穑，群安乐土，将见鸡犬无惊，桑麻蔚野，是则本　大臣、部院　轸念黎元疾苦，上裕国课，下便民生之素心也。尔花户等务须急公输将，依限完纳，毋得仍前玩延蒂欠，致干重惩不贷。其各懔遵毋违。特示。

吉林行省总督、巡抚饬吉林府为奉硃批自宣统二年改征大租银的札文

宣统二年二月初十日

为札饬事。

劝业道案呈：本年正月初八日奉公署发文，准度支部咨开，田赋司案呈，吉林巡抚陈　等奏吉省办理清赋，现将通省原设银米兼征陈民老地清勘完竣，将各属银地数目缮单具奏一折。宣统元年十一月二十五日奉硃批：度支部，知道。单并发。钦此钦遵，抄到部。相应恭录硃批，咨行吉林巡抚遵照。查原奏内称，设局派员办理清赋，现一律完竣。综计吉林省原设额征地丁米折耗羡共银九万一千一百七十二两二钱九分六厘八毫，此次共清出地七十九万三千二百四垧五亩七分，遵章每垧改征大租银一钱八分，每年共应征大租银十四万二千七百七十六两八钱二分二厘六毫。内抵除原征地丁米折耗羡旧额银九万一千一百七十二两二钱九分六厘八毫，每年计多征银五万一千六百四两五钱二分五厘八毫。自宣统二年起，由各该地方衙门征解抵饷等语。应令按年按亩分晰造册，送部以凭查核可也。等因，奉此。相应呈请札饬遵照。等情，据此。除分札外，合亟札饬。札到该府，即便遵照征租可也。特札。

吉林县知事为解十一、十二两月征收三年度租赋银洋数目并送金库收据请备案的详文

民国四年二月九日

为详解事。

案查县属旧有大租，向系分别征粮、征钱，随时解库，历办在案。所有民国三年度各项大租，奉饬每垧统行改征大洋三角，遵于民国三年十一月初一日一律开征，业经详报在案。兹查自十一月初一日开征之日起至月底止，征过大租地六十垧零零六分一厘，每垧征大洋三角，共洋十八元零二分一厘，按是月官价十六吊五百四十七文，共折钱二百九十八吊一百九十三文。又十二月份征过大租地一千五百二十六垧零四分二厘，每填征大洋三角，共洋四百五十七元八角一分三厘，按是月官价八所四百文，折钱四千八百四十五吊六百二十九文。业经造具田赋报告书，详报在案。除将未完民欠赶紧催征报解外，所有应解征存三年度十一、十二两月分大租钱文，于民国四年二月　日解交金库收讫，取得收据，理合检同收据并现金缴入呈报书暨批迴，具文详请鉴核，批示施行。谨详

吉林财政厅

吉林财政厅为公布滞纳田赋垧捐处分费简章的告示

民国四年十一月

为剀切出示晓谕事。

案查前据吉林县知事李廷璐详，条陈大租垧捐逾限不完，请收滞纳处分费，当经详奉巡按使批准，通饬遵照。嗣据延吉县转据绅民以垧捐随正交纳，请免收垧捐处分费。复经本厅核准，详明通饬遵照办理，各在案。兹据吉林县知事李廷璐详称：民间多有只纳大租，借词拖欠垧捐，甚至有数年垧捐未完，任催罔应者。与警、学两政前途，大有阻碍。请仍将逾限未完之垧捐，并收滞纳处分费，以杜玩泄而重公益。等情前来。兹查前饬免收垧捐处分费，原为体恤农民之计，如该县所称借词拖欠，实属不知自爱。并查警、学两事，与地方行政有密切关系，全赖此项垧捐挹注进行，设有亏欠，贻误匪轻。该知事所请垧捐与田赋逾限不完，并收滞纳处分费，系为慎重地方要政起见，应即照准。除详明巡按使鉴核暨分咨吉长、滨江、延吉、依兰道尹查照并通饬各县遵照外，合行剀切出示晓谕。为此，示仰该民人等一体知悉。大租征纳期限，自阴历十月初一开征，至次年五月底截征。所有应完大租及垧捐，务须于开征后，提前照数完纳。倘于五月底截征之后，始行封纳租捐者，即行遵照后开章程，一并科收滞纳处分费。须知此项罚章，系为儆戒疲玩租捐而设，该民等若将地中禾稼收获登场，入市变价，先行呈缴租捐，随后再作别用，自无科罚之咎。倘将租捐官款置之度外，逾限科罚，咎由自取，决不宽贷。各宜懔遵勿违。切切，此示。

滞纳田赋垧捐处分费简章

第一条　本简章依据征收田赋考成条例第三十二条内开："本条例施行后，凡从前关于考核征收田赋各法令与本条例不相抵触者，仍适用之"等语，适用吉林国税征收暂行则例而定。

第二条　征收期限：每年阴历十月一日为开征之期，至次年五月末日为截止之期，期分为左之三限：

一月末日为第一限；

三月末日为第二限；

五月末日为第三限。

第三条　每届开征日期，除由县先期布告外，仍查明各纳税人与纳税额并完纳期限，发给告知书于纳税人。

第四条　纳税人受前条之告知，不为完纳时，得由县明定期限，以催征书催促其完纳。

第五条　纳税人受第三条之催征书，在所定期限内，除照额纳租外，并照应纳之额，另缴十分之一，以为催征书之费。

第六条　纳税人受催征书后，仍延不完纳至逾第三限者，以滞纳论。除照额纳租及缴催征费外，并照左列之各项另缴滞纳处分费。

一、逾第三限满十五日者，照应纳之额十分之四缴为滞纳处分费；

二、逾第三限满三十日者，照应纳之额十分之七缴为滞纳处分费；

三、逾第三限满四十五日者，照应纳之额加一倍缴为滞纳处分费；

四、逾第三限满六十日者，照应纳之额加二倍缴为滞纳处分费，并差传押追。

第七条　前条差传旅费按道里远近规定如下：

凡递送传票，每件征旅费银一角五分；

其在十里以外者，每五里加征银七分五厘；

路远不能一日往返者，每日加征食宿费银四角五分；

火车、轮船已通或未通之处，其川资由征收官署标明该传票表面，向奉传者征收之。如有多索，准予告发。

第八条　滞纳人如查明实系逃亡或系绝户，应将遗产收归官有。

第九条　县属垧捐准照本简章之规定，一律办理。

第十条　本简章如有未尽事宜，得随时修订，详请立案。

第十一条　本简章自颁布之日施行。

第十二条　本简章颁布施行后，如有违反者，依违令罚法第二条罚则、令第一条第三项之规定处罚。

右谕商民人等一体知悉。

马德会为山荒不保租赋请除赋额的呈文

民国八年四月

具呈人马德会，年五十三岁，系城西兴让社一甲范家屯人，距城四十里。为无地山荒销除租赋，恳请恩准予开除钱粮，以免空纳而省劳苦事。

窃因民原纳红册内载粮票十垧，实系有山无地，连年受累。惟能保租赋山林五垧，其余五垧不但租赋不保，而树木亦难生长。似此历年空纳粮银，实系受累已极，只得具实呈请钧署删除钱粮，以免空纳租赋，则感无极。为此，谨呈

吉林县公署批示施行。

县知事批：

呈悉。该民已经纳租之柴山，依照定章，不能因树木不生，即行销除赋额。

本署未便率离章程。仰即知照。此批。

四月七日

佃户代表成云祥等恳请缓限增加租粮的呈文

民国十一年六月

具呈人乌拉五官屯佃户代表成云祥等，呈为迭遭匪患，民力疲弊，恳请恩准缓限增加租粮事。

窃查前次受路匪等窜扰，佃户等虽未尽遭掮掠，然彼时以惊慌失措，大多迁避，所受损失亦属非浅。且迭经多数官兵前来食住，所需颇巨，佃户等均分摊有份。闻上宪曾按数交付当时办事人员，令其逐户偿还，但佃户等实系丝毫未得。佃户等遭此巨创，疲乏已极，是以牛价再三恳请于秋后交齐。查此次仓田增加租粮，本属通令，佃户等何敢独违？惟祈钧宪俯念佃户等遇遭不幸，鸿施格外，准缓由来年增租，今年仍旧办理。伏思佃户等承佃数百年来，未常假词作格外请求，致蹈疲玩。且监督莅止是邦七年，于兹爱民如赤，政声卓著，凡有良心者，关于我监督命令，何敢稍请推移。此次请免征收现年增租者，实缘佃户困窘万分，不得已而为之也。倘蒙允准，则佃户等生机造此，仁惠之声一日千里，感戴大德，岂止佃户等而已哉。为是，仰恳钧座鉴核俯准，批示施行。谨呈

吉林县知事于

县长批语：

呈悉。查仓田于本年起增加租粮案，经官仓核定，报由本县转呈奉准通行在案。所请缓至来年增租之处，未便率准。况本年年景尚好，秋收有望。路安平到境系办理收降之事，并无何等扰害，尤不得借词推诿。仰即知照。此批。

七月一日

省城官仓仓长杜著渤为佃户成云祥等转请缓限增加租粮的呈文

民国十一年八月八日

为转呈事。

案据佃户成云祥等联名呈称：窃以五官屯佃户等，去岁至今迭遭匪患，虽未尽遭掮掠，而风声鹤唳之中，日事逃避，仓皇失业者居多。继以军队往来，招待食宿犹烦。避匪待兵，农事多未暇及，耕耘未周，收获必歉。且此年两季归缴牛价，又多一番亏累。佃户等既已疲弊不堪，兹又奉谕增租，疮痍未复，且加重担负，民力诚有不逮。况去岁劝学所韩所长有言，该各佃如能认缴牛价，

则二三年内保无加租情事。想该所长身任一县学界表率，决不至有欺人之语，兹乃竟与前言相背。屯长等本应径赴该所质问，伏思增租系仓宪主持，似不能舍本而求末。且钧仓为佃户直接机关，艰窘情形，谅在洞悉。用特叩恳钧仓，无论如何为难，务为转请缓增一年，以纾民困。倘不允行，将来一百四十佃户男妇老幼同行来仓，吁恳鸿施矣。为此，呈请鉴核，恩准施行。等情。

据此，查增粮一项，事在必行，自无再缓余地。该佃等无论如何请缓，职仓更无过问之必要。惟该佃等所称，今年独遭匪患，以致不能聊生，值此疮痍满目之际，官家增加租粮，殊失体恤之意，等情。查今春发出增粮布告之时，固正值陆匪盘踞该处，然实未料及该佃所称蹂躏若是之甚也。该佃所称若是，而催收牛价委员回头报告与该佃所称一致，其困难情形，固属实在。惟免去草价增加租粮，系奉省署命令，断不能因该佃等有一时之困难而缓行，固不待言。前该佃来仓请缓者，均令赴上级机关自行呈请矣。第以该佃等群疑此次增租纯系由职员一人主持，省、县两署无非据职员之请，照例允行。于是，职员已积为怨府无疑。职员明知增租之不能缓，反故为请缓，则弁髦仓政之咎，已属难辞。然若不为之转请，是徵明职员之首先不认可。且该佃等愈聚愈众，来省哓哓不休，实有难解之势。一再筹思，只得甘负重咎，为众佃请命。除详细批示并严令该佃赶紧回屯安业，勿得在省逗留外，所有据情呈请五官屯佃户缓增一年各缘由，是否可行，理合具文，呈请钧座鉴核，示遵施行。谨呈

监督于

县长批示：

呈悉。查该屯地方，上年并未受有偏灾及胡匪之患，民力不纾犹是借口之词。本年尚未收获，何从预知必然歉薄。草价已免，租粮势在必增。所请着勿庸议。仰即转行知照。此令。

八月十七日

省城官仓拟惩罚逾限封租佃户章程并请批准施行的呈文

民国十一年十一月六日

为呈请事。

案查职仓关于逾卯迟封租粮各户之惩罚办法，向经遵章每斗加罚二升。惟近来佃户多有借此取巧者，以为逾限一年每斗加罚二升，逾限二年亦加罚二升，早晚加罚二升为止，遂一味延缓不封，借取便宜。虽经一再严催，竟置若罔闻。亟宜另拟惩罚章程，以杜流弊。兹经审慎另拟惩罚章程四条并钧

署布告稿一份，是否可行，理合备文送请钧座鉴核，指令施行。谨呈

吉林省城官仓监督于

计呈送章程一份、布告稿一份

谨将惩罚逾限封租佃户章程四条缮请鉴核

计　开

第一条　凡拖欠民国十年以前等年份官粮之各佃户，倘能于本年（民国十一年）规定卯期内完纳者，仍准每斗加罚二升，以示体恤。否则，按照本章程第二、三两条之规定加重罚办。

第二条　凡在本仓当年规定卯期内封纳现租者，概不加罚。逾期每斗加罚二升，逾期六个月每斗加罚四升，逾期十二个月每斗加罚六升。

第三条　逾期十二个月仍不封纳或有尾欠情事，得由本仓长考察理由，分别呈请官仓监督，予以撤佃或押追之处分。

第四条　本章程自奉令准之日施行。

吉林县公署布告　　第　　号

为布告事。

案据吉林省城官仓呈，以佃户间有谓逾期封粮，官家不论所逾期限之长短，均予以每斗加罚二升之处分，遂一味延缓，借取便宜情事。当经拟具惩罚章程四条，送请核示。等情前来。查所称各节尚属实在，应准照办，以杜流弊，而资整顿。除指令该仓遵将所拟章程明白宣示外，合亟布告，仰该佃等一体懔遵，切切，此布。

附　吉林省长公署指令

令吉林县知事：

呈悉。所拟章程尚属妥协，应准照办。仰即转饬知照。章程存。此令。

中华民国十二年一月廿八日

吉林县公署为征收大租每垧附征特别费洋五角的布告

民国十四年十一月五日

为布告事

照得田赋为国家正供，垧捐为地方的款，官家征收暨人民输纳，皆系义所当然。惟大租一项，每地一垧向按五角征收。自去岁军兴以后，所有善后及抚恤等费需款甚多，奉令由十三年度开征时，每垧地附收特别费洋五角，业经照办在案。兹后奉财政厅训令，大租特别费仍仰照章加收，等因。当查

征租定章，向由阳历十一月一日开征，截至来年四月末日止，逾期加罚，历办有案。现届开征期近，自应遵照办理，以符原案，而裕国课。除分行各区警团按户严催外，合亟出示布告，仰合属商民人等一体周知：凡有应纳国家原额租赋及地方垧捐并历年积欠或新升科等项，务须携带纳粮证书、升科执据等件，来县照章完纳。万勿稍涉观望，致干处罚，切切。此布。

陈德为地亩被水冲坏不堪耕种请免赋额的呈文

民国十七年八月二十日

具呈人陈德为请求消赋税事。

窃民有清字第伍拾万捌仟捌百零肆号执照，内载坐落第七区四间房屯地一段，共计拾叁垧陆亩五分。该地乃属山根下低洼之地，以今年雨水过多，遂被雨水冲坏，沙压石碛，不堪耕种者。以二八八行弓，南北长七十二弓，东西宽二百八十八弓，合地柒垧贰亩。又有清字第伍拾万捌仟捌百零贰号执照，内载坐落第七区辖境四间房屯毗连歪头砬子地一段，共计拾肆垧。原系山坡地，讵于本年夏季淫雨连绵，被雨水冲坏沟渠，以〔已〕作废地，南北长九十弓，东西宽一百零八弓，合地三垧三亩七分五厘，均系永远不能耕种。所纳赋税，赔累何堪。为此，请求速赐饬员查验，报消赋税，以恤民艰，而为德便。据实具呈，伏乞钧鉴，恩准施行。谨呈

吉林县公署

吉林财政厅为征收十七年度大租继续附收五角临时军费的训令

民国十七年十一月二十日

令吉林县知事

案查本省各税附收二成临时军费不足用额，经厅电奉督省两署令，读收先后，令饬遵照在案。各县随同大租附收五角临时军费，事同一律，自应遵照，续行加收，以免歧误。现查十七年度大租，转瞬即行开征，亟应先期通知，俾资遵办。除分行外，合亟令仰该县，即便遵照。此令。

吉林省财政厅为发修正勘报灾款条例的训令

民国十八年四月二十九日

令吉林县县长：

案查本厅前以本省道缺已裁，所有各县地亩遇有灾歉发生，应如何派员复勘，当经呈请吉林省政府核示在案。兹奉吉林省政府第二三六号指令内开：“呈悉。查修正勘报灾歉条例业经内政部呈准公布，兹将原条例随文抄发，仰即遵照办理”。等因，奉此。除分行外，合亟抄发原呈及修正勘报灾歉条例一份，

令仰该县即便遵照。此令。

计抄发原呈及修正勘报灾歉条例一份。

修正勘报灾歉条例

第一条　各地遇有水旱风雹虫伤诸灾及他项灾伤，应行查勘蠲缓钱粮者，悉依本条例办理。

第二条　旱虫各灾由渐而成，应由县长随时履勘，至迟不得逾十日。风雹水灾及其他项急灾，应立时履勘，至迟不得逾三日。履勘后，先将被灾大概情形分报该管省政府及民政厅备案。前项报灾日期，夏灾限立秋前一日，秋灾限立冬前一日为止。但临时急变因而成灾者，不在此限。

第三条　省政府据县呈报后，立即呈报国民政府，并分咨内政、财政两部备案，同时饬令民政厅委员会县复勘，审定被灾分类造具区村地亩应行蠲缓数目清册，会呈民政厅复核加结，咨由财政厅核明会报省政府，转咨内政、财政两部审核，会呈国民政府核示。县长及委员复勘限十五日，造册限十五日，民政厅复核加结咨送财政厅及由财政厅核明会同民政厅呈请省政府核转各限五日，共限四十日。

第四条　地方续被灾伤，除旱虫各灾以渐而成仍依限勘报外，其他项续灾距原报情形之日在十五日以外者，准于正限外展限二十日；勘报距原报情形之日未过十五日者，统于正限内勘报，不准展限。若已过初灾勘报正限之后续被重灾，准另起限勘报。

第五条　地方勘报夏灾，察看情形较轻尚可播种秋禾者，统俟秋获时再行确勘，酌定蠲缓，分类呈民政厅及省政府复核；其播种只有一季，向不播种秋禾者，即在夏灾限内勘定分类。

第六条　地方勘报灾伤，将灾户原纳正赋作十分计算，按灾请蠲：

一、被灾九分以上者，蠲正赋十分之八；

二、被灾七分以上者，蠲正赋十分之五；

三、被灾五分以上者，蠲正赋十分之二。

前项蠲免分数，得由各省就地方原有惯例，另订单行办法，报部查核。

第七条　被灾地方钱粮业经勘明应行蠲缓者，即自勘报之日起停征，俟奉国民政府令准后，由内政、财政两部会知该省省政府，饬县遵照，并于城市及被灾地方宣布周知应蠲钱粮。有输官在前者，准其流抵次年应完正赋。

第八条　依照第六条规定蠲余之钱粮，分年带征如左：

一、被灾七分以上者，分作三年带征；

二、被灾五分以上者，分作二年带征。

前项蠲余带征年限，得由各省就地方原有惯例，另订单行办法，报部查核。

第九条　被灾十分地亩，经省政府查明确有特殊情形，得专案呈请免征本年正赋，县长及民政厅不得率行呈请，其五分以下不成灾地亩特请缓征者亦同。

第十条　成灾五分以上各县内成熟村庄应征钱粮，其一体缓至次年秋成后补征。勘不成灾地方，其中偶有一二村庄实应请缓者，缓至次年麦熟时补征，其次年麦熟时应征钱粮，递缓至是年秋成后补征。如系被灾之年，直至深冬方得雨雪及积水方退者，得缓至次年秋成熟后新旧并纳。

第十一条　被灾地方如有应行请赈者，县长应于复勘限内，将应赈户口从速查造清册，呈送省政府核明，转咨内政部，呈请国民政府发放赈款。

第十二条　被灾地亩如系水冲沙压不能垦复者，县长应将该地粮额另行造册，呈送省政府核明，转咨内政部、财政部，会呈国民政府豁除。如系暂时不能耕种者，应仍限令原户垦复，归入蠲缓一案办理。

第十三条　县长勘报有左列各款情事之一者，由民政厅酌拟惩戒处分，呈请省政府行之：

一、地方遇有灾伤，县长不即履勘或履勘后并不呈报或呈报不实者；

二、地方报灾后，县长若将所报灾地留待勘报分数，不令赶种致误农事者；

三、县长初勘灾伤逾第二条规定期限，复勘逾第三条规定期限者。

惩戒处分之序类依惩治官吏法之所定。

第十四条　会勘委员有前条第一项第一款第三款情事者，应一律予以惩戒。其惩戒程序并依前条之规定。

第十五条　本条例自公布之日施行。

吉林省农矿厅为调查县境田租额数及生活生产概况填表的训令

民国十八年八月二十日

令吉林县县长

案奉省政府第二五二四号训令内开：案准内政部土字第一三八号咨开，案奉行政院第二一八一号训令内开，案奉国民政府第五二二号训令内开，案奉中央执行委员会函开，径启者，十八年六月十五日，第三届中央执行委员会第二次全体会议讨论二五减租案，决议限于本年年底，将各省田租额数、农人生活概况、生产概况，调查完竣，为实施二五减租之基础。调查事宜由内政部负责办理，并由各省党部督促进行。除分令各省省党部外，相应录案函请政府查照，迅饬行政院转行内政部，切实遵照办理。等因，奉此。应即遵办，除饬处函复外，合亟令仰该院遵照，转饬内政部，切实遵照办理为要。

此令。等因，奉此。合行令仰该部，即便切实遵照办理。此令。等因，奉此。兹特制定田租额数调查表、农民生活概况调查表及农民生产概况调查表各一种，除分咨并将办理情形先行呈复外，相应检同前项各种表式，咨请查照，即迅饬所属，切实查填。限至本年十一月底，汇集送部，以便汇案呈复，实纫公谊。等因，准此。合亟检同原表式，令仰该县遵照表式，分别增印，分发各区属，据实查填。限文到一月内，每种各填三份，呈报来厅，以便存转。案关重要，切勿稍延。此令。

附　吉林县上报之调查表〔见书后附表二、三、四〕

三、土地管理

（一）升科

吉林行省督抚饬吉林府将新查出应行升科原无钱粮地亩照章征租的札文

宣统元年十二月十五日

为札饬事。

劝业道呈：案查此次清赋委员由各属经征额赋以外，查出应行升科原无钱粮民买旗地二万九千零一十三垧四亩三分，应自宣统元年起照章纳租，此项地亩业于宣统元年十一月十三日随案奏报并分行知照在案。兹将前项地亩总数分晰开粘清单暨经清赋各委员原造佃户姓名、地亩垧数细册共三十一本，应请随文由驿分发。等情，据此。除分札外，合亟札饬。札到该府，即便遵照接收，照章征租。仍将接到册数日期呈复备案。切切，特札。

计札发清册八本

今将清赋委员查出吉林府原无钱粮应行升科地亩垧数于后：

计　开

吉林府属原无钱粮升科地一万五千五百九十垧零一亩七分，每垧应征大租银一钱八分，每年共应征银二千八百零六两二钱三分零六毫。

吉林都督陈昭常为吉林府将新查出应行升科田亩照章备案征租令

民国二年正月三十日

令吉林府：

据劝业道案呈：准财政部咨复，准吉林都督咨称，据劝业道呈报，自宣统元年十月起至宣统三年年底止，由吉林府属界查出漏未清赋原有陈地一千四百三十九垧一亩四分，又自宣统二年正月起至三年年底止，由吉林府属界查出民买旗地九百四十三垧。又准咨称：吉林府属境续放生熟荒地一千一百三十五垧四亩六分，谨援前案，分晰开单咨报，除呈明大总统核示外，相应咨部查核施行。并准国务院函同前因奉大总统批：据呈已悉。交财政、农林两部查核办理。此批。等因，到部。查吉林府属查出漏未清赋陈民地亩暨民买旗地以及续放生、熟荒地，核与向章相符，应准如咨办理。除将清单存查外，相应咨复吉林都督查照可也。等因，前来。除分行外，合行令仰该府即便遵照先后文内升科年份，照章备案征租可也。此令。

旗户成多禄请升科的禀文

民国四年七月

为禀请事。

窃准本旗传知，案奉公署第二千六百九十七号饬开：照得本省旗户已产熟地续报升科一案，向由各该本旗查报，到署汇案给照，咨部升科，前已办至第四结。嗣因仅由本旗查报，或竟发生纠葛，特为重定办法，凡本省旗户远年占有开垦成熟之地尚未报请升科，仍准该旗户据实声明，由该管旗转咨该管县，派员切实勘丈。如调查四界地邻并无别项纠葛，准由县汇造清册，详送本公署，以凭汇案给照，分结报部，等因。曾于民国三年十二月二十一日，通饬民、旗各署一体遵办在案。现查吉林全省土地清丈局业经成立，所有旗地续报升科一案，若不限期截止，有碍清丈进行。兹特重申前案，定限于本年九月底，即乙卯年八月二十二日为停止旗地续报升科之期。凡各旗户远年占有已产熟地，务于限内赶紧报明，准予援案办理。如逾期再报，即为无效，以示限制。除分饬外，合亟饬仰该旗即便遵照办理。等因，传饬前来。遵将红契七纸绘图呈验，除原有升科地亩外，所有此次续行升科之地共若干垧，均已详载图内。应请委员到区，迅赐勘丈，详请给照，实为公便。为此谨禀

吉林县

附　呈红契七纸另图七张

吉林县公署批：

禀及送到红契并图各七张均悉。所请续行升科之地，仰候委第一区长勘明，再行核办。并着自行持契前赴该区，以便领同区长查勘可也。草图七纸存，红契发还，取保具领。此批。

八月十四日

吉林县土地清丈分局为酌拟柳通、草甸、碱甸、荒山、柴山升科各办法伏乞示遵的详文

洪宪元年二月七日

为详请事。

案查职局自改组以来，所有一切办法，均系遵照钧局颁发定章，积极进行。当经先后派员，分丈各项旗产地亩，拟俟旗产办竣，即行勘丈普通民地，以期速

竟全功，前已报明在案。惟民旗各地，间有柳通、草甸、碱甸、荒山、柴山及其他不堪垦种之地，所收价费，本应按照定章表列三等第二、第三两级价格，减半核收。但土地之肥瘠，判若天壤，如必拘泥成法，其地质较优者，固属有人认领；而沙石斥卤、不堪垦种者，一时万难出放，倘收回官有，终归抛弃，且于清丈前途，多有窒碍。似应将交价升科办法，量予变通，以扩整饬经界平均赋则之原理。查清丈章程第四十四条，内载前项地亩，升科如何折扣，应由分局临时请示办法等语，然必俟各起挨丈到段时再行请示，恐不免多延时日。现经职等再四筹商，拟将柳通、草甸、碱甸、荒山、柴山等项，除旧有钱粮者仍行照章核办外，其余未纳租赋地亩，分别酌定办法，以免临时无所适从，实于公私两有裨益。所拟是否有当，理合抄折附文详请钧局鉴核批示祗遵施行。谨详

附　清折一扣

吉林全省土地清丈局谨将柳通、草甸、碱甸、荒山、柴山等项分别拟具办法五条，恭请鉴核施行：

一、柳通虽不及熟地春种秋收，然无需开垦之力，即可砍伐烧柴获有利益，此项地亩，既不开垦，亦不必缓至六年升科。但其中有优劣之不同，有三年砍伐一次者；有六年砍伐一次者。拟即分为两等，应缴价费，查照表列三等第二、第三两级价格，分别优劣，按垧减半核收。至升科一事，择其优者，以二垧作一垧；其次者，以三垧作一垧。统行发给熟字票，当年升科。

一、草甸多系卑湿注水之区，十年九涝，一时不能开垦。然其中亦有优劣之不同，有长洋草可以苫房者；有仅可牧放牲畜者，遇有此等地亩，拟即择其高埠开垦有期者，发给荒字照，予限五年，扣至第六年升科。应缴价费，按垧查照表列三等第二、第三两级价格，分别减半核收。其余不堪垦种之地，应缴价费，按垧照大洋三角、六角或九角核收，并准于票照内，加盖戳记，注明内有不堪垦种之地若干垧，暂缓升科字样。此项地亩，以俟变瘠成腴，仍由该户随时呈请升科。

一、碱甸多属斥卤不毛之地，始终不能开垦。遇有此项地亩，按垧收大洋三角，发给荒字票，加盖戳记，注明暂缓升科，以俟将来变瘠成腴，再由该户随时呈请升科。

一、荒山多系沙石，虽不能长养枝柴，其中亦不无可垦之地。遇有此项山场，择其可垦之处，发给荒字票，依限升科。应缴价费，按垧查照表列三等第二、第三两级价格，分别减半核收。其余不堪垦种之地，即照所拟草甸一并办理。

一、柴山可以长养枝柴，核与柳通功用相同、性质相同，所有交价升科等事，拟即仿照柳通办理。

以上五条，均系由实际经验所得，不得不因地制宜，分别酌定收价升科发票办法，以资遵守。合并声明。

吉林全省土地清丈局批：

详及清折均悉。据称该县民旗各地间有柳通、草甸、碱甸、荒山、柴山及其他不堪垦种之地，地质既有肥瘠，价费势难一律。因就实际经验所得，酌拟办法五条，恳请核办等情，详加披阅，具见该局长等绸缪未雨，计划周详，所拟办法，胥臻妥协，应准如拟办理。除详报备案并通饬遵办外，仰即遵照。此批。折存。

洪宪元年二月廿五日

吉林督军公署、省长公署布告吉林省自报浮多升科章程

民国六年十月

为会衔布告事。

照得上年举办清丈，原为清理民田、剔除积弊，立法未尝不善。只以吉省连年水灾，收成歉薄，若仍责令纳交地价，实属力有未逮。本　督军、省长　体念民艰，不能不另筹妥善方法，以期民不烦扰而经界悉平。查吉省土地，年久未加清查，重以民旗杂处，纠葛丛生：或侵占官荒；或隐匿租赋；或飞洒照地；或偷卖公田；甚至有粮无地、或地少粮多；种种弊端，笔难尽述。若不赶紧设法清查，不但国家正赋偷漏实多，且恐积久弊深，无从究诘。况产业为群黎养命之源，若不将实在垧数尽行报明，地方官亦无法保护。本　督军、省长　再四商酌，兹特规定自报升科各办法，除章程咨部并登报外，合亟择抄条件布告。为此，布告吉林、双城、扶余、榆树、阿城、同宾、五常、双阳、磐石、滨江、宾县、舒兰、伊通、延吉、方正、东宁、汪清、和龙、敦化、珲春等二十县民旗地户人等，一体知悉。须知此次改订办法，系于万不得已之中，实寓格外体恤之意。自布告后，各宜遵照后开各条，依限具办，切毋意存观望，致干重罚。特此布告。

计　开

一、民旗纳租地亩，均以租册契照票据所载垧数相符者为原额地；其在原额之外四至之内另有之地为浮多地；其已报升科之有照旗地，向按七成纳租者，应将未升科之三成悉数报请升科，是为原扣地。均须照实在垧数分别报明，听候清查。

一、报出原扣地核与原案相符，即发给部照，补行升科，并不再收地价。

一、报出浮多地亩，一律免收地价，俟派员勘查属实，除照章升科外，一律换给部照，仍归原地主永远执业。

一、呈报前项地亩，均由各地主分清段落，开具四至面积并有无水塘、沟洼、砂碛、石田暨房园井道等清单，携带契照、票据，亲赴该管县署呈报，尤以民户买契为主要证据。如系公产，准由各机关自行呈报。

一、各地主如有事故或家无男丁不能赴县呈报者，得依前条之规定，由该地主嘱托亲友代报，但不准佃户呈报，以杜流弊。

一、向纳大租原额地内，如有水冲沙压或有粮无地或粮多地少者，并准地主据实呈报。一经勘查得实，即由县呈请销除赋额，以昭核实。

一、如有浮多地亩，本地主逾限匿报，准他户报领。一经查实，以一半归公，以一半照时价减半放给报户。

一、期限自中华民国六年九月一日（即旧历七月十五日）起，至七年六月底（即旧历五月二十二日）止为第一期；又自七年七月一日（即旧历五月二十三日）起，至十二月底（即旧历十一月二十九日）止为第二期；又自八年一月一日（即旧历十一月三十日）起，至六月底（即旧历六月初三日）止为第三期。无论何项地亩，均于第一期内呈报注册，如过第一期不报者，即以隐匿论。

一、经费在第一期内呈缴者，原额原扣地每垧收大洋一角，浮多地每垧收大洋一元；在第二期内呈缴者，加一倍核收；在第三期内呈缴者，照第二期加收之数再加一倍核收。如过第一期不报或已报明注册而过第三期不交各费者，除将原额原扣地经费按照第三期加收之数再加一倍勒交外，并将浮多地亩归公另放。

一、注册后勘查得实即换给部照，每照一张，收照费大洋一元、注册费一角，此外并不再收勘费。

一、呈报第一期内，应将经、照、注册等费悉数呈缴。如有不能全交者，准其依限补缴，但第一期至少必须交三成，方准注册。其欠交之款，至迟亦不得过第三期。

一、此次报出原扣及浮多地亩，均当年升科。如系原领荒地未届升科年限者，应查照原领地升科年限，分别算至某年一律升科。

一、凡柳通、柴山、草甸（系指长羊草者）等地，均按熟地分作两等。上等者以二垧作一垧（十亩为垧）；次等者以三垧作一垧。并由各地主报请升科，不准遗漏。

一、此次既免收浮多地价，所有从前办理清丈除沿边十四县另有章程不计外，其内地二十县内收有浮多地价者，准各地主于呈报时声明，拨抵应交各费。如有盈余，俟发照时悉数发还，以昭大信。

一、街基以城镇为限，并免收价，由各该业主自行呈报。应收经费分三等：上等城基每五十方丈收大洋四元；中等城基每五十方丈收大洋三元；下等城基每五十方丈收大洋二元。均以二百方丈为限，过二百方丈者仍照二百方丈交费，不及五十方丈者亦照五十方丈交费。镇基亦按三等减半收费。

一、凡契照四至以外之地，无论私买、私垦、已未成熟，均以官荒论。准各地户据实报出，交价领照。其荒价分三等：上等每垧大洋十元；中等每垧大洋七元；下等每垧大洋四元；熟荒加倍，各按等带收经费二成。隐匿不报者，查出重罚。

吉林县知事为阖属人民遵照自报升科清查街镇城基勘放官荒各章程的布告

民国六年十一月九日

为明白布告事。

案奉省长公署发下三样章程：一曰吉林省民旗纳租地自报浮多升科免价章程；一曰吉林省清查城镇街基章程；一曰吉林省勘放官荒章程。统行责成本县办理。

按自报浮多升科免价，就是自己的地，在大照四至内，核计起来，实在垧数多，纳大租的垧数少。比方实有熟地一百垧，按年只封六十垧大租，这内中便有浮多四十垧，应该自己来县报明注册，按年照章封大租，从此取得所有权，就算自己产业了。若在四至外的浮多，那便是官荒，另有办法。连那十成授田、七成纳租的旗地，那三成不纳租的地，也算是浮多，是该一样报升科的，这叫作自报浮多升科。本县接到尔人民呈报，验明契照，若是相符，只照章收经照费，并不要地价，便掣给执据，等到自报期限满的时候，通行换发大照，这叫作免价。

按清查城镇街基，本县的城，就是这省城，在省会警察厅管辖范围以内，这叫作城基。那镇便是乌拉街、缸窑、木石河、上河湾、其塔木、桦皮厂、两家子、大荒地、旧站、下洼子、九台、二道沟、东营城子、下九台、波泥河子、一拉溪、岔路河、花家屯、金家屯、大绥河、双河镇、乱木桥子、大三家子、旺起屯、额赫穆、双岔河、尤家屯。这些地方，不论民旗各户及庙宇、公所、营房、校舍，所占的地基，都应该报明自己占用多少宽长，缴纳经照费，请求换给部照。

那勘放官荒，本县境内并无成排大段，只有肇大吉、康大腊两处的山荒。其余零星夹荒，少在三几垧，多在数十垧，各屯也都有。若不教人民领垦耕种，则是使货弃于地啦。所以勘放官荒，亦随着自报升科同时办起来。

总之上列三种事情，主意在厘正人民房地的经界，免胶葛、期巩固，不是有心收款，扰累人民，试看所收的经费，也为办这事用去了。尔人民守此产业，为子孙久远计，断不能不愿意官家为之清理，免去后患。惟独是自报的期限，可是很紧。自本年九月起，至明年六月底为止。章程所定的后二个期限，那是交经费的日子，与自报升科的事，毫不相干。尔人民对于这事，早晚免不了，推不过去，还是早早照着办，落得两脚踏实地，省着过限不报，叫人家报去，那时候地到不了手，反闹出些烦恼来。本县奉到各样章程，即于十月一日，委派员书，把自报升科事务处在县署院内组织成立。所有详细章程，已经 督军、省长 会衔布告，恐怕尔人民未能通晓，特编白话一篇，教尔人民知道。除饬警团暨乡正副按户催办外，为此布告合属旗民业户人等一体知悉。务须遵章赶快来报，不要互相观望，自贻后悔，那是本县期望尔人民很深啦。切切，此布。

吉林省清查土地局令发各县知事办理自报升科惩奖规则

民国七年十月十五日

为令发事。

案奉吉林省长公署第二千三百三十一号训令内开：案查各属办理自报升科，迭经展限，并酌加经费在案。乃自开办以来，各县知事实力催办者，固不乏人；而敷衍泛事者，实居多数，殊属不成事体。自应由该局随时察看，按月查取各该县知事办理成绩，随时呈报，以凭惩奖。除通令严催外，合亟照抄令稿，令仰该局即便遵照办理。此令。等因，奉此。当经本局拟具县知事办理自报升科惩奖规则，呈请核示。去后，兹于中华民国七年十月五日奉省长指令：呈及附件均悉，准予备案，仰即分行知照，此令。附件存。等因，奉此。除由本局按照规则查取各该知事办理成绩，随时考核，呈请核办，并将规则登报公布外，合亟令发。为此，令仰该知事即便知照。此令。

计发惩奖规则一份

吉林省各县知事办理自报升科惩奖规则

第一条 凡办理清查土地各县知事之惩奖，依本规则行之。

第二条 凡奖罚均以各县旧有额原地为标准，县知事于自报升科第一期内，将原额地悉数催办报齐者，请给一等奖；催报过八成者，请给二等奖；过六成者，请给三等奖；不及六成者，请照三等处罚；不及四成者，请照二等处罚；不及三成者，请照一等处罚。

第三条 凡县知事于第一期内，催报浮多地及无粮地比较原额地数在三成以上者，请给一等奖；在二成以上者，请给二等奖；在一成以上者，请给三等奖；不及一成者，查明确有废弛情事，酌量呈请处罚。

第四条 凡给一等奖者，依照县知事奖励条例，仰恳省长从优请奖；给二等奖者，请省长酌量请奖；给三等奖者，请省长发给奖章。

第五条　凡处一等罚者，依照文官惩戒条例，请省长呈请处罚；处二等罚者，请由省长公署记过；处三等罚者，呈请省长申诫。

第六条　此项奖罚均责成吉林省清查土地局按各该县知事所办成绩，切实加具按语并说明理由，呈请省长施行。

第七条　凡办理清查各县知事，无论升迁调任均各按任内册报之成绩，分别核办。

第八条　本规则自奉省长指令照准之日施行。

吉林督军省长公署为实行自报升科三期满后结束办法的布告

民国十一年一月　日

为会衔布告事。

照得吉林等二十县自报升科第三期限，截至上年十一月底止已经期满。依照原章第十三、第二十两条之规定，应将各户隐匿不报之浮多地归公另放，或准他户揭报，以符定章。惟查各户地亩耕种有年，权利所关，视同生命，所有未报浮多一旦照章实行，衡以法意，本不为苛，而揆诸民情，实有未忍。本　督军、省长　为体恤农民，维持各户浮多地权利起见，特饬吉林全省清理田赋局将该两条章程酌量变通，去后旋据该局拟具办法呈送到署。复核所拟各条，均尚可行，当经据情咨经内务、财政、农商部咨复照准。除令知田赋局查照外，为此摘录办法，布告吉林等二十县农民一体遵照。如有未报浮多地亩，仰即克日径赴该管县署，缴费升科，领照管业。如再观望，一经县署或局员查出，定干罚办。倘迟至本年十月底再不报明，立将浮多归公另放，勿谓言之不预焉。其各懔遵毋违。切切，此布。

自报升科三期满后结束办法

计　开

一、自报升科各县第三期满后，自民国十一年一月起，凡有浮多地未报者，仍准本地主自报升科。并已报原额领有照据续报浮多者，应收经费照十年十二月所收数目原额，每垧仍收四元（从前已报原额者免收）。浮多地逐月递加一成（第一个月每垧收四元四角），以次递加，至十个月为止，另表列后。

二、自民国十一年一月起，凡有浮多隐匿不报者，如经他人举发，每垧另征罚金，其应罚数目亦按月递加（第一个月每垧罚金四角），以次递加至十个月（每垧共罚四元）为止。

三、举发浮多罚金由县勒缴，赏给报户；浮多地仍归本地主自报升科，并照表列数目核收经费。

四、凡举发人如挟嫌捏报，他户地亩查无浮多者，由县按所报地数多寡，分别轻重酌予惩罚。

五、本办法递加经费十个月期满后，如再查出浮多，除每垧勒缴罚金四元外，经费加倍（即每垧十六元）核收，仍准由本地主自报升科。倘始终抗违，即将浮多地归公另放。

六、各业户原额地已经呈报而照载四至内尚有浮多，其自行续报时，除按表列数目收费外，如已领有部照者，加收照费一元、注册费一角，另换部照，即将前照缴县汇案报局注销；如仅领执据尚未换照者，即仅换发执据，收注册费一角。

七、本办法实行后，自报浮多升科章程第十三条、第二十条原定各节即行废止，其余各条仍继续有效。

吉林等二十县自报升科第三期满后浮多地亩按月加收经费暨罚金数目表

月别／类别	民国十一年份										备考
	一月	二月	三月	四月	五月	六月	七月	八月	九月	十月	
浮多地每垧经费	四元四角	四元八角	五元二角	五元六角	六元	六元四角	六元八角	七元二角	七元六角	八元	一有契照无粮地应加数目与浮多同 一每月以一日起算 一浮多地经官查出或被他户揭报者始征罚金 一街基经费仍照第三期核收，如有浮多免予递加
浮多地每垧罚金	四角	八角	一元二角	一元六角	二元	二元四角	二元八角	三元二角	三元六角	四元	

吉林县公署为青年会会产升科拟请按第一期办理是否可行请示的呈文

民国十三年四月二十三日

为呈请事。

案准吉林中华基督教青年会函称：径启者，函为本会座落东关向阳屯熟地贰拾肆小垧，拟援旗蒙科前例呈报升科，免除逾限罚金，仍照第一期缴纳经费，恳祈见允事。查该地为日俄战时，某中国人等赠于前在吉俄领事馆达聂尔总管建筑花园，嗣经该总管捐给本会以作将来发展之需，故所收地租专充本会经费。前以干事更调，经理无人，遂至延误日期。逾限升科理应按照定章加缴罚金，惟是本会为社会公认之慈善机关，一切经费全赖社会之辅助，俾得节节进行。谨将契纸交状及函件抄本随函送上，希即查照准予免罚升科换照，以凭管业，无任盼祷。等因，前来。查核该会会产廿四小垧，拟请按照第一期缴纳经费之处是否可行，理合具文呈请钧局鉴核，指令施行。谨呈

吉林全省清理田赋局

附　吉林全省清理田赋局训令

令吉林县知事

案查前据该县呈以吉林中华基督教青年会会产可否按照第一期缴纳经费一案，本局详加查核：该会会产地亩既系办理地方公益之用，自应从宽援照学田成案，照第一期缴费升科。惟查自报升科三期早经逾限，行将结束，该会延不早报，已属自误。第念该会地亩系办慈善事宜，拟即从宽，略为变通，按照第二期核收经费，即原额地每垧收大洋贰角，浮多地每垧收贰元，以资维持。等因呈请在案，兹奉吉林省长公署第三千六百零四号指令内开：呈悉。应准所拟办理。此令。等因，奉此。合亟令仰该县即便遵照办理。此令。

中华民国十三年五月二十七日

吉林县公署为各区未经抽查之地派员实行抽查仰即周知的布告

民国十六年一月十日

为布告事。

照得本县办理自报升科，凡人民地亩浮多，前虽派员抽查，第以幅员辽阔，多以抽查未竣，即行撤换更调。其自能来县续报者固不乏人，而希图隐匿者仍复不少。若无具体办法，报者自报，隐者自隐，非特有碍收入，且失公道。况地亩升科纳赋，系业户应尽之责。升科开办迄十余年，迭经布告严催，乃竟置若罔闻，其容心隐匿已可概见。合亟再申前令，仰合邑人等知悉。如地有浮多，赶速来县升科，如再仍前推延，惟有派员携带绳弓，凡有未经抽查之地，实行认真抽查。倘该委员有勒索情事，准予指名控告，或经查出，定

即依法惩治，决不姑容。仰各懔遵勿违，切切。此布。

吉林县公署为公布吉林省自报升科各县抽查员惩戒暂行规则的布告

民国十六年四月二日

为布告事。

案奉全省清理田赋局第五十七号训令：呈拟抽丈、揭报两项办法并惩戒规则，奉省长公署核准。令仰该县遵照办理并布告县民一体周知，所有境内未报浮多地亩，迅即遴派委员认真查勘，毋任民户始终隐匿。遴派委员务选贤能，并随时督察，毋任滋弊。仍将布告日期报查。切切，此令。等因，奉此。除抄奉发规则及拣派委员随时督察并分行外，仰合邑人等一体周知。此布。

第一条　本省办理自报升科各县抽查员之惩戒，均照本规则办理。

第二条　各县抽查员之惩戒分左列三种，依事实之轻重处分之：

一、撤差；

一、撤差兼罚锾；

前项罚锾应按所得贿款金额，处以二倍以上、五十倍以下之罚金。

一、撤差科罚并交法厅按律从重究惩。

第三条　有左列情事之一者，处以第一种惩戒：

一、抽查员不亲到地段，委托雇员差役敷衍从事者；

一、到段以后应绳丈而不施绳丈，仅验照契者；

一、强用民户马匹车辆不给赁金者。

第四条　有左列情事之一者，处以第二种惩戒：

一、擅受人民供应不给缮费者；

一、丈出浮多地亩自己捏名报领者。

第五条　有左列情事之一者，处以第三种惩戒：

一、验看照契按地勒索验讫费者；

一、向地户收取川资小费者；

一、不施绳丈，串同地户隐匿浮多，收受财物者。

上项行贿之地户亦一并处罚。

第六条　本规则所未列举遇有事实相等者，受同等之惩戒。

第七条　各县所派抽查员如有上列三、四、五条情事，县知事事前未经查觉，被人告发或由省长公署暨田赋局查明，应将该知事依法惩戒。

第八条　被罚抽查员如无力缴纳罚金或缴不足额，原派知事应负责代缴。

第九条　本规则自公布之日实行，如有未尽事宜随时修正。

（二）浮多

常依海为报荒地浮多请勘明价领的呈文

民国二年十二月

具请呈常依海，年三十六岁，系吉林县克勒镇聂斯马屯人，距城六十里。为呈请事。

窃于清宣统元年海价买白世庆等垦成荒地一段，坐落在聂斯马屯渡口东岸道南，共地四十垧零五亩。东至小河身，西至大江边，南至江边，北至官道，四至界内恐有浮多，呈请勘荒委员勘丈临荒便道，将此地勘丈明确。如有浮多，请换印照，备价承领，以杜弊窦丛生。须至呈者。右呈

民政长

吉林省行政公署批：

呈悉。俟委员到界，尔即呈验大照，就便勘办。此批。

民国三年二月六日

吉林省长公署对吉林等二十四县催报浮多优奖办法的训令

民国十二年二月十日

令吉林县。

案据清理田赋局呈请：窃查办理自报升科，职局固负督饬专责，而直接催办实在各县知事。综核吉林腹地等二十县及长春等蒙地四县自开办升科以来，迄今六年，报出浮多地亩仅至六十万垧左右。现虽定有结束期限，而民间浮多地亩隐匿未报者为数甚巨，虽经各该县及职局分别派员抽查，终未收圆满效果。前蒙帅谕饬陈主管兴革事宜局长毓峰，曾将优奖知事一节列入条陈，仰蒙钧鉴，许为可行，自应特定办法，借资策勉。兹由职局拟具吉林腹地等二十县及长春等蒙地四县催报浮多优奖办法数条，其宗旨名誉与金钱并重。纵与知事奖励条例略为优越，然为整顿收入、增加赋额起见，不得不稍示优异，俾昭激劝所有各县知事催报浮多。拟请优奖缘由，是否有当，理合缮具办法清折，备文呈请鉴核示遵。等情。据此，除指令：呈、折均悉。该局所拟催报浮多地亩优奖办法尚属可行，应准备案。候抄同原折，分令吉林、长春等二十四县一体遵照，并候令行四道尹查照。折存。此令。等因。印发并分行外，合亟抄同原折，令仰该县即便遵照。此令。

附　抄原稿

兼署吉林省长　孙烈臣

王树翰代

吉林等二十四县催报浮多优奖办法

第一条　凡办理自报升科各县知事，于其本任内催报浮多比较十年份征租原额增出左列之数者，得由清理田赋局呈请奖励之：

（甲）增出十分之三者，由局呈请省长特奖（例如呈保升阶、调任优缺）；

（乙）增出十分之二者，呈请奖晋勋章；

（丙）增出十分之一者，呈请记功。

第二条　得前列各条之奖励者，另于收入项下除照章扣支经费外，酌予奖金一成至三成（例如解局之浮多经费壹千元，提奖一成即给壹百元，余类推）。

第三条　前二条之奖励于升科结束时核明，呈请省长公署转请给奖。

第四条　各县知事遇有升调或卸任时，对于催报浮多能有第一条甲、乙、丙各项成绩，亦照章呈请给奖。

第五条　各县知事对于催报浮多玩忽纵事，至收束时比较不及原额一成者，依照民国七年及十一年奉准奖惩规则及解款奖惩办法，呈请从严惩罚。

第六条　本办法于呈奉核准后，由十二年三月一日起为施行日期。

吉林县公署为商民等如有前经查出及自报浮多赶速依限交费升科的布告

民国十五年十一月一日

为布告事。

案照本县办理人民续报浮多地亩拟定限制滞纳办法一案，曾奉全省清理田赋局第一六六三号指令内开：该县前经查出之浮多，应即布告未经缴费各户，自县署此次布告之日起，予限一个月，到县缴费升科。若再逾限有不缴费升科，应即按名传案押追，并按照查出年份补足大租，以示儆惩。此令。等因，奉此。合亟布告商民人等知悉。凡经查出及自报之浮多地亩，务按前项期限赶紧来署交费升科。倘逾期不交，仍前观望，定行传押，并勒令按照查出年份补足大租，决不姑容。自布告之后，务各懔遵，勿谓言之不预也。此布。

付勋臣为报领田子兰、田子秀二户隐匿浮多地的呈文

民国十六年四月

呈为举发浮多事。

窃查六区汪子营粮户田子兰原粮三十八垧五亩，浮多熟地三十垧，山林四十垧，东西至分水，南北至李姓分水。又粮户田子秀原粮四十五垧，计地两段：汪子营一段东西至分水、南北至分水河，大夹信子一段内错草沟，东西至分水马姓、南北至分水，二共浮多熟地三十垧，山林五十垧。民遵章举发，按前省长徐咨部定订章程，三届过期，即应准民交价承领，以符定章。惟因历任监督体恤民困，允其自报，但粮户见隙可乘，始终隐匿，容心取巧，不

待言矣。出具妄举，返作甘结，民又另觅妥保，呈恳钧署派员莅界依法勘丈，是为公便。谨呈

吉林县公署

县知事批：

呈悉。该民举报田子兰、田子秀等二户浮多，现奉田赋局指令，凡有举发隐匿浮多案件，应先取具两家殷实商保，并具如虚反坐之切结。该民仅取有保结一份，应再补送商保，呈候核办。此批。

五月十六日

孙岳为买孙琇地亩更名续报浮多的呈文

民国十七年六月十四日

具呈人孙岳为呈请更名并续报浮多地亩事。

窃民曾于民国十五年十二月间价买孙琇名下熟地一段，计五垧三亩五分七厘。今既归民，又经抽查员到界，查此段内尚有浮多三垧，共归八垧三亩五分七厘。契载所注四段四至复杂，周围确实毗连，并归一段，请准予填给部照一张，确无包套四至，等情。今将原照附上，仰乞鉴核俯准注销，合请照原业主部照四至，开给新照，以凭存执为感。谨呈

吉林县公署

县知事批：

呈悉。准予更名续行升科，仰于十日内来县补交经照、罚金等费，以凭另填执据。逾期不交，即行勒保传追缴案。部照存废，红契发还。此批。

六月十八日

刘克弼为揭报刘克彦隐匿浮多地的呈文

民国十七年七月四日

具呈人刘克弼，系乡八区大海浪口子屯住，为呈揭报隐匿浮多，恳请派员勘丈，准予备价承领，以裕国赋事。

窃查乡八区四甲大海浪口子屯刘克彦纳粮地十垧，外隐浮多四十垧，以上共二段，均在四至以内，隐匿浮多地六十垧，坐落四至列后。理合具文叩乞监督鉴核，俯准派员查勘，甘愿备价承领而裕国税，以免隐匿，实为德便。谨呈

吉林县公署

县知事批：

呈悉。该民揭报浮多，应先出具诬告不实反坐之切结，及另觅两家殷实商号图保，呈候核夺。此批。

七月五日

吉林县公署为派员赴乡抽查浮多的布告

民国十八年十月二十四日

为布告事。

照得清理田赋，本为正经界、杜纠纷、维护各地主财产起见，始而自报，继而抽查，又处处为便民着想。乃本署奉文办理将及十年，而检查案卷，原额地尚未报齐，其浮多之未卷投报可以想见。虽历经派员抽查，类多有名无实，其弊在业户不明本旨，意图隐匿。每遇抽查员下乡，无不大事联络，先之以供应，继以纳贿。不肖者固可投其所好，即有刚正不阿之士，亦往往迫于情面，无可奈何。结果，则按户摊地数，至多不过一场名虽抽查、实属未查无异。在各户认为，少报浮多即可免子孙无穷之累，虽有花费亦不顾惜，不知此种办法，正所以贻患儿孙。试思地有浮多，各屯邻无不尽知，我不投报，难保地邻之不乘机报价。况揭报具有明文，此项事实近来亦屡见不鲜。既难始终隐匿，又何苦不先事声明，图惜小费，终受大害。既使本人为乡党物望所归，无人举发，须知势力不能长存，将来子孙能否继续，难以预定。如此容心取巧，又要保儿孙不被他人侵凌，以后虽欲投报，亦不可得。现值地价高昂，即中、下之地亦值百元以外，如自报浮多，每垧仅有八元，即由抽查员查出，不过加收罚金四元，所费无几，而产权永久保存。孰得孰失，不难自喻。此就本身种地者而言，若招户租种尤应据实报领。地多则租粮自多，更为显而易见之事，所不便者，地户耳。试思花钱置产，无非图得租粮，地有浮多，而任令地户隐匿，不加租粮，宁非愚甚，此系少得收益。兹至地被佃户偷报，其损失尤不胜言。

本县长接任伊始，自应遵章继续进行。惟原知其中情弊，用特剀切宣布。对于所派抽查员现已严加告诫，务令实事求是，不得受民间丝毫供应，所需火食，照数付值。倘敢不遵，准由各民众据实举发，一经查实，定当从严惩办，决不宽贷。但不得挟嫌诬控，致干并究。尤盼各民户据实投报，切勿仍蹈前辙，希冀隐匿。一遇抽查员到境，务令揣带照契，领段抽丈。其有地东不在乡间者，即责成佃户领段，并报明租种地段，以利进行，其各遵照勿违，切切，此布。

（三）价领

东三省总督锡良吉林巡抚陈昭常为再行晓谕报荒各户一概停放并缴回小票的告示

宣统元年十二月十八日

为再行出示晓谕事。

照得吉省前于庚子兵燹之后，饷项奇绌，前任将军长　奏明旗民田地一律清赋升科，兼放腹地零星夹荒，以济饷需，等因。于光绪二十八年设局之初，经前总理贵铎定章简率，且急于速收功利，并不勘明荒段界址，辄即先行收价，发给小票执据，以致各户呈报夹段零荒，或香火庙产，或土坑义冢，或系粮户红契四至以内荒边草甸。所报荒界包套侵欺，甚至一段夹荒改换地名，数人捏报，因而屯会业户与各报户群起讼争，积案数百余起，频年缠扰。奸黠者妄希领地，良懦者弃业废时，结案无期，徒滋拖累。前督、抚部堂徐、院朱　查照署将军达　奏案，将各户所报之荒，凡系界址包套、重复纠葛、累年缠讼者，虽已交价领票，一概停放，以弭讼端。曾于光绪三十四年三月出示晓谕，催令各报户依限赴局呈缴小票，将原交荒价如数领回，倘逾限仍不具领，即将荒价充公。等因，在案。迄今一年之久，其缴票领价者虽居多数，而犹有观望迟回妄希得地者。殊不思奏案攸关，岂能任尔等狡恃交价领票，遂可觊觎侥幸领荒也。现在荒务一律完竣，立即撤局，所有报荒一切案卷款项统归劝业道署存查核办，本应查照前定逾限不领原案，将此项荒价钱文拨充公用，以为贪妄之诫。惟本大臣、部院轸念尔民艰苦，措资匪易，姑再宽展限期，俾尔等依限领回，以示格外体恤，合再出示晓谕。为此，示仰旗民人等一体知悉。自示之后，凡系从前报荒早已交过荒价未经领得荒地各户，统限于三个月以内，务须赶紧投赴劝业道衙门，呈请缴回小票，即将原交荒价照费如数发还。倘再仍前观望不领，逾限之后定将荒价尽数充公办理地方公益之事。莫谓宽典可再邀也，其各懔遵毋违。切切，特示。

周克勤、李承贤等为价领汪家屯义地的呈文

民国九年十一月

具联名呈，吉林城西距城九十里汪家屯民周克勤等，年岁不一，为举报义地，拟请准予升科，以纳国课而杜奸谋事。

窃缘民屯贫民居多，亡故父老皆无葬所。曾经公议，乃在屯北洼甸之中星布散埋，当由前清放荒之际，请留义地六垧有奇，内埋贫户坟墓不下二百余座。即此之义举，已历有年，实无执据，今夏呈转，未经示下。今值清查田土，立法极严，倘被肖小觊觎报捏为己有，渔肉贫户之坟，尤怨缠讼不休。当经乡中耆老公议推

诚着民等趋赴公庭报请升科，以纳国课而安赤户之心。查此义地除坟墓之外，沿边大约可能垦地二三垧有奇，可否准予所请，永作善地，边沿开垦交纳国课，奸民贪利由此杜绝。况民等居屯久处洼下之区，沟河绕屯亦有数处，终年修桥九座，民等连年受累，倘能由此积有盈余，以备修桥路之用，行旅称便，民困稍舒，如此赏留，大有裨益。民等虽非殷实，当乡推诚，若非义举，亦不敢冒昧上陈，合将义地四至列后，谨合词叩恳县尊大人案下恩准，示知施行。谨呈

县知事批

呈悉。此地既系放荒，原图义地，现在埋葬坟墓不下二百余塚，应准由县备案永远作为义地，以恤贫穷。所请开放升科之处，应勿庸议。此批。

一月六日

王发为价买山荒请升科的呈文

民国十一年三月三十日

具呈人王发，为有契无粮请升科事。

窃民前买张贵山荒一段，坐落存俭社下十甲头道沟屯，东西四十三弓，南北十四弓，核地二亩零九分，原来并未分给粮额。兹值升科之际，未便再行延隐，是以恳祈钧署准照下等柴山折扣升科，谨候批示。谨呈

吉林县长于

县知事批：

准如所请，按照官荒备价承领，仰即措交正价、经照各费，以凭掣发垦字执据。红契验明发还。此批。

四月六日

省田赋局为荒价加增按等核收价值各费并布告周知的训令

民国十五年十二月三十日

令吉林县知事

为通令事。

案查本局前因吉林等腹地二十县荒价按照现在时值较为低廉，拟请按等加增，以裕收入，呈请核示一案，兹奉省长公署第九千五百七十二号指令内开：呈悉。准如所拟办理，仰即由局通令各该县遵照，并咨财政厅查照。此令。等因，奉此。除分别咨令外，合亟抄呈，令仰该县即便遵照办理并布告周知，仍将布告日期报查。此令。

附　抄呈

呈为吉林等腹地各县荒价，按照现在时值，应请按等加增，以裕收入，陈祈鉴核示遵事。

案查勘放官荒章程第八条规定，放荒所收价费分为上、中、下三等：上等荒价每垧收大洋十元；中等七元；下等四元；随收经费二成，熟荒加倍。查原定章程时，人民买卖地亩价值甚低，钱法尚好，是以荒价从轻规定。现在吉林、双城、扶余、伊通、榆树、双阳、滨江、宾县、阿城、磐石、舒兰、同宾、五常、方正、敦化、延吉、珲春、汪清、和龙、东宁等腹地二十县地亩时值逐渐增高，钱法又甚毛荒，所有前定荒价若仍按原章核收，实属过轻。况沿边各县荒地既因时势变迁分等增价，腹地二十县事同一律，亦应酌加。

职局一再集议，除吉林、额穆、敦化三县在吉敦路沿线铁道十里内地亩另案办理外，拟将各该县原章上等每垧十元者改为十五元；中等七元者改为十一元；下等四元者改为七元；熟荒仍各加倍，应收经费照旧办理，随价核收二成，各半留解。如此增加，则按照时值，荒价较甚公平，而国家收入亦稍有增益。如蒙俯准，即由职局通令各该县于民国十六年一月一日起一律遵照办理，将原章各条所定价格取销，是否有当，理合具文呈请鉴核示遵。谨呈吉林省长公署

中华民国十五年十一月

吉林县公署为荒价加增按等核收价值各费的布告

民国十六年一月五日

为布告事。

照得本县案奉清理田赋局第二九一号训令：兹奉省长公署第九五七二号指令，凡价领官荒原定荒上等十元；中等七元；下等四元。今改荒地上等十五元；中等十一元；下等七元；熟地加赔〔倍〕，并应随时加收二成经费。仰即由局通令各该县遵照并咨财政厅查照。此令。等因，奉此。除分别咨令外，合亟抄呈令仰该县即便遵照办理，并布告周知。仍将布告日期报查。此令。等因，奉此。合亟布告合属人等一体周知。此布。

（四）转租

魏长胜等联名指控学田佃户韩景周转租渔利的禀文

民国六年四月二十日

具禀人城北二区韩起屯居民魏长胜等，为禀请承租学田，以利民生，而裕国赋事。

情因民等本屯向有公会产熟地二十余垧、草房三间、山林二段，向经会首韩景周经理。嗣于民国二年间归并学田，经县署派员勘丈，计丈清熟地二十二垧五亩四分、山林二段。当经韩景周悉数承租，按年仅纳交县署租粮十五石、林价市钱八十吊。该韩景周自承租以来，将此项熟地转招佃户白云厚耕种，每年租粮二十五石上纳押租钱三千吊，其中渔利不问可知。复将山林一段擅自招徕佃户齐仲仁、胡永财等五家，齐仲仁开垦山荒十垧上纳押租市钱五百吊；胡永财等四家所开之荒一二垧不等，各纳押租荒价钱七十吊。所开之荒均系三年起租，限满押租滥价。伏查现值公民时代，兴利除弊乃为国计民生之正当。而韩景周将此项学田持为己有，置法权于不顾，伊每年仅交县署粮租、林价综计无非一千五百余吊，而伊所收各佃户除开垦山荒上交押租钱三千七百八十吊不计外，尚收白云厚承种之熟地二十二垧五亩四分，租粮二十五石余，折合市钱三千余吊，总计每年韩景周侵蚀渔利四千余吊。似此居心，不合公理。非民等觊觎生心，希图沾惠，乃为利国、便民起见，请将此项学田山荒澈查，可否增租转佃，各佃户取具殷实铺保承租，以利民生，而除弊窦，地方幸甚，乡民幸甚。为此联名具情禀请县尊鉴核，批示遵行。谨呈

吉林县公署

县知事批：

禀悉。查乡间学田均由各校董管理招佃，该屯佃户韩景周如果有转佃渔利情事，殊属不合，仰即令行劝学所查复核夺。惟时值春耕，所请撤佃承租之处，应勿庸议。此批。

四月廿四日

自治征租员贾赓昌为奉令调查自治佃户商连魁转租渔利案的呈文

民国十年五月十一日

为呈复事。

窃委员前奉钧署吉字第八十二号训令内开：为三区耿家屯关帝庙会首代表钱继儒等呈诉,佃户商连魁转租渔利,请撤销归公会承租等情。令即查复核办。等因，奉此。委员遵即前往该屯切实调查。兹查得该屯自治公产系由佟铠、钱并安二人承佃，保人系商永宽（即商连魁）。佟铠与商连魁均非本屯住户，钱继儒所呈商连魁等不在本屯居住等情，确属实在。当由委员将佟铠等原领租照缴回，另租与本屯粮户钱继儒承佃。保人滕玉书具有保证一份，每年租粮十四石、钱租八十吊，粮租较前增加二石。除另发新照外，理合具文呈请鉴核，备核施行。谨呈

吉林县公署

县知事批：

呈悉。准如所拟办理，另行填发钱继儒租照。仰即知照，此令。保证书存，旧照注销。

自治公产征租员关绍文为奉令调查自治佃户赵庆吉将地转租渔利案的呈文

民国十三年四月十五日

为呈复事。

窃奉钧署第一九六号训令内开：案据第二区邱家沟农民陈树椿呈称：窃因民屯附近果子窑有自治公产十一垧有余，曾经赵庆吉承租在案。现该佃户将所租公产均行转租附近各户，从中渔利，并在转租佃户孙文廷、初凤山、曲文魁、曲文彩四名手下，每垧各使押租钱四千吊整，其并在官地内私建草房三间。民想此地既系公产，该赵庆吉不但转租，反行私押，实属有违定章。是以，恳请县长大人派员澈查，另招佃户，实与公私两有裨益。理合具文，呈请鉴核，批示遵行。等情到县。查该民所呈各节是否属实，无凭悬揣，除批示外，合亟令仰该员即便前往，查明具复，以凭核办。切切，此令。等因，奉此。委员遵即前往详确澈查自治公产佃户赵庆吉将所租公产转租，从中渔利，致使押租一节。当经转询除孙文廷外出未到外，即初凤山、曲文彩、曲文魁等三名，声称于民国十一年腊月十五日每人租妥赵文庆（即赵庆吉）所租公产地一垧，各与赵文庆押契钱四千吊，以三年为限，钱无息利，地无租粮，立有押契租字为据等语。遂即令其出具押结一纸。查此项公产租与赵庆吉共计熟地十垧零五亩四分，年纳租粮六石四斗。今既转押，从中渔利，自应依照管理自治公产规则第二十三条之规定，即行撤佃。值此春耕在即，委员就近斟酌地之肥瘠，每地一垧增加租粮四斗，计由十三年起，年纳租粮十石零六斗，较与上年共增租粮四石二斗。即据陈树椿声称，情愿承种，当经取具该处粮户王金山、郑子丰为承保，随即查核均属殷实，如蒙允准，再行发给租照。至赵庆吉原租柳林一垧私盖房舍一节，查验亦属实情。惟系草房均系杨木周围，揸垛土墙，若令拆去，乃系成物，未免可惜。可否予以年限归为公有，或变价归公，抑或仍将地皮租其占用，未敢擅拟，理合将调查佃户庆吉转租公产渔利、使用押契、私盖草房各情形，检同押保各结，一并具文呈复鉴核，指令施行。谨呈

吉林县监督于

县知事批：

呈暨结照均悉。该原佃赵庆吉既据查明确有转租渔利情事，自属违章，

应准撤佃。所拟增加租粮，另租陈树椿承种，既取有保结，查属殷实，并准照办。至赵庆吉在公有柳林内私盖草房。若遽令拆去，未免成物可惜，着予限三年，准其自由居住，逾限收归公有。结照存销，新照附发，仰即查收转给，并将收转日期呈报备查。此令。

四月廿三日

（五）变卖

吉林省清查土地局准以胡再兴襄理本县变卖旗产事宜的训令

民国六年九月二十日

令吉林县知事于芹

案查本局前遵省长训令，议复吉林十旗协参领等呈请在各县设立专局变卖旗署官产一案。拟请于吉林、双城两县加派熟悉旗产情形之员，前往帮同县知事办理，毋庸另设专员，等因。呈奉省长指令，照准在案。兹据该知事呈请以旗员胡再兴派往吉林县，襄理变卖旗产事宜；并查有旗员白家驹堪以派往双城县，襄理变卖旗产事宜。月需薪金即由该知事于应提一成经费项下，酌量支给。须知此次派员襄理与上年由省派办各县旗产委员权限不同，办理各事仍由县知事担负完全责任，该旗员襄理，一切悉听县知事指挥。如查有办事不力或发生别项情事，并准该知事随时呈请更换，以一事权。除呈报并分别令委外，合亟令仰该知事即便知照，并将该员到差日期具报备查。此令。

吉林县公署为变卖县属及双阳界六旗马厂官产的布告

民国六年十月十七日

为明白布告事。

省长公署发下修正变卖吉林通省旗署官产章程，凡旗署官产全部出卖，责成本县接续前案办理。本县所管的旗署官产，就剩下六旗马厂地及附属的草甸、柳通。那厢黄旗马厂地，虽然分给双阳县管界，因为是一样性质，也令本县就近出卖了，免得再费事。

照章程上说，变卖这个地，先尽原佃、原租各户承领，不领者取结外放，惟以本国人民为限。那地的正价，分为两等，上等的照丈放地亩价格表第三等第二级，每垧收正价大洋六元；次等的照第三等第三级，每垧收正价大洋三元。荒地、柴山、柳通、草甸，应照勘放官荒的章程，上等两垧作一垧，收正价七元；次等三垧作一垧，收正价四元。所收正价以外，随收经费二成，就是正价大洋一百元，随交经费大洋二十元。领执照一张，收照费大洋一元，又注册费大洋一角。这六旗马厂，在本县境内，虽然不是最好的地，所定的价格，却是极便宜。尔原佃、原租各户，花钱不多，可就取得所有权，永远为业，按年封租钱，每垧只大洋五角，不再纳粮租了。这个变卖的期限很紧，从本年阳历十一月一日即阴历九月十七日起，本县就委员带领书记、绳工，亲到地界，随勘随放。放出一份，立刻发给执票一张，尔领户即时携带执票来县交足价费，即换领部照。至迟不得过半个月，若是过了半个月，不交价费，即传保人严催。倘再拖欠，定撤地另放，不要自误，这是章程上规定明白的。

那章程所定全是文言，诚恐一般人不能明白，所以本知事捡着要紧的编这白话一篇，布告尔佃租各户，一体知悉。等委员到的时候，务须指明界址，听凭勘丈。能够备价承领的便承领，若是实在无力承领，即赶早出结，好由委员另放，不可观望，亦不得妄为阻挠。赴地界的委员及书绳人等，所用车马盘川等费，全由本县照数发给，并不须尔佃租各户稍有供给。切切，此布。

县知事　于芹

帮同吉林县变卖旗产事宜胡再兴

清理吉林官产处为发布整顿官产布告并张贴具报的训令

民国七年四月三十日

令吉林县知事

为令行事。

查本处为整顿官产起见，业经拟具办法二端，呈奉财政部批准在案。除通令并登公报外，合将布告令发该县，即便遵照，择要张贴，俾众周知。仍将张贴处所呈报备查为要。此令。

清理吉林官产处为整顿官产的布告

民国七年四月 日

为布告事。

照得本处现拟应行整顿官产办法二端：（一）出售站地，按照甲、乙、丙三等定价，均行核减一成。由旧历二月一日起，以三个月为限，过期仍旧照章办理。（一）抛弃地亩，由处派员详细查明，临时酌减租额，重招佃户承种，以免抛荒。等情。呈奉财政部批：“呈悉。所拟办法二端，自为促进承售及免致荒废起见，事属可行，应准试办，仰即遵照。仍将办理情形，随时具报察核可也。此令。”等因，奉此。除通令并登公报外，合亟布告一体知照。此布。

王恩全等联名恳请变卖玛延上牌官庄地的呈文

民国九年十二月

具联名恳呈：王恩全等系双阳县民，距省一百八十里，为恳将玛延上牌官庄地照章一律变卖，以除民病事。

窃以玛延上牌官庄地在双阳县界内，共计地八百余垧，向系旗署官产。于前清嘉庆年间招佃耕种，按年封纳仓谷，斯特实属利民。惟以后原佃积有亏空，官家不能补助，于此，原佃纷纷转佃，出立兑契索价自行弥补。始则价轻，久则价重，以故后之佃民皆系备价而佃，每年余粮尽用之封纳仓谷，毫无蓄积。一遇水旱偏灾，即数年不能支持，十室九空。是封纳仓谷之地，始则利民，后实病民。所以官地佃民向恒恳请免纳仓粮者，职是之故想在列宪洞鉴之中。嗣于民国四年间清丈总局规定变卖旗署官产章程，内载此项官产准由民佃备价承领，当将吉林县界内之陈屯西、北两路及六旗马厂、二旗马厂所有旗署官产均行勘放，呈报在案。兹于民国九年十月间吉林县公署又派员到界，竟将民等纳租之玛延上牌地一律勘作仓田。伏思此项官产，民等困于封纳仓谷不止一日，与陈屯及马厂佃民无异，彼既应放，此亦应放，利益均沾，方免偏袒。况陈屯及马厂距省较近，运送仓谷诸多便利，尚且勘放；而玛延上牌距省穹远，运送仓谷实属艰难，尤宜勘放。若不顾民病，徒以仓田之故留而不放，则民等势必世世受此无穷之累。揆之列宪爱民之心，万不能忍。为此，恳将玛延上牌官庄地照章一律变卖，以除民病，再将所收价款发商生息，备购仓谷，一举而两善，备实属功德无量。是以不揣冒昧，理合具文，恳请监督鉴核，转呈省长恩准施行。谨呈

吉林县公署

县知事批：

呈悉。查此项仓田系民国四年划留之地，按年收租归仓充作公用，奉令有案。该民等拟请一律变卖之处，未便照准，仰即知照。此批。

十二月二十七日

（六）退佃

王东青等控万家屯自治佃户张恩升妨客交通请撤佃的呈文

民国十四年九月十九日

具联名呈人闻德才、王东青等，年岁不一，均系吉林县一区万家屯人，

为联名承租本屯自治公产，俾办本屯公益事。

窃查民屯有自治公产十八垧、荒四垧，现系张恩升承租。缘此项公产地当冲要，每至屯中粮户牧畜行车之际，必由此地边经过。乃张恩升承租此产，以官家为护符，动辄禁止行动，殊属妨害交通，屯中粮户咸感不便。现经屯众集议，拟将此项公产由民等公共承租，应纳租粮并不增减，一切照旧。按年除纳官租外，下余多寡专留作本屯公益之用，不准经手人分肥。如此办理，一则免去交通障碍，二则尚可得款兴办屯中一切公益。且此项公产原系民屯公中会地，虽拨归自治，以理而论，民屯众应有优先承租权利。以本屯之人承租本屯之自治公产，所获赢余又系留作本屯公益之用，以公济公，在官家既毫无损失，在民等则一屯称便。想我监督恫瘝在抱，必能俯顺舆情，慨为俞允，以赐此不费之惠。民等为公共利益起见，用敢叩乞鉴核，迅将张恩升租照缴销，准民等承租，以维公益，而利交通，实为德便。谨呈

吉林县监督高

自治佃户郎永生恳请退佃的呈文

民国十五年二月六日

具呈人郎永生，系县属第一区小古屯自治佃户，为无力耕种，恳请退佃事。

窃民现因家境困窘，无力耕种，拟将承租坐落小古屯自治公产全数退还，销除佃权，另行出租，以重公产。理合呈请县尊俯赐恩准施行。谨呈

县知事批：

呈悉。该民承租小古屯自治公产既系无力耕种，应准退佃，仰即知照。此批。

五月十九日

四、农业调查

（一）垦荒调查

吉林府四乡巡警总局为饬各分局调查垦荒确数并发去告示遍处张贴的札文

宣统二年八月二十三日

为札饬事。

案奉吉林府札开，宣统二年八月初八日奉劝业道札开：案查吉林夙称农国，厥土最腴，谈政策者，每以招垦实边为急务。乃自改设行省以来，经营经年，而边徼荒田犹多废置。非尽谋事之不臧也，盖从前开放之时，凡交通稍便，水利稍佳之处，大段生荒多被巨族富商包揽承领，但图转卖之利，不为垦辟之谋，以故辗转多年，荒芜如故。而外省外境真正农民到此领荒，或不能得尺寸之土。有地者不耕，欲耕者无地，言之殊堪痛恨。查放荒案内，从前所放荒地，曾由公署通饬晓谕，限至宣统二年六月止，一律开垦在案。究竟是否垦齐，未据各属呈报。现在临江、依兰、密山、濛江、长岭、方正以及设治各地方，正在放荒，应为明定章程，勒限开垦，免至升科之年，徒有包纳空粮之累。自今以后，无论何处放荒，均自发照之日起，扣足三年，务将所领荒地一律垦齐。倘逾限仍不开垦，定行撤佃另放，所交荒价经费，概不发还。一面饬由地方官查明所辖境内，已放荒地若干、未放荒地若干，以及荒户姓名、承领年月，随时列表报告，以凭依限严催。并于照内另盖一戳注明三年垦齐、不得转卖渔利字样，以杜流弊。如此变通办理，庶几广土众民可收实效。除通饬各属遵照外，合行撰就告示分别刊发。为此札仰该府即便遵照札饬事理，切实举办，并将颁发告示逐处张贴晓喻领荒各户，一体周知，毋得视为具文，仍前延缓，切切，此札。计发告示一张。等因，奉此。今将颁到告示札发。札到，该局即便遵照颁发告示照缮多张，遍处张贴，并照表调查确数呈报来辕，以凭转报，毋稍延缓，切速。计札发告示一张，表示一纸。等因，奉此。除分行外，合亟照誊告示表式札发，札到，该局即便遵照，分发各区遍处张贴，并照发去之表式调查确数，填齐呈复，以凭转报。毋稍迟延，切速。特札。

吉林府致镇乡局转饬各区务须妥为接洽保护调查垦荒委员的照会

民国元年十一月十六日

为照会事。

民国元年十一月初八日奉都督札开，劝业道案呈，中华民国元年十月二十七日准广东大都督胡　咨开：案照广东总绥靖处咨称，我国边幅辽阔，拱卫京畿扼塞险要莫如东三省，白山竦秀，渤海潆洄，山林之饶、鱼盐之利，甲于天下。惜民户寥落，守卫空虚，往往数千里一碧荒旷，肥沃之土弃而成荒，瑰奇之珍积而莫采；而东南各省则人烟稠密，光复以来闲散兵民益形充斥，不谋安插，隐患堪虞。外迫强邻，内忧人满，拓殖之谋乌容已乎。但兹事体大，经营颇难，筹措之法，莫若由各省分投移无业之民，实东边之土，既可调剂盈虚，即以消弭侵略。我粤宜首先从事为各省倡，拟由本处派员加札即日前往东三省调查林矿垦牧各事。择定地段，详拟办法，准于明春募集闲散兵民率往开办。基础既立，每年陆续添遣，源源接济，粤省倡于前，各省和于后，万众一心，知拓殖即以保边，保边即以卫国，东省之患庶其有瘳，民国之基万年不拔。为此，咨请都督希为查照核准，并咨奉天、吉林、黑龙江都督希为接洽保护，并准该委员择定现未有人经营之林矿垦牧场所，随时呈请核给执照，竖立界址，定为广东拓殖地段，任便兴业，暂毋缴价升科。示谕居民毋得借端挠阻，以广招徕，而重边务，等由。敝都督准此，相应咨请贵都督查照办理，如该委员到省调查时，希为接洽保护，实纫公谊。此咨。等因，准此。除分行外，合亟札饬，札到该府即便遵照，一俟该员到境调查时，务须妥为接洽保护。切切，此札。等因，奉此。相应照会贵局请烦查照转饬各区，一俟该员到境调查时，务须妥为接洽，派警保护。须至照会者。

吉林实业厅饬吉林县查报县境有无未垦土地情形的训令

民国十二年五月十八日

令吉林县知事。

案准国立东南大学函开：径启者，近年以来，全国农产之额日减，失业之民日众，有识之士莫不引为深忧。而欲解决此困难问题，咸认定非移民屯垦不可。诚以吾国幅员广阔，沿边各处尚多未尽开垦之地，欲为国家开富源、人民谋福利，自以发展农业，从事垦牧为切要之图。敝科有鉴于此，拟先从调查边省荒地着手研究，再定适当之处置。贵省土质肥沃，物产亦饶，荒区已垦之地成绩如何，大规模之垦牧公司境内共有若干，未垦之地面积尚有多少，恳即分别调查，详为示复，俾资依据，而定方针，实纫公谊。等因，准此。查吉省各属虽外来农民近年日见其增，委皆无知愚氓，仅图目前利益，对于垦牧实不能作深远之计画，以致农工不修，田园荒芜，所在皆是，言之殊为可惜。兹准前因，除分行外，合亟令仰该县即便查照，究竟境内已垦荒地成绩如何，有无设立垦牧公司，及未垦之地面积尚有若干，迅即饬属查明，列表呈报，以凭汇转。切切，此令。

吉林县公署为复本县并无未垦之地请鉴核的呈文

民国十二年五月十九日

为呈复事。

案奉钧厅第一百九十号训令，准国立东南大学函，拟移民屯垦请调查边省荒地等因，饬即查照境内已垦荒地成绩如何，有无设立垦牧公司，及未垦之地面积尚有若干，迅即饬属查明，列表呈报，以凭汇转。等因，奉此。查本县向未设有垦牧公司，亦无未垦之地，无凭表报，奉令理合具文呈复钧厅鉴核施行。谨呈

吉林实业厅厅长马

吉林全省清理田赋局为查明所属界内有无大段官荒的训令

民国十六年七月十六日

令吉林县知事。

案奉省长公署第一千七百十九号训令内开：案查本省各属已放荒地，类多重复包套，以致讼争之案层出不穷。揆厥原因，皆由各县知事对于属境荒地向得随意出放，并无事先呈准之限制。而放荒时附加经费一项，各知事复视为一种应得之收入，故每经一任，辄即增放荒地若干垧，又大都安坐署中随便填照，并不派员到界实地勘查，只图收益于目前，罔恤贻患于日后。无怪历年以来，放出之荒数日后，即界务之纠纷亦愈滋现。查本省官荒除已经人民报领及留备抵补有照无地各户外，所余尚有若干，迄未详晰，各县随放随报，恐飞段盖被等弊在所难免，清理尤非易易。兹特严加规定，嗣后各县凡人民呈报荒地，无论大段及零星夹荒，应先由县派员到段切实履勘，如果毫无纠葛，应再绘具图说呈由该局审核明确，转报本署许可后，方准放给，以杜纠葛，而昭慎重。倘有未经请准擅自出放或虽经呈准内有隐饰不实者，一经发觉，定将该经办县知事从严惩处。再，各县境内尚有未放大段官荒若干垧、零星夹荒若干垧坐落何处、土质若何，并应由县详细查明，绘图贴说，限文到三个月内，呈局核转，俾凭查考。仍将奉令日期先行分报备查。合亟令仰该局通饬各县，分别遵办。此令。等因，奉此。除分行外，合亟令仰该县，即便遵照办理，勿稍违延。切切，此令。

吉林县知事高汝清为调查境内并无未放大段官荒及零荒复田赋局的呈文

民国十六年十一月

呈为遵令调查境内并无未放大段官荒及零星夹荒，仰乞鉴核事。

案奉钧局第二百十四号训令内开：案奉省长公署第一千七百十九号令，为本省各属已放荒地，类多重复包套，以致讼争之案层出不穷。由局令县饬即查明境内尚有未放大段官荒及零星夹荒各若干垧，遵照办理。等因，奉此。遵即分令各区警察分所长切实调查。去后，兹据各该区先后查复呈称：所管界内并无大段官荒，即有零星小段，不过毗连夹余，往往经人报领，无从勘测，各等情前来。查职县开垦有年，各区并无未放大段官荒，系属实情。理合具文呈复，鉴核施行。谨呈

吉林全省清理田赋局

吉林省田赋局为奉令丈量地亩改用市尺即便遵照的训令

民国二十年七月三日

令永吉县。

案查前准民政厅第九号咨以奉令关于土地丈量应适用新颁市尺，即希查照等因。准此，当以从前丈过地亩街基如有发生纠葛，仍以旧制营造尺量解决；如遇新放荒地或街基，一律适用新颁市尺，以符法令，转请核示在案。兹奉吉林省政府第四零九七号指令内开：呈悉。查此案业于本年四月二十九日提交省政府委员会第一百七十四次开会议决，照案通过。将来清丈时一律使用新颁市尺等因，仰即由局通饬各县一体遵照，并咨会民政、财政、教育、农矿、建设各厅查照。此令。等因，奉此。查新颁市尺式样已于民国十九年九月十三日经第四百八十四号吉林省政府公报详细载明，不再抄录，除分别咨令外，合亟抄同本局原呈，令仰该县即便遵照办理，并布告周知。此令。

（二）水田调查

吉林县公署为提倡乡民布种水稻的布告

民国六年五月十七日

为布告事。

案奉吉长道道尹公署，第八零八号训令内开，案奉吉林省长公署训令内开：案查前准农商部咨开，以延吉道管归化垦民郑安立等条陈水地种稻说明书到部，当以该垦民等所陈意见，本诸经验，知稻作宜于东省，允宜推广，以博厚利，咨请查照转令所属地方官妥行劝导，力为提倡，等因，业经通令在案。现值

耕作将兴，正宜及时布种，以兴地利。除分令外，合亟令仰该道尹即便转行所属各县遵照前令，迅速出示，切实劝导，以资提倡，而兴农业。仍将办理情形随时报夺。切切，此令。等因，奉此。除分行外，合亟令仰该知事即便遵照迅速出示劝导，以资提倡，而兴农业，仍将办理情形随时具报，以凭核转。切切，此令。等因，奉此。合亟通告周知，为此示仰阖属农民一体遵照，须知布种水稻有益于民务，须竭力提倡，以兴农业，而厚地利，其各遵照毋违。切切，特示。

吉林县农会为请垦植水稻的呈文

民国十年十月三十一日

为呈报事。

窃据本会调查员周文翰、曹焕等报称：窃调查员等遵于本年三月初间分赴各乡调查，惟去岁落雪无多，今年春风尤大，故耕种之时，田土颇觉干燥。种后落雨虽未十分充足，尚无酷旱之区。入夏天雨时降，各地田苗之茂盛迥与前异。秋后天气和暖，仍无霜寒之患。迨至收获之时，农民颇具喜色。今岁虽未属大丰，比较全境平均约有七分年景。至各区田产物总以元豆、红粮（即高粮）、谷子三种居多，其余大小麦、包米、粳子、稗子、糜子、小豆、绿豆等杂粮与烟、麻诸种物品因地施种，各处不同。其第一区谷子占全区三分之一，次为元豆、红粮，其余产物为数无多；第二区元豆、红粮占全区三分之二，次为小麦；第三区元豆、红粮居多，次为稗子、水稻；第四区元豆、红粮几占全区四分之三；第五区南部虽多产粳子、水稻，仍以元豆、红粮占全区之大半；至第六、七、八、九、十各区虽有烟、麻、水稻之产，总以元豆、谷子、苞米为大宗。但三、五、七各区所产水稻，始于民国七、八年间，由鲜人渐次施种，而各农户于水泡洼地仍行抛弃。如能实地劝导，俾一般农民借资学习，当必逐渐推广，而野无弃田矣。理合具文报告，转报施行。等情，前来。查种植水田之法，我省鲜有利用者。自鲜人来此施种，人民咸知需工甚少，收获良多，颇呈乐于种植之象。惟各乡农会多未成立，未能随时指示，是以会长等筹划至再，拟于明春派调查员按区劝导，务使农民咸知其利。凡有水泡洼地悉数垦植水稻，则全县既无旷土，而收获定必增加。事关农事，自宜提倡。理合具文呈报钧宪鉴核，转报施行。谨呈

吉林县公署

吉林县农会 会　长　谢广霖
副会长　刘广厚

县知事批：

据呈于各区水泡洼地悉数恳植水稻，俾免旷土，而利收获，等情已悉。查所拟办法，尚属切要之图。惟值此创办伊始，风气难开，应即切实分报劝导，勿得徒托空谈，俟劝办有效，应即列表具报来县，以凭核转。此令。

十一月一日

吉林县公署为奉田赋局令为查明界内共有水田若干绘图具复的训令

民国十二年一月二十八日

令各区警察分所长：

案奉清理田赋局第十四号训令内开：照得民为邦本，食为民天，民食之源，首重农业，而水田尤为切要。其需资无多，而收利较厚，事半功倍，莫善于此。关内诸省近水之田无不引种田稻，利益繁兴，询为裕国、富民之良策也。东省土地肥美，农业甲于中邦，独于水田一事素乏讲求，以致沿江、沿河、沿湖之地，水塘淤沼天然美利任听抛弃，诚为可惜。查奉天省兴办稻田已著成效，近来吉林间有仿行，收益亦甚可观。然半多招致韩侨，未免舍主就客，自甘放弃。夷考沿江上下其以宜稻之田，视为无用之地者，几乎指不胜屈，徒以倡办无人，遂致利弃于地。兹拟就办理清丈清赋之便，于沿江、沿河、沿湖各县拣其大段洼田宜种水稻之区，无论已放、未放，分别肥瘠一律划出，或由官办，或饬商民自办，一面雇用韩侨相助为理。至于缴价升科，不妨量为宽展，俾知兴办水稻系为提倡农业起见，期于实边、裕课，两有裨益。惟最初之计划，首在调查，而调查之法，不得虚应故事，务须详细确凿，以利实行。似此简而易举，利而无弊之事，诚得贤有司为国为民实心办理，定收良好之效果。除分令并呈明外，合亟令仰该县即便遵照，迅将该管境内共有水田若干，切实查勘，绘具草图，注明坐落、垧数，限于文到两个月内，详细具报，以便另拟办法，再行饬遵。该知事须知此为应办要政，慎勿视为具文，违误干咎。切切，此令。等因，奉此。除分行外，合行令仰该分所长即便遵照，将所属区界内共有水田若干，切实查勘绘图，注明坐落、垧数，限于文到一月内，呈报来县，以凭核转，勿延。此令。

吉林县公署为将本县各区水田地亩绘图呈复的呈文

民国十二年五月三日

为呈复事。

案查前奉钧局第十四号训令，饬将本县管境内共有水田若干，切实查勘，绘具草图，注明坐落、垧数，详细具报，以凭另拟办法，再行饬遵。等因，奉此。

当经分令各区警察分所长查报去后，兹据先后呈复前来，计二、三、六、八等四区，共有水田一百九十九垧五亩，其余各区并无此项地亩，理合照绘草图，具文呈复钧局鉴核施行。谨呈

吉林全省清理田赋局

吉林省田赋局为饬调查水田数目的训令

民国十二年十二月十三日

为通令事。

案查本局前拟拣放水田先饬全省各县调查确数一案，呈奉省长核准，分饬遵照在案。现据各县陆续查报到局，除滨江、五常、长岭三县报称并无水田，榆树、同宾、和龙、桦甸、虎林、桦川等六县尚未据报外，计有已垦水田一万零八百五十二垧，未垦水田五万二千一百九十三垧八亩，当经由局拟具提倡及出放办法呈请核示在案。兹奉省长公署第八千四百一十号指令内开：呈悉。应准按照此次所订办法办理，仰即通令各县一体遵照，并录案分咨四道尹查照。此令。等因，奉此。除分行外，合亟照抄本局原呈，令仰该知事即便遵照办理。此令。

计抄本局原呈一纸

呈为各县局查复水田数目，谨先拟议办法，缮表报请鉴核示遵事。

案查职局前拟拣放水田先饬全省各县调查确数一案，呈奉钧署分令各道尹督饬所属遵照办理等因。当即由局通令吉林等三十九县暨乌珠、苇沙两设治局，详查宜种水稻地亩垧数，分别已袭。十五日凌晨，突执游击李永芳，城遂陷。因以汉字传檄清河，胁并北关。巡抚都御史李维翰趣总兵张承胤移师应援。二十一日，努尔哈赤暂退，诱我师前，以万骑回绕夹攻，承胤及副总兵颇廷相、游击梁如贵死之，全军覆没。而宰、煖各营方集辽河西岸，虎墩传调恫吓，炒花亦屯镇静边外，虏东西飙动。会正阳门外河水三里余赤如渍血，京师震恐。上特起废将李如柏总辽镇兵，及征废将杜松屯山海关，刘綎、柴国柱等赴京调度。时杨镐以辽旧抚推兵部侍郎，命以新衔往经略。诏总督蓟辽侍郎汪可受先出关，顺天抚臣移镇山海，保定抚臣移镇易州，以便控御，皆创例也。辽报不至凡三昼夜，开原以西虏窥沈、懿，请救。廷议恳发帑金，凑饷百万，大兴问罪之师。上谕内帑无措，止括十万金佐军兴。顷之，谍称努尔哈赤退舍三十里，虏二万余入沈阳。诏斩奴酋首予千金、世职。总督汪可受疏称夷虏更番疲我，征调未集，请练土著，人自为守。辽产诸生暂停试，各倡义旅，有功得破格赐科名。并亟通登莱海运济饷。寻以虏儆，蓟、保抚臣罢移镇，本兵引征倭征播例调兵十万，度需饷三百万，而帑金竟不时发。

闰四月，努尔哈赤归汉人张儒绅等赍夷文请和，自称建州国汗，备述恼恨七宗，大略以护北关，嫁老女，及三岔、柴河退垦为辞。盖张儒绅等系东厂差役，奴酋借以闻帝座，谋最秘。会广宁民妇生一猴，二角四齿；开原殷家庄堡桅杆起火。御史李征仪谓辽必以剿之规模为守，以守之余力为剿，乃为完算，请逮治辽抚臣李维翰。五月十九日，努尔哈赤统众克抚安、三岔、白家冲三堡。经略杨镐兼程受事，以二十一日抵山海关，得克堡报，疏请就近征调。上罢维翰，令镐兼摄巡抚，增设标营游击。本兵请发饷二十万解赴各镇，催调宣、大、山西三镇，以四万金征兵万人，延、宁、甘、固四镇以八万金征兵六千。上可其奏。谕总兵杜松、刘綎等星夜出关并摘调蓟镇台兵，给周金六万两市战马以候命。御史陈王庭代杨一桂按辽，巡抚李维翰失城丧师，得革职为民。侦者颇云，奴酋八子每登山密谋，兵至如风雨，建州马御萧伯芝申以文告。五月，随统标兵赴辽阳巡阅，示虚声。努尔哈赤遂遵谕退地定界。始猛骨孛罗遣南关边外四堡：曰三岔、曰抚安、曰柴河、曰靖安。及努尔哈赤争垦，执三岔、抚安为旧种，止结退柴河、靖安，予秋获。至是参议薛国用备查南关界土。王台存日，自威远至三岔堡，后猛酋时三岔入于奴，以抚安堡为界。及猛酋故，并归建州，奴结已属含糊。且察两关地素饶沃，而建州高下不等，苦涝旱薄收，顷生齿日繁，计必垦南关自给。揭称我制奴正在此，奴虽强而粮不继，势不得不取给清抚之籴。我以清抚致奴之命，而开原亦可安枕。今日疆界请无枝梧结局，因与铁岭游击梁如贵等查勘，将前四堡及白家冲、松子二堡，共立碑六。白家、松子二堡临边，向系高山未垦故也。都御史执白家冲非原题，并抚安非奉旨驱逐地，且私立无以报夷，行暂撤。国用抗议，抚安要害，咫尺铁岭，断不宜失。会御史翟凤翀巡清河，语夷使照界镌碑，姑给柴河秋获，遂将六堡俱退，大书番字碑阴，自明年永不敢越种。七月，部夷盗叆阳马，努尔哈赤即戮碑下示恭谨。是岁贡夷减至十六人，盖奴酋多欲好名类此。都御史疏报退地，请将抚顺备御改游击，与清河游击分统兵各千人。奴酋一攻北关，即会辽阳出捣。镇北堡距北关六十里，以清河备御移驻，原委废将罗拱极撤回，以马时楠专住本堡，练习火器。御史翟凤翀亦疏称："奴所最贪清、抚之市，而所最畏清、抚两处之捣巢。"部复从其议。

四十三年，白羊骨竟许婚媛兔，遣谕不听。都御史郭光谓复曲在北关，我不能禁北关之嫁，又安能禁奴酋之攻。北关自恃力可抗衡，而又系煖援免，吾且听三酋穴中一斗，按甲以收刺虎之功。因令中协李继功以一军屯清抚，东协杨德泽援辽，麻承恩以一军屯镇北，总兵王棫以大营驻沈阳调度。努尔哈赤亦讫无变动。四十四年六月，清河私出松山采木，为奴部杀掠。御史王雅量参游击冯有功，戴罪以需后效。

四十六年四月，努尔哈赤佯令部夷赴抚顺市，潜以劲兵踵放、未放，绘图报核，并电催速复各在案。兹据吉林等三十三县暨乌珠、苇沙两设治局均已查明呈复到局，除滨江、五常、长岭三县报称并无水田，及榆树、同宾、和龙、桦甸、虎林、桦川六县尚未具报催令速复外，计所报已垦水田一万零八百五十二垧，未垦水田五万二千一百九十三垧八亩，共计六万三千零四十五垧八亩。职局详核各县呈报情形，非饬警区调查即托农会勘报，值此地面不靖之时，又兼职局文电交催期限迫促，各县之调查仓猝就事，其遗漏而不详尽，诚意中事。夫以吉省幅陨〔帧〕之广，万流交错，全境宜辟之水田断不止六万余垧。即滨江、五常、长岭三县其临江之区，谅亦不无水田可辟。惟事属初举，将来各县举行以后，尚可通令赓续确查，以期地无遗利。兹既查有约数，职等核议办法，拟将民有水田已垦种者，俾令力事扩充，以图发展；其未垦者，催令速垦，毋使利弃于地；至官荒内之水田，应援照奉准宝清县出放洼甸成案，不论等级减价出放，每垧出价大洋八角，仍随价加收经费二成五，以示体恤。以上办法如奉核准，即由局通令各县遵照布告民间，限于明年阳历五月底，某县放出水田若干、新垦垧数若干、造册具报。届时察看情形，如果水田可以振兴，或由局兼办或另设专局，借资提倡，再行呈请校办。所拟是否有当，理合缮具一览表具文呈请鉴核，指令施行。谨呈

吉林省长

计呈送水田一览表一份

中华民国十二年九月二十日

吉林县公署为拟提倡水田种稻简章的呈文

民国十五年八月二十六日

呈为提倡水田种稻，以维利权，拟具简章，仰祈鉴核事。

案据实业局长沈玉和呈称：窃查吉邑土地肥沃，农产丰富，为全省冠。惟农民之智识闭塞，地利未能尽兴，如平原高壤固已弥漫桑麻，洎乎沟塘洼甸往往视同不毛，弃之如遗。近年以来韩民踵至，多以租种水田为唯一生活，获利倍蓰，争趋若鹜。第秦越之隔阂未泯，遂东佃之纠葛丛生，懦弱华民每虑韩人桀骜，宁甘废弃，实繁有徒坐视是大好水田悉就抛置，利权旁落，良为可惜。推究原因，一则华民弗谙垦殖之法；一则官家放弃经营之责。局长管见所及，自宜力图挽救，爰拟派员分赴各区实地勘查，举凡濒近江河沟渠之水田可以种稻者，无论官有、民有，一律由局注册，招佃承租，发给执照，并拟具简章十六条，用资遵守。似此办理，既杜华、韩雀鼠之争，兼收劝导

诱掖之效，期于野无旷土，民皆厚生，实业前途，利赖匪浅。理合检同简章，具文呈请鉴核转呈。等情，据此。查该局长所请原为劝遵农民垦种水田，兼杜华、韩租地纠葛起见，是否可行，除指令候转外，理合检同简章，具文呈请钧厅鉴核，指令施行。谨呈

吉林实业厅厅长马

吉林实业厅为吉林县呈拟提倡水田种稻简章的指令

民国十五年九月十四日

令吉林县

呈暨简章均悉。查该县实业局局长沈玉和所拟垦种水田办法，洵为开辟利源之捷径，深堪嘉许。惟此事重在劝导，未便稍涉苛扰，只能为民生利，不可与民争利。至于韩人承种水田，应予相当之限制。兹将简章代为修正，仰即转饬该局另缮三份，呈候核办，简章发还。此令。

吉林县实业局修改倡办水田种稻简章

民国十五年九月二十六日

第一条　本局以吉林县境堪种水田之荒地为垦殖地。

第二条　本局调查县境堪种水田之荒地，分别绘具图说，随时公布。

第三条　本局调查完竣，认为堪种水田之荒地，验明原业主执照，限期一年开垦成熟，逾期得由本局协商公平代种水稻办法，订立契约。如无管业执照者，认为官荒，由局报领作为公产。

第四条　订立前条契约时，随收工料费现大洋一元，印花税现大洋四角。

第五条　韩人承种水田，须先取得中华民国国籍，方准注册。

第六条　韩人承种水田，只准租种，不得价领，以维主权。

第七条　凡有已种水田之韩人，开明地址，应向本局补请注册，随交注册费现大洋一元，以资办公，而备查考。以后承种水田之韩人，照此办理。

第八条　韩人承种水田呈请注册，经本局核准后，应将资本金交存商号，开具凭单，由局派员验明，呈由县公署转报实业厅备案。

第九条　韩人承种水田呈验资本后，应与原业主订立承租券，各执一纸，取具殷实商保，报由本局备案。

第十条　韩人承种水田所执之租券，应载明年纳租粮及租金数目，如有拖欠，得由原业主呈请本局责令商保偿还。

第十一条　本局负调查及劝导之责，随时派劝导员分赴各乡执行职务。

第十二条　凡水田附近地亩，如与水田发生障碍时，得由本局酌定持平办法，呈由县公署转请实业厅核示办理。

第十三条　本简章以提倡水田为宗旨，如有违背章程肆意破坏者，随时呈请地方官究办。

第十四条　本简章自奉核准之日施行，如有未尽事宜，得由本局呈请修正之。

吉林省政府建设厅管理稻田水利暂行章程

民国十八年七月二十二日

第一章　总则

第一条　本章程为管理全省稻田水利而设，以建设厅为主管机关。

第二条　各县稻田水利事宜在各县建设局未成立以前，由建设厅督饬各县县长暂行管理之。

第三条　建设厅得择相当地点附设稻田试验场试验种稻方法，各县得选送练习员入场练习，其组织规则另定之。

第二章　调查

第四条　各县稻田应就左列事项考察其状况，以为管理设施等事之根据。

一、各县已垦稻田若干；

二、各县未垦稻田若干；

三、各县稻田系由某江河引水；

四、已种稻田成绩之优劣及其原因；

五、已种稻田有无妨害其他各种农田。

第五条　各县已垦稻田应就左列事项实地考察，予以整理或改良之。

一、江河水流之引用方法；

二、沟渠之修筑情形；

三、桥闸之设备情形；

四、稻田之耕种方法；

五、兴害之预防方法；

六、雇用种稻人之当否。

第六条　各县未垦之稻田应就左列事项实地考察，详加计划，以资扩充。

一、沟渠之如何修建；

二、桥闸之如何设备；

三、垦辟之如何设计。

第七条　前列三条之事项，除由视察员、技正、技士等普遍考查或责令各县调查外，嗣后并须随地随时考察之。

第三章　管理

第八条　凡垦种稻田者，以本国人为限。如系大规模之经营，得雇用外国人任技术事务，惟须报由该管县政府转报建设厅查核备案。

第九条　稻户用水，须于春季赴该管县政府报明段落，由县注册，以免纷扰。

第十条　稻户应于用水期前，自将沟渠整理妥协，以备引水。惟临道之稻田，不得借用道旁之浅水沟引水，以免浸润路身，妨碍交通。

第十一条　引水须因势利导，不得横河筑坝截堵水流，如地势较高，应报明该管县政府审度情形，酌设临时水闸。

第十二条　新垦用户或旱田改种之户必须另挖引水沟渠者，须于用水期三个月前报告该管县政府，验明确无妨碍后方准兴修。

第十三条　稻田沟渠须在自己田地以内，其在稻田以外之引水沟渠必须占用民地者，须报由该管县政府，验明给价收费后方准使用。

第十四条　各地引用小河流或泉水耕种稻田者，以先赴县报明者有优先权；如同时呈报者，以先曾播种者有优先权；如同时播种者，以上流稻户有优先权。

第十五条　关于挖修沟渠桥闸等工程，必须由公家办理者，应由该管县政府呈请建设厅核准兴修。

第十六条　关于稻田耕种方法，由建设厅随时斟酌利弊得失，饬县谕令稻户遵照改良。

第四章　收费

第十七条　稻田一亩暂收水利保护费吉大洋一角，以每年三月至五月为缴纳之期。逾限一月，加罚一成，以加罚至三成后为止，并暂以各县政府为征收机关。

第十八条　征收水利保护费之票据，由建设厅核定式样刊发。

第十九条　各县政府征收之管理费，须于翌月十五日以前连同报册缴查呈解建设厅核收，汇缴省政府。

第五章　经费

第二十条　建设厅管理稻田水利所有调查、工程及购置测量仪器、工程器械等项经费，呈请省政府拨给。

第二十一条　各县管理水利办理费，暂以收入之水利保护费百分之十提充之。

第六章　附则

第二十二条　本章程由建设厅呈请省政府核准后实行之。

第二十三条　本章程未尽事宜，得由建设厅修正，呈请省政府核准施行。

（三）农业调查

吉林府为报本年府属所种大田收成分数的申文

光绪二十九年十二月十四日

为申报事。

案查各属所种大田收成分数，向于十月内查报，历经遵办在案。今届应报之期，当经卑、敝府札饬所属州县，并饬农夫查报去后，兹据本城农夫朱福云呈称："查明府属民间所种大田，雨旸时若，籽粒成实，收获约有七分余。"又据署磐石知县于令凤冈申称："饬据各社乡约韩福等查得县属大田收成，委因土脉干旱，秋霜早降，间有秀而不实，统计仅六分有余，各等情报请汇转前来，卑属府复查无异。"除伊、敦二处业据申后查明径报在案并移知户司汇报外，所有府属与磐石县大田收成分数，理合具文申报宪台查核。为此，备文具申，伏乞照验施行。

申军、道宪

吉林劝业道为奉谕倡导农民种植棉花并发告示的札文

光绪三十四年二月十三日到

札吉林府

为札饬事。

光绪三十四年二月初六日奉督、抚宪札开：光绪三十四年正月十九日承准军机大臣字寄，光绪三十四年正月十一日奉上谕，近年来纱布进口日益增多，实为漏卮之第一大宗。民间纺织渐至失业，固由工作之未精，尤因种植之不善。利源外溢，何所底止。查美洲等处棉花，种类精良，茎叶高大，花实肥硕，所出之绒细韧而长，织成之布滑泽柔软，胜于内地所产数倍。皆由外国农业家于辨别种类、审度土性燥湿，考验精详，故能地产日精，商利日厚。中国棉花质性较逊于外国，种植又不讲求，南北各省间有数处所产较胜，而培植仍多卤莽，是必须博求外国嘉种，采取培养良法，料美工精，自能广行各省，保全利权。着农工商部详细考查各国棉花种类、种植成法，分别采择，编集图说，并优定奖励种植章程，颁行各省，由该省督抚等督率，认真提倡，设法改良。其果能改良之棉花、纱布经过各关卡，应如何优加体恤，并着税务处妥筹办理，以资畅销。该部未经颁章以前，覞各省督抚先行体察该省情形，劝谕商民实力筹办。或选择官地试种，或集股设立公司，多方鼓舞。所属地方官及绅商如有切实创办早著成效，应令将所产棉花送部查验，准其奏请优奖。

此乃兴利急务，勿得视为具文，致负朝廷振兴农户、惠利民生之至意。钦此。遵旨寄信前来，承准此。查吉林土地向不产棉，商民所运用者多系来自奉天，即通行之西纺花是也。然气候之温寒，异地固难于一致，而物产之种植人力尚可以推行，况吉林官荒遍野，土性沃饶，岂宜于彼者竟不宜于此耶。究竟奉天棉花种类如何，与内地各行省出产比较何处最胜，应如何辨别土性，何法栽植始能确收成效，并如何筹集股本设立公司方得挽回利权，自应饬由该道博考成法，妥速调查。一面晓谕农民讲求培种，注意纺织，俾资利用，而期振兴。除刷印告示随札发贴外，合行札饬，札到该道，即转行所属一体遵照。事关实业，毋稍违延。切切，特札。计札发告示壹仟张。等因，奉此。除派员赴奉调查并分别札发外，合亟札发，札到该府，即将发去告示查收，分别转发所属一体遵照，分处张贴，仍将收到日期、张贴处所具报备查。毋违。特札。

计札发告示二百零八张。

农业五谷杂产类表

种类	名目	出处	出数	价值	销路
谷类	苞米	皆产四乡	按本年约出四万六千石	每石市价十四吊	本地销售
同	黄豆	同上	按本年约出二万一千石	每石市价二十一吊	本地销售三分之一，转运奉天及本省三分之二
同	高粱	同上	按本年约出三万二千石	每石市价十四五吊	本地销售
同	大麦	同上	按中等年约出四千石	每石市价十吊	同上
同	小麦	同上	按中等年约出二万二千石	每石市价二十六七吊	本地销售三分之二，余贩外城
同	荞麦	同上	按本年约出八百五十石	每石市价十二三吊	本地销售
同	谷子	同上	按本年约出三万五千石	每石市价十二吊	同上
同	芯子	同上	按本年约出七百石	每石市价十二吊	同上

同	绿豆	同上	按本年约出五十石	每石市价三十吊	同上
同	稗子	同上	按本年约出一千八百石	每石市价六吊	同上
同	苏子	同上	按本年约出二百石	每石市价三十吊	同上
同	小豆	同上	按本年约出七十石	每石市价二十五六吊	同上
杂产类					
同上	黄烟	四乡山地最多	按本年约出一百二十万斤	每百斤均价十二三吊	本地销售四五十万，余皆贩运吉奉销售
同上	线麻	同上	按本年约出十三四万斤	每百斤均价二十吊	本地销售四分之一，余皆贩运吉奉销售四分之三
同上	苘麻	四乡皆产	按本年约出二万五千斤	每百斤均价七吊	本地销售
同上	蓝靛	智敏、崇信、温恭三社均有产种	按本年约出十五万斤	每百斤均价十八吊	本地销售三分之一，余皆贩运吉奉销售三分之二
同上	罂粟	城乡皆种	往年种者最多，近因严行禁止故民间种者渐少。现在所出之数约四万五千两	每两市价一吊六七百文	本地销售二万两，余皆外贩

森林类表

物品	出产地名	每年出数	价值	销路	用处
杨木	杨木冈现已伐尽，其余四乡皆有	约四五百株	每株价值四五吊	本地销售	与柳树同
柳木	河套村边	不成大材不计数	无定数	同上	其条可做笊篱
松	南山一带	大小一千五百株	每株价值十五六吊	同上	可作房木等器
柞	四乡深山竣岭	约五千二百株	每株价值二三吊	同上	可作木箱、桌子等物
楢	四乡山谷	约八百株	每株价值一吊二三百文	同上	可作柜箱等类
桦	四乡洼甸	约一千二百株	每株价值六七百文	同上	可烧炭
椴	四乡深林	约二千三百株	每株价值三四吊	同上	可作车轮
榆	四乡大山原野	约一千四百株	每株价值八九吊	同上	可作车辕轴等物
槐	崇山大涧皆有	约九百株	每株价值一吊五六百文	同上	可作杂用器物

动物兽类表

名目	出处	出数	价值	销路	饲养法
犬	家产	五万余条	无市	无	食谷类
羊	同上	二万余只	每只均价七八吊	本地销用	食羊草兼
猪	同上	十七八万口	每百斤市价二十吊	本地销用三分之二，余皆贩运外城三分之一	食谷类
牛	同上	一百余只	每只均价八十吊	被俄兵掠食所剩无几，当地使用	食谷草、豆饼
马	同上	一万五千匹	每匹约均价五六十吊	当地使用	食草、高粱
驴	同上	二百七十头	每头均价十二三吊	同上	同上
兔	野产	不计数	无定数	本城、外城各处	野食
狍	同上	同上	同上	同上	同上
鹿、獾、狢、狐狸、黄鼠狼、山狸、狼	同上	同上	同上	同上	同上

动物鸟类表

名目	出处	出数	饲养法
山鸡	野产	不计数	野食
喜鹊	同上	同上	同上
乌鸦	同上	同上	同上
布谷	同上	同上	同上
捕鸽	家野均产	同上	同上
鹧鸪	野产	同上	同上
沙鸡	同上	同上	同上
家雀	同上	同上	同上
麻雀	同上	同上	同上
苏雀	同上	同上	同上
鶝鶔	同上	同上	同上
百灵	同上	同上	夏食蚱蜢，冬食绿豆粉
鹌鹑	同上	同上	食草子
鹅	家产	同上	食杂粮及谷
水鹳	野产	同上	野食
鹞	同上	同上	同上
鸱鸮	山产	同上	同上
雀鹰	同上	同上	食猪肉及野雀
鸡	家产	同上	食谷类
鸭	同上	同上	同上

植物果蔬类表

物名	产地	出数	价值	种植方法
萝卜	城乡皆产	约七百万个	每百个市价一吊	凡菜园中土种之法，先下种子，长至二三寸，再行分栽，时时以水润之即生
白菜	同上	约一千三百万斤	每百斤价二吊二百文	同上
香菜	同上	约一千七百斤	每百斤价三吊	同上
菠菜	同上	约二十万斤	每百斤价四吊	同上
疙瘩白菜	同上	约三万七千个	每百个价十吊	同上
芸豆	同上	约一百五十万斤	每百斤价三吊	同上
茄子	同上	约三千八百万个	每百个价四百文	同上
韭菜	同上	约六千三百万斤	每百斤价三吊	同上
大葱	同前	约一百六十万斤	每百斤价六吊	同上
王瓜	同前	约四千九百万条	每百条价二吊	长秧至四五寸，用秫秸搭架其藤，即可攀上使结瓜后，瓜即垂下。易于滋长
倭瓜	同上	约三百五十万个	每百个价三吊	其种同前，爬秧不用搭架亦可
番瓜	同上	约三千八百个	每百个价三吊	同上
角瓜	同上	约一千五百个	每百个价二吊	同上
甜瓜	同上	约一千六百万个	同上	同上
西瓜	同上	约一千二百万个	每百个价二十吊	同上

（续上表）

芹菜	同上	约三千二百万斤	每百斤价三吊	同上
江豆	同上	约九千六百斤	每百斤价五吊	同上
山梨	四乡各山皆有	约八千五百斤	每斤市价一百文	系野产，并无种植者
杏子	仙人洞山	约四百斤	每斤价二百文	同上
樱桃	小锅盔	约三百斤	每斤价二百五十文	同上
李子	同上	约二千斤	每斤价一百文	同上
山梨红	各山河套皆有	约三千斤	每百斤价五吊	同上
山葡萄	四乡各山均有	约一万五千斤	每百斤价二吊	同上
山核桃仁	四乡林中均有	约五百斤	每百斤价三十吊	同上
榛仁	同上	约一百五十斤	每百斤价五十吊	同上
托盘	四乡岗地始有	约五百斤	每百斤价二吊	同上
红姑娘	四乡熟地园子边才有	不计数	无市	同上
蘑菇	山中倒木	本境不多见	每百斤价五十吊	同上
木耳	同上	不计数	每斤市价一吊	同上
榆蘑	老榆树下罕见	同上	每斤市价三吊	同上
乌喇草	四乡甸子均有	约十二万五千斤	每百斤价四吊	同上
油包草	同上	约三万五千斤	每百斤价三吊	同上

矿产类表

矿质	产地	距城里数	每年出多寡	矿场周围里数	开采年月
铜	石嘴	距城二十五里	现无定数	尚未勘明	未开
铅	错草沟子	五十里	同上	同上	未开
铁	磬岭	七十里	同上	同上	同上
铁	矿洞子	六十里	同上	同上	同上
石灰	牛心顶子	三十里	约五六十万斤	周围三四里	光绪二十一年开

山产药材类表

物品	产地	每年出多寡	价值
人参	深山大林中	无定数	无定数
黄芪	深山	约一千二百斤	每斤价二吊一二百文
五味子	涧谷原隰	约六百斤	每斤价五百文
细辛	山野等处	约三千七八百斤	每斤价一吊
贯众	平甸	约五千六七百斤	每斤价一百六七十文
荆芥	大山	约一千四百斤	每斤价二百二三十文
防风	平甸	约六百斤	每斤价三百文
平贝	河套等处	约一千八百斤	每斤价一吊二三百文
芍药	大山	约一千五六百斤	每斤价四百文
苍术	深山	约五千六七百斤	每斤价一百五六十文
车前子	道旁	约四百七八十斤	每斤价一百二三十文
黄柏	大山	约一千四五百斤	每斤价一百五六十文
兜铃	荒地	约五百六七十斤	每斤价二百二三十文
丹参	大道	约四百五六十斤	每斤价一百二三十文

（续上表）

地龙	深山	约三千五百斤	每斤价一百一二十文
茵陈	平甸	约四百五六十斤	每斤价三百文
大黄	深山	约六百五六十斤	每斤价四百文
榆皮	山林原野	约二千四五百斤	每斤价五六十文
松塔	南山里	约二千二三百斤	每斤价二百文
松子	同上	约一千五六百斤	每斤价一吊
松节	同上	约一千一二百斤	每斤价三百文
松香	同上	约二百五六十斤	每斤价七百文
麻黄	大山	约四百三四十斤	每斤价六百一二十文
木贼	大山	约六百斤	每斤价一百三四十文
蒿木	同上	约五百四五十斤	每斤价二百文
韭子	家园	约八百五六十斤	每斤价三百文
地榆	隰处	约五百四五十斤	每斤价一百三四十文
卷柏	面铺	约二百斤	每斤价七百文
苍耳子	山野平甸	约七百五六十斤	每斤价一百一二十文

（续上表）

地肤子	家园	约四百斤	每斤价一百二十文
莱菔子	家园	约二千七八百斤	每斤价五百一十文
苦丁香	瓜园	约二百一二十斤	每斤价三十文
益母草	荒芜地内	约五六十斤	每斤价一百五六十文
野艾叶	山野	约八十斤	每斤价三百文
菟丝子	深山	约一百三四十斤	每斤价六百文

土产制造类表

物品	出处	每年出若干	价值	制造法	原料
靛青	城乡均有	约五十万斤	每百斤价十八吊	以水沤下靛汁加以石灰制造而成	靛秧汁、石灰
豆油	同上	约三十一万斤	每百斤价二十四吊	用碾将豆轧成片，上锅蒸，用油包草盛起，上榨捶打汁而成油	黄豆
豆饼	同上	约十四万五千斤	每百片价六十二吊	剩下打油之渣即是豆饼	同上
苏油	同上	约二万二千斤	每百斤价三十吊	同上	苏子
苏饼	同上	约四千一百片	每百片价二十吊	同上	同上
粉条	同上	约十五万五千斤	每百斤价二十二吊	以碾成汁，用漏瓢悬下，再用锅烧开水煮之，遂出即成粉	小绿豆
白面	同上	约九百万斤	每百斤价十吊	以磨将麦研成末，罗下即面	小麦
荞面	同上	约十八万斤	每百斤价六吊	同上	荞麦
烧酒	同上	约三百六十万斤	每百斤价三十六吊	用磨将杂粮研碎，上甑蒸，随气通水即是酒	杂粮曲面
木炭	同上	约一百五十万斤	每百斤一吊五百文	在土窑内先用火焚烧，将窑门堵塞数日即成	杂木
板料	在南荒	约一千三四百个	每个大价二十五 小价七八吊	用松木锯者居多	松木
椽檩梁	东南山	无定数	无定数	用松杨等树制成	松杨
车辕辐轴	报马川等处	同上	同上	用干透柞榆木制成	柞榆
蜂蜜	屯间	约二千七八百斤	每百斤价三十吊	用蜂巢架空，下以水蒸之，其蜜即下	蜜蜂
黄蜡	屯间	约四五百斤	每斤价三百文	蒸蜜时浮在蜜上者取出即是	同上

鳞介类表

名目	出处	出数	价值	饲养法
吉鱼	池塘水泡	约一千五百斤	每斤价二百文	磐属系野出并无业鱼之家
鲤鱼	辉法当石河	约一千二三百斤	每斤三百文	同上
沙鱼	同上	约六百余斤	每斤二百三四十文	同上
虫鱼	辉法河	约四五百斤	每斤一百六七十文	同上
边花鱼	同上	约三百余斤	每斤五百文	同上
鲇鱼	辉法当石河	约五百余斤	每斤一百四五十文	同上
勾鱼	辉法河	无定数	每斤一百文	同上
黄古鱼	辉法河富太河当石河	约三四千斤	每斤一百五六十文	同上
鳖	辉法河及大泡	无定数	每斤二百文	同上
蛤蟆	池塘水泡均有	约七八百斤	每斤一百四五十文	同上

吉林县镇乡警察事务所为送奉令采取之泥土以资化验的呈文

民国三年一月十七日

为呈送事。

案奉县署吉字第一百七十一号令开，民国二年四月二十七日奉行政公署训令业字第八十九号内开，案照民国二年四月七号准江苏行政公署函开，径启者，实业司案呈：据留学美国伊里诺大学农科学生杨永言呈称，窃维我国以农立国，史册昭然。惟一般老农墨守成规，以故数千年来毫无进步。永言有鉴于此，肄习农科，迄今五载，冀有一得贡献祖国。区区之愚，恐愿研究我国土质为将来致身此科之预备。现值毕业期近，亟待搜集各省泥土，借供今秋分析之需。惟此身远寄重洋，罗致殊非易易，为此开明需采省分并采取方法，呈请饬府察核，迅饬实业司设法搜集，汇寄美洲，俾得分别化验，于祖国农业前途裨益始非浅鲜。所有请求搜集泥土俾资化验缘由，理合具文，呈仰祈俯准施行。并附呈称：此项泥土须在普通农田采取，每省须有五六种，始足研究全省土壤之性质，暨采取泥土方法前来。除批示并令各县知事外，相应函请贵民政长转饬所属，按照该生所开取泥方法，每种采取一撮，送由敝处转寄，切切。令附采取泥土方法。等因，奉此。为此令仰该所即便转令各区，查照取泥方法，每种采取一撮，送县以凭转报，此令。计抄单一纸。等因，奉此。遵即分令各区去讫，旋据各区陆续呈送前来。据此，理合拣同各区遵法所取泥土，具文呈送宪台鉴核施行。谨呈

吉林县行政公署

计呈送泥土十包

附　杨永言所拟之取泥法

在普通农田中地面五寸上取一包之泥，每距离约百尺取一撮土，合成七八两已足应用。若能在地面六寸以下，亦如此法取到地面次层泥更好，但地面泥与地面次层泥不可掺杂。如地面次层泥不便取，但取地面泥亦可。若但取地面次层泥而不取地面泥却无用，或二层同取，须注明某处某层泥。

每处泥须注明在某处采取，若能并告每处每年雨量若干、近三四年所种何物、收成若干（或该处普通何物、普通收成若干）、所用肥料何种、其量若干，足资比较，尤深感谢。

吉林县公署饬各区具报收获粮石若干并运输出口实在数目令

民国三年五月初一日

令镇乡警察事务所

为令行事。

民国三年四月七日奉省行政公署业字第一百八十二号训令内开，实业司呈，准吉林交涉署函称：径启者，准奉天交涉署函称：案准驻奉美总领事来函谓，奉本国政府命令，嘱为调查东三省去岁收获各种粮石及运输出口数目，希即查明见复，俾便报告等语。除转知本省实业司饬属调查外，用特函请查照办理。等因到司。呈请饬属调查前来，除分行外，合亟令行该县知事遵照，速即详查去年该县收获粮石若干，并运输出口实在数目，分别种类，迅速列表呈复，毋得延误。切切，此令。等因，奉此。合亟令仰该事务所即便遵照，从速调查去岁县属收获粮石若干，并运输出口实在数目，分别种类，列表呈复来县，以凭转报，毋稍延误。切切，此令。

附　第一、三、四区报来调查表

表览一输销石粮查调

种类＼数目	收获数目	本地销售数目	出运数目	出运地点
小麦	六百七十石			
大麦	三百六十石			
荞麦	五百石			
玉蜀	四千八百石			
高粱	六千四百石	五千二百石	一千二百石	长春
谷子	一万八千石			
元豆	二万六千石	八千五百石	一万七千五百石	长春
小豆	七百五十石			
绿豆	三百二十石			
备考	惟元豆一项，有运往长春由铁轨转输出口者，其余各种粮石，仅供本地之用。虽高粱有运往长春出售，亦均供长属本地之销用，概不出口。合并登明。			

民国三年阳五月三十号第一区呈表

吉林县第三区克勤镇警察呈报民国二年全区民间所产粮石一览表

类别	收获若干	出口若干
元豆	五万八千九百石	四万一千二百石
高粱	三万九千七百石	
小米	一万八千九百石	
稗子米	一万七千石	
苞米	二万七千石	
小豆	八千一百石	二千四百石
元米	八千三百石	
绿豆	四千三百石	
荞麦	二百五十石	
粳子	二千五百石	
大麦	一千八百石	
小麦	三千四百石	
合计	十九万零二百五十石	四万三千六百石

吉林县尚礼镇警察第四区民国二年收获运出各种粮石调查表

种类	收获数目	运出数目
元豆	五五、〇〇〇石	五〇、〇〇〇石
红粮	三〇、〇〇〇石	
谷子	二八、〇〇〇石	
大麦	一、〇〇〇石	
小麦	三、〇〇〇石	
小豆	三、〇〇〇石	二、〇〇〇石
苞米	一、〇〇〇石	
备考		

吉林县警察所为查填农业年成丰歉表的呈文

民国十五年八月十三日

为呈复查填农业年成丰歉表，仰祈鉴核事。

案奉钧署第四六三四号训令内开：案准南满洲铁道株式会社函开，查今年仍欲分六月、八月、十一月三期调查年成之丰歉，等因到署，合行检同原件，令仰该所即便遵照，查填具报，以凭转达。此令。附抄件。等因，奉此。遵即通令各区详查具报去讫。兹据各区将调查情形列表，先后呈报来所，理合汇填总表，具文呈复鉴核施行。谨呈

吉林县监督高

计附呈查填农业年成丰歉表一纸

吉林县

一、夏至（阳历六月二十二日 阴历五月十三日）目下耕作之状况

种类	著手耕作之面积 本年（十五年）	著手耕作之面积 上年（十四年）	每一垧之收量 本年	每一垧之收量 上年
高粱（红粮）	一〇四、〇〇〇垧	一〇六、〇〇〇垧	三五、〇〇斗	四〇、〇〇斗
粟（谷子）	一一〇、〇〇〇	一〇八、〇〇〇	四〇、〇〇	五〇、〇〇
玉蜀黍（苞米）	六五、〇〇〇	六〇、〇〇〇	二七、〇〇	三〇、〇〇
大豆（豆子）	二三五、〇〇〇	二三六、〇〇〇	三六、〇〇	四〇、〇〇
小豆	七、五〇〇	七、〇〇〇	二四、〇〇	三〇、〇〇
其他豆类	一、五〇〇	二、〇〇〇	二二、〇〇	二八、〇〇
大麦	二五、〇〇〇	三〇、〇〇〇	一五、〇〇	二〇、〇〇
小麦	二、〇〇〇	四、〇〇〇	二五、〇〇	二八、〇〇
稗（稗子）	一八、〇〇〇	一〇、〇〇〇	五〇、〇〇	六〇、〇〇
黍（糜子）	一五、〇〇〇	二〇、〇〇〇	二五、〇〇	三〇、〇〇
水稻	一二、〇〇〇	一五、〇〇〇	五四、〇〇	六〇、〇〇
陆稻	一〇、〇〇〇	一五、〇〇〇	二四、〇〇	三〇、〇〇
其他	一、二〇〇	三、二〇〇	二八、〇〇	三〇、〇〇
合计	六〇六、二〇〇垧	六〇六、二〇〇垧	四〇五、〇〇斗	四七六、〇〇斗
本年年成比例及丰歉之主要理由	本年春旱异常，故比去年歉收			

二、县内家畜数

种类	牛	马	骡	驴	羊	豚	鸡
头数	八五、三〇一头	五八、八五八匹	三七、四八〇匹	一九、〇九〇头	五、一七九头	一三六、一九〇只	二〇〇、二五八只

三、县内总可耕地面积

种类	既耕地	可耕未垦地	计（可耕地）
面积	六〇六、二〇〇	二八、五四〇	六三五、五〇〇

四、县内人口

户数				人口		
农家	商工家	其他	计	男	女	计
六八、二四九	三、〇九六	四、一八〇	七五、五二五	三五三、〇七二	三一六、三一八	六七九、三八九

吉林县公署饬警察所拒绝满铁会社请托调查农产物收获状况的训令

民国十七年十二月十五日

令警察所。

案奉道尹训令第三九四号内开：案奉省长密训令第三四号内开，案据汪清县知事鲁震禀称，昨接南满铁道株式会社庶务部来函，请托调查农产物收获状况，并附寄调查用纸等件。知事查核调查各项虽属无关轻重，惟思满铁会社拓殖势力逐年猛晋，其经济侵略咄咄逼人，大有喧宾夺主之势。吾吉林物产丰富，甲于三省，大利所在，尤足启其戎心。本年春间，该会社曾寄来第一次调查表，调查农产而外并涉及全县之面积、户口之多寡、移民之状况，当以事关内政，未便举以示人，置而未答。今复来第二次之调查，履霜坚冰，由来者渐，此次如详为填寄，日后各项调查纷至沓来，将应接不暇。且恐予取予求，渐成惯例，将俨然视我为政之外府。知事为杜渐防微计，拟消极拒绝，可否密令各县对于此种调查概不置答，伏候钧裁。等情，据此。查日人对于南满状况调查经营不遗余力，其用意所在，已可概见，在我自当加以注意。除指令并分行外,合亟令仰该道尹即便查照转饬所属一体遵办为要。此令。等因，奉此。除分行外，合亟令仰该知事即便遵办为要。此令。等因，奉此。除分行外，合亟令仰该所长即便遵办为要。此令。

吉林县公安局长为奉令具报属境农业租佃情形并附送调查表的呈文

民国十八年九月七日

呈为具报属境农业租佃情形，附送调查表，仰祈鉴核事。

案奉钧府第五四一七号训令内开：案奉农矿厅训令第二四八二号内开，案奉吉林省政府训令内开，案奉行政院第一八四九号训令内开，现奉国民政府训令第四零一号内开，案查前据该院呈，据内政部长赵戴文提出保障佃农，改良租佃暂行办法，经院议，议决送政治会议审议，请核转等情，当经据情转送中央政治会议在案。兹准政治会议咨复内开：案经提出本会议第一百七十四次会议讨论，并经议决，指定赵戴文、杨培基、孔祥熙、蒋梦麟、胡汉民五委员审查，并将有关系之文卷送资参考去后，兹准赵委员等复称：奉饬审查改良租佃暂行办法一案，经即开会审查各省规定之租佃办法既不一致，而租额又转佃、撤佃等项亦各主张不同，佥谓吾国农业状况非独南北悬殊，即在一省亦多参差互异。此案拟将全国各地农业情形、租佃关系先行确实调查，然后依据调查结果再行拟定办法，所有审查情形理合报请鉴核，等语。复经本会议第一百八十二次会议决议，限各省政府于本年十一月底以前调查呈报在案。相应录案并抄附原函咨复，即请政府明令施行。等因。附抄函一件。准此，合亟抄发附件，令仰该院遵照，转饬各省政府一体遵照，切实调查，依限呈报，以凭办理，此令。等因。计抄发附函一件。奉此，除分令外，合行抄发附件令仰省政府即便遵照，切实调查，依限具报，以凭转呈。等因。奉此，合亟抄同原件令仰该厅遵照，切实调查，依限具报，以凭转呈，此令。附抄件。等因。奉此，合亟抄同原件令仰该县即便遵照，切实调查，限文到一个月内，将调查情形列表具报，以凭转呈，切切。此令。附抄件。等因。奉此，合亟令仰该局即便遵照文内事理切实调查，务于限内将调查情形列表具复，以凭转报，切切。此令。等因。奉此，遵将调查租佃情形分晰列表，理合具文呈请鉴核施行。

谨呈

吉林县政府

计呈送表三纸。

吉林县政府农业户租佃情形调查表

类别	包租	分租	钱租	粮租	考备
每垧租额	二石五斗	一分之五十	现洋二十五元	百分之三十五	查属境农佃情形在习惯上，包租、分租以三年，钱租、粮租以一年为限，由佃户、业主双方合议。如拖欠租金或转租抑或荒废，由业主撤佃。向无结缔契约，以口头议定。如遇荒年歉收，尚可减租。理合声明。
期限	三年	三年	一年	一年	
佃权	期满佃权消灭	同上	期满另议	同上	
有契无约	无	无	无	无	
交租时期	秋后新粮登场交租	同上	春间议租时交付	秋后新粮登场交租	
撤佃情形	如佃户转租或荒废，业主撤佃	同上	同上	同上	
租赋之输纳	租赋由业主担负，地方捐归佃户	同上	同上	同上	

永吉县实业局为具报调查本县粮食生产状况列表送请鉴核的呈文

民国十八年十二月十二日

呈为具报调查本县粮食生产状况，列表送请鉴核事。

案奉钧府训令内开：案奉吉林省政府民政厅训令第一二八七号内开，为令遵事，案准国民政府立法院经济委员会公函经字第四二号：案查粮食一项关系民生，甚形重要，敝会现为研究及整理民食问题起见，非征集是项材料，无以供研究之资；非调查各地是项情形，又无以备整理之用。爰就下列各项：（一）各省各市前数年暨本年粮食之生产状况，（二）粮食之种类及价目，（三）粮食之输入、输出数目，（四）现时粮食不足之救济办法，共计四项，函请查照，务希转饬主管机关，按项详细查明，分别列表，于文到二十日内转复到会，以凭核办。此外，关于民食之调查报告及出版刊物并希检寄，尤所纫盼。等因，准此。除分行外，合亟令仰该县即便遵照，于文到十日内逐项详细查明，列表具报，以凭汇转，毋稍延误。切切，此令。等因，奉此。合亟令仰该局即便遵照，于文到五日内逐项查明，列表三份送候核转，勿稍延误。切切，此令。等因，奉此。遵即令委劝业员包文英切实调查，依限具报去讫。旋据该员复称：遵查县境土地肥沃，农产富丰，比年以来，粮石输出外省外县者不下数千万石，惟因本县民食充足，向无由外县输入之粮石。兹将粮石生产状况、产额、价值分别切实调查，理合造具调查表，具文呈送核转。等情，据此。除指令外，理合缮就调查表三份，具文呈送钧府鉴核施行。谨呈

永吉县政府

计呈调查表三份。〔其中两份见书后附表五、六〕

永吉县全境农产状况调查表

种称	出产 产额	出产 每石价值	行销情形 输出	行销情形 输入	比较近三年生产 增	比较近三年生产 减	救济办法
黄豆	一、五〇〇、〇〇〇石	一七、元	一、〇〇〇、〇〇〇石	无	增		查本县近年以来，年景并无歉收情形，倘每至春耕之时，民食稍感缺乏，均由县由积谷量予借贷，以资接济。
高粱	一、七〇〇、〇〇〇石	一二、	七〇〇、〇〇〇石	无	增		
谷子	一、七〇〇、〇〇〇石	一〇、	七〇〇、〇〇〇石	无	增		
小豆	一八〇、〇〇〇石	一五、	八〇、〇〇〇石	无	增		
吉豆	一五〇、〇〇〇石	二〇、	五〇、〇〇〇石	无		减	
苞米	三〇〇、〇〇〇石	一〇、	二〇〇、〇〇〇石	无		减	
稗子	二五〇、〇〇〇石	七、	一五〇、〇〇〇石	无		减	
糜子	八〇、〇〇〇石	一〇、	五〇、〇〇〇石	无		减	
粳米	二〇〇、〇〇〇石	二五、	一〇〇、〇〇〇石	无	增		
稻子	一八〇、〇〇〇石	九、	一五〇、〇〇〇石	无	增		

吉林省永吉县土地面积调查表

类别		面积	单位	备考
辖境面积	丈量数	二万九千九百八十三方里有奇	方里	由民国十八年四月起至二十年三月止
	县志数	与丈量数同		永吉县县志约二十年八月出版
	估计数	无		无
田地面积	地亩清册数	四百五十九万七千九百七十八亩零九厘	亩	按照大租清册数

县长王惕

中华民国二十年三月十七日

永吉县政府为奉令以东北大豆生产过剩应改种他项农产以便调剂的训令

民国二十年六月二日

令县农会

案奉吉林省政府农矿厅第三七七号训令内开：案奉省政府第一一三八号训令内开，案奉东北政务委员会行字第三九一三号训令内开，案据东三省官银号总办鲁穆庭、会办吴恩培呈，以大豆生产过剩，销场阻滞，拟请令饬各省酌量改种他项农产，以资调剂等情。查呈称各节，自是为救补农业起见。去秋因大豆滞销，农商备受艰厄，若尚昧于供求之理，不思当地制宜，改善生产，则农业前途必致自绝生机，国计民生交受其弊。除指令并分令外，合亟抄发原呈，令仰该省政府转饬农矿厅，通令各县督饬农业研究种植相当谷类，以增收益而裕民生。并将遵办情形具报查核。等因，奉此。合抄原件令仰该厅遵照办理，并将遵办情形具报转复。此令。等因，奉此。除分行并呈报外，合亟抄录原件令仰该县长遵照，迅即督饬各农会妥慎研究，各就该处土质所宜，劝令农户种植相当谷类，以裕民生，并将遵办情形具报备查，此令。附抄件。等因，奉此。合亟抄录原件令仰该会迅即研究本县土质所宜，劝令农户种植相当谷类，以裕民生，并将遵办情形具报，以凭核转。此令。

永吉县政府为遵令填造县属全境生熟土地等则价值一览表请鉴核的呈文

民国二十一年二月十八日

呈为遵令填造县境生、熟土地等则价格一览表，仰沂鉴该事。

案奉钧厅第八号训令内开：案查本省各县属境生、熟土地，虽分等用，时地关系，价格多寡自不一致。碍难稽考。本厅急待查核汇编统计，自应通令各县详确调查，限期具报，以凭汇核。除分令外，合行令仰该县查明属境生、熟土地，按照现价分晰等则，详细列表，限文到七日内迅速遵期具报，勿稍延误，是为至要。切切，此令。等因，奉此。查本县境内熟地每垧按照现时民间买卖，尚可分别等则，估计价格。其荒地一项，向无一定价格，自应按照田赋局出放官荒等则价值填载。除造表附呈外，理合具文呈请钧厅鉴核施行。谨呈

吉林省实业厅

附　呈一览表一份

吉林省永吉县全境生熟土地等则价格一览表

地　别	等　则	现值价格	备　考
熟　地	上	二五〇元	
熟　地	中	一五〇元	
熟　地	下	八〇元	
生　地	上	二二元	
生　地	中	一五元	
生　地	下	一一元	
说明	按：本县属境土地，上等熟地每垧约值二百五十元；中等熟地约值一百五十元；下等熟地约值八十元。其荒地一项，向无一定价格。如表所列价值，系按田赋局所规定，均以永大洋计算，合并声明。		

永吉县政府为奉令国有土地应即一律暂行停止出放的训令

大同元年三月二十二日

令实业局

为令遵事。

案奉吉林省长官公署训令民字第五八号内开：为通令事，查吉省为农产之区，各县土地地质之肥硗、水利之导引，以及播种以何种农产为宜，均须预为调查考究，方足以谋农业之发展。兹为通盘规划起见，所有各属境内国

有土地，自奉令之日起，应即一律暂行停止出放，俾便整理而利进行。除分令外，合行令仰该县即便遵照，并将奉到令文日期报查，此令。等因，奉此。合亟令仰该局即便遵照，并将奉到令文日期报查。此令。

永吉县第二次农产物调查表

大同元年九月

见书后附表七

五、农业组织及技术

（一）农会组织

吉林府四乡巡警局为将农务总会禀定章程饬发各区遵照的札文

宣统二年十二月初五日

为札饬事。

十一月初八日案准吉林全省农务总会移开：案查前于九月十五日，本会呈请督、抚宪转饬各府、厅、州、县设立农务分会，乡镇、村落、市集设立分所，以收脉贯络通之效，等因。当奉督、抚宪批准在案，除刷印部章及本会禀准办事规则各五十份呈请分行札发外，吉林府属界面积辽阔，贵局部署巡警划定八区，应请转饬各区官迅速邀集各区内之绅士、粮户等，公同筹议，赶紧于乡镇、村落、市集各酌设分所。至于经费一节，即照部章及办事规则所指定之项，如屯会庙产、公共牧养均是公产之类，此公产从前积存之钱则谓之公款，经费即由此二项拨助。相应刷印部章及办事规则各二十份，备文移请贵局，请烦查照，转饬筹办，并将如何筹办之处，望为见复施行，须至移者。计移送部章及办事规则各二份。等因，准此。除分札外，合亟检同部章及规则札发，札到该区，即便遵照邀集各绅董、粮户等迅速筹办，设立分所，并将如何筹办情形具复，毋稍饬延。切切，此札。

右札各分区遵此

吉林巡按使公署饬各县组织农会文

民国五年六月三十日

为饬行事。

案据省农会详称：为详请事，窃维国事日即和平，时局行见奠定，凡我国人，理应淬励精神，共撑危局。本会叨为吉林全省农事总枢，对于农事方面自宜通盘筹划，节节进行，以期农业早底发达。但吉林僻居迫鄙，农智素鲜开通，如病害害虫本有避除之法，水旱偏灾亦有补救之策，而我农界遇此，均行委诸天数，间有种种祈禳，其愚可笑，亦复可悯。若叩以水利有何益，肥料用何制，彼更瞠目莫答，则种植方法改良等事，又何可强相责成也。前农林部鉴于农事日就衰落，因订农会暂行规程颁行全国，饬令赶紧依法组织省、县、乡各农会，以为提倡农业机关。本会继承前农务总会，改组于民国二年，十月间成立，当曾函致各县嘱即组织县、乡农会，以资脉贯络通。乃数年来报告成立者，仅敦化、扶余、阿城、延吉、珲春、密山、伊通、农安、东宁、长岭、依兰、宾县而已，此外尚有二十余县均无组织之信息。本会虽屡函致各县绅农嘱为组织，而复函报告多以经费困难或县知事不肯提倡为词。方今杂居之约实行，东省时局益形危急，若不迅将我农界力谋团结，锐求发达，则恐一盘散沙之愚农，到穷极无可如何之境，势非将田土抵贷于外人不止。本会全体言念及此，忧心如焚，仰恳省长迅即通饬未组织农会各县知事，责令极力提倡，克即召集所属绅农，妥拟章程，迅速组县、乡等农会，并乞限期成立，勿稍迟延。至各级农会常年经费，按农会规程所载，固应由会员担任捐助，惟各县农智未开，招之入会则甚易，责之担费则颇难，应请暂予变通，照农会规程第十六条将各会经费由公款筹给，抑或由各就近收入粮捐项下按月酌拨若干，俾资补助，俟农业发达，再将会费改归会员担任，以符规程。等情，据此。除批“据详已悉。候通饰未经组设各县切实提倡，克期成立，所需经费准照农会暂行规程第十六条规定，由会员分同担任，如有不敷，禀候主管官署酌量拨补。所请提拨粮捐之处，应毋庸议。仰即知照。此批”等因印发外，合亟登报通饬各该县遵照办理。此饬。

吉林县知事为复本县似无再设农会之必要请鉴核的详文

民国五年七月六日

为详复事。

案奉按宪饬开：据省农会详请通饬组织县、乡各农会，以期改良农业等情，饬即提倡克日成立，所需经费准照农会暂行规程第十六条规定，由会员分同担任，如有不敷，禀由主管官署酌量拨补，仰即遵照办理。等因，奉此。查本城为省农会所在地点，业由县署收入粮米特捐项下按月拨给二成，补助该会经费，似无再设县农会之必要。至设立乡农会一节，知事遵经分饬各警区劝令就地绅民极力提倡在案。除俟组织就绪另文详报外，是否有当，理合具文详请按宪鉴核，批示施行。谨详

巡按使郭

吉林省公署批：

详悉。查农会暂行规程，有全国联合农会、省农会、府县农会、市乡农会等区别，自应次第设立，以符定章，仰仍遵照农会规则办理可也。此批。

七月十四日

吉林省长公署准吉林县毋庸添设县农会一案的训令

民国六年一月十日

为令行事。

案据省农会会长刘文科呈称：本会地居省城，凡吉林县所属农事向归本会兼办。此次请令各县通设农会，吉林县亦应同为组织。前接吉林县公署函开：以粮米特捐除补助贵会二成外，余均拨充教育费，其他地方各款亦皆异常支绌，希请贵会仍旧兼办县属农事，以免多设机关，多耗款项，等因。当经本会全体公议，以吉林县公款支绌，尽人皆知，若再添一机关，农民担负益重。今将县属农事仍归本会兼办，驾轻就熟，费省公倍，仰恳令行吉林县毋庸添设县农会，举凡关于农事，照旧由本会兼办，以节靡用。惟四乡农会仍请责成县署提倡组设，合并陈明。业经公同议决，理合具文呈请鉴核，示遵施行。谨呈。等情，据此。除指令照准外，合亟令仰该县即便知照。此令。

吕瀛洲等为请遵章组设县农会的呈文

民国八年七月

呈为遵章组设县农会，恳予转请立案，以便克期开办事。

窃维强国不外足兵而富国，尤贵足食。食也者，出自农民，为人之所必需，须臾不可离者也。值此列强竞争之时，凡百事业鲜不革故鼎新，惟田间农业尚皆拘守旧规，不知发明新理，无他乡俗闭塞农民之知识不开耳。近闻长、德、舒、榆等县均设农会，借以改良农务，吉林为全省首县，未便独异。公民等于是召集县属有农业学识经验者，遵照部定农会规程拟定会章，组设吉林县农会，以便设法提倡，庶吉林农业可望发展，民食无不足之虞。公民等为提倡农业起见，是否有当，理合检同会章暨发起人证明书，具文呈请监督鉴核转呈指令施行。谨呈

吉林县公署

附　会章一份、证明书一份

县知事批：

呈及章程暨证明书均悉。仰候转呈省长公署核示，再行饬遵。此批。附件存。

七月卅一日

证明书

民国八年七月

查吉省各县农会均已皆先后成立，而吉林县为首善之区，竟付阙如，闻有以省农会代办县农会之说。丁此百业竞争时代，农业如何改革，如何振兴，正赖有农会以提倡之，是农会之设，尤为不可缓者。使仅省农会代办，长此敷衍，

实于农务进行大有妨碍。兹经双魁等共同研究，全体认可推举吕瀛洲、朱柏符二人代表请求组织县农会，以资提倡，而谋进行。此证。

吉林县农民　赵双魁

阎鸿章

（下略，共十五人）

吕瀛洲等为再请遵章组织县农会的呈文

民国八年九月

为再呈遵章组织县农会事。

窃绅等前曾拟就组织农会章程及证明书具情呈请在案，嗣蒙批：呈悉，查此案于本年七月二十七日据该代表等呈请到县，即于八月五日检同所送章、书，转呈省长公署核示在案。兹于八月二十九日奉第五千八百八十九号指令内开：呈及章程、证明书均悉。案查民国五年七月间曾据该县呈称，本城为省农会所在地点，似无再设县农会之必要。并于民国六年一月间据吉林省农会呈称，该县仍函请该会兼办县农会。各等情到署，均经先后照准会知在案。兹据转呈该民吕瀛洲等请设县农会一节，是否已将委托省农会兼办原案行知取消，仰即明白声复，再行核办。章程及证明书均暂存，此令。等因，奉此。查：委托省会兼办县农会原案并未取消，该代表等急谋设立县农会，本知事亦力任提倡，仰即邀集多数绅民议决可否取消省农会兼办原案，再行呈候转请饬遵。着即知照。此批。等因，奉此。查农会章程，省农会系全省农务总机关，而各县尤必需设立分会者，以示事分易治，各有专责，不如是不能收集思广益之效。现各县均已次第设立，吉林县未便独异。绅等前次呈请时，即行召集全县士绅公同议决，县农会设立万不容缓，并议及省农会代办县农会事为定章所无，在省农会代办为违反部章，在吉林县不办为放弃权利。彼时当场表决，始行呈请。如谓省农会可以代办，则是农工商学在省有一总会，即可代办各县，尤何必纷纷设立分会，殊失原立法之美意。且吉林县从前因经费不足未遑组织，加以彼时民智未开，既有省农会亦形同虚设，何能以县农会委托代办。总前日有些委托，系因县农会未曾组织，今已呈请组织，则前日之委托当然及时消灭。是以绅等不惮烦琐，仍遵批召集全县士绅公同议决，即将从前省农会代办旧案从此取消，另由绅等遵章组织县农会，以促农务之改良。仍请监督俯予允准转请，是为公便。此呈

吉林县公署

县知事批：

呈悉。仰候据情呈请省长公署核示，及函达省农会查照取消，俟奉指令，再行饬遵可也。此批。

九月十二日

吉林省长公署为准吉林县另组县农会的指令

民国八年十一月四日

令吉林县

呈悉。既已函行省农会将兼办该县农会原案取消，所请另组县农会一节，自属可行。除令行省农会知照外，仰即由该知事依法核办，并转饬该农民等知照。此令。

吕瀛洲等为报县农会投票选举结果的禀文

民国九年八月初十日

为禀请事。

窃公民等前曾请准设立县农会，订于本月八日假省教育会投票选举正、副会长及评议员，恭请监督莅会监视在案。届期业蒙派委唐科长代表莅场监视，是日到场一百五十三名，照章投票，当众开箱检查票数，谢广霖得一百零四票，当选为正会长；刘广厚得一百票，当选为副会长；并选张清修、董纯善、孙翰声、孟传仁、傅保衡、赵永禄、朱永浚、杨荃苾、富又弼、曹殿甲十名为评议员，票数多寡不等。并其余得票少数者，除另行列单呈阅外，应请发给正、副会长委任状，并颁发木质图记一颗，文曰“吉林县农会之图记”，以便开办而昭信守，理合禀请监督，转呈立案，是为公便。谨呈

吉林县公署　附　清单二纸

清　单

谨将当选正、副会长暨评议员所得票数，缮列清单，恭呈鉴核。

计　开

正会长	谢广霖	壹百零四票
副会长	刘广厚	壹百票
评议员	张清修	壹百零五票
	董纯善	壹百零四票
	孙翰声	壹百零三票
	孟传仁	壹百零三票
	傅保衡	壹百零二票
	赵永禄	壹百零二票
	朱永浚	壹百零二票

杨荃苾　　　　壹百零一票
富又弼　　　　玖拾玖票
曹殿甲　　　　玖拾柒票

县知事批：

呈、单均悉。查该代表等办理选举会，举定会长、副会长、评议员等各情形，尚属合法，应准组织成立。委任状暨图记式样业经本公署径行发给各该员收执矣，仰即知照。单存。此批。

八月十一日

吉林县农会职员履历表

（原无时间，经考应为民国九年八月）

吉林县农会职员履历表					
职衔	姓名	年岁	籍贯	住址	职业
正会长	谢广霖	四十二岁	吉林县	四区梁家屯	华森公司总务股主任
副会长	刘广厚	四十二岁	同上	城区山神庙	吉林县立第一高等小学校长
评议员	张清修	四十一岁	同上	二区木石河	吉林县劝学所劝学员
	董存善	三十六岁	同上	城区东关昌邑屯	吉林县劝学所学务委员
	孙翰声	三十五岁	同上	城区新开门里	吉林县劝学所劝学员
	孟传仁	三十二岁	同上	城区西关新街	吉林县劝学所学务委员
	傅保衡	二十八岁	同上	城区北关北仓	华森公司科员
	赵永禄	三十五岁	同上	一区乌拉街	吉林县劝学所学务委员
	朱永浚	三十六岁	同上	四区头道沟	吉林县立模范国民学校校长
	杨荃苾	三十二岁	同上	同上	省中学会计员
	富又弼	三十六岁	同上	十区江东口钦	吉林县警察所司法股员
	曹殿申	三十四岁	同上	三区鸭通河	永衡官银钱号经租处司事

公民关富谭郗漫卿等为疑县农会不合法成立请县署查办的呈文

民国九年八月十日

为呈请事。

窃以集会自由，虽载在民国约法，而法人团体自应有特别规定。例如一地方之商会、工会、农会、教育会等机关，固尽由各该界人士发起组织，然万不能先入者为主，由一部分之把持，结为私党，贻害人群。查吉林县农会本属自治团体，迥异临时集合，上宜遵照部颁条例，下宜召集县民公开。既取得公益法人之资格，当然由全县农会之选举，事先应行通告，选时不宜秘密，以袪私见而重公益。及该会竟罔顾以上情形，突然由少数人之集会，假省教育会开会选举，并宣告成立，垄断之迹，昭然若揭，殊不合法，万难认为成立。惟该会既在钧署立案，当日曾否与会观成，抑别有为其为其曲全之处，幸为治下人民，不便昧然。为此，具文呈请鉴核，批示施行。谨呈

吉林县知事于

县知事批：

呈悉。查本县农会之组织，系于上年七月据农民吕瀛洲、朱伯符等拟具会章，呈经转奉省长公署核准在案。前据来县声称：查农会规程第七条内载，府、县农会由该府、县各市乡农会举代表组织之；又同条第二项内载，市乡农会未设立之前，府县农会得由该区域内之具有会员资格者组织之等语。本县各乡农会迄未成立，遂于上年奉准后，分投介绍会员，现计二百名。订于本月八日，假省教育会投票选举正、副会长及评议员等情，并具柬知会前来。届期曾派本县科长唐纯礼前往监视，据回称：是日到会之会员计一百五十三名，秩序尚属整齐，办理选举之手续亦甚合法，等语。据呈各节，候饬吕瀛洲等将所介绍之会员姓名及住居地点详细开报，俟到日即行示知，是否出于一部分之把持，当可瞭然。再，该会系地方团体，本县无所用其曲全，并仰知照。此批。

八月十六日

吉林县公署为发县农会图记仰即查照刊刻启用具报的训令

民国九年八月十一日

令县农会会　长　　　谢广霖

　　　副会长　　　刘广厚

案照本县农会业经组织成立，选举该绅等为正、副会长，由县委任在案。兹遵照农会规程施行细则第二条之规定，颁给图记式样一方，文曰“吉林县

农会之图记”。合行令仰该正、副会长即便遵照，刊刻启用，仍将启用日期并检同印模三份具报备案。此令。

计发图记式样一方

吉林县农会章程

民国九年十月一日

第一章

第一条　本会遵照农会暂行规程及农会规程施行细则组织之，定名为吉林县农会。

第二章　事业

第二条　本会以图农事之改良发达为主旨，其事业分为两项：

（甲）关于进行事项

一、作物栽培试验；

二、肥料试验；

三、交换种子；

四、病虫害之预防及驱除法；

五、农具改良法。

（乙）关于调查事项

一、土壤；

二、气候；

三、物产；

四、收获及市况之报告。

第三章　事务所

第三条　本会暂以县城新开门里为事务所。

第四章　会员入会与出会之规定

第四条　凡有左列资格之一而品行端正、年逾二十岁以上，并能担任入会捐及常年捐，经二人以上之介绍者，均得为本会会员：

一、有农业之学识者；

二、有农业之经验者；

三、有耕地、牧场、原野等土地者；

四、经营农业者。

第五条　会员入会须先填写愿书，方可发给会证。

第六条　本会会员因有他故或疾病辞职者，须先提出理由报经大会议决，方准出会。

第七条　本会会员如有假本会名义在外招摇及不正当之行为，查有确证者，得由会长报告大会，宣布除名。

第八条　会员入会后，均有选举及被选举权、发言权及议决权。

第五章　职员人数、职务、权限之规定

第九条　本会应设职员人数如左：

正会长一员

副会长一员

评议员十员

书记一员

会计兼庶务一员

调查员四员

第十条　会长总理全会事务，代表农会；副会长协同会长办理会务，会长有故不能到会时，得代行其职权；评议员答复会长之咨问，监察会务执行之状况；书记员承会长之指挥，办理会中一切公文函件，并编辑及保存卷宗等项；会计兼庶务员承会长之指挥，经管会中收入、支出银钱数目及预决算并一切杂物；调查员承会长指挥，遵照农会调查规则，确切调查，依法具报。

第六章　选举任期及退职之规定

第十一条　本会选举概用无记名投票法，每票只举一人，以得票最多者为当选。初选正会长，次副会长，次评议员，其余以次递选。

第十二条　本会职员任期以三年为限，再被选时得连任一次，但不得连任二次。

第十三条　本会职员如因他故辞职者，须先提出理由，报经大会议决，方准退职。

第七章　会议之规定

第十四条　本会开会分常年会及临时会二种：

一、常年会于每年一月内举行，报告上年会务状况及经费决算之盈绌；

二、临时会无定限，遇有临时事件发生，经正、副会长之招集或由会员十人以上之提议，均可开会。

第十五条　凡议各事，均须将理由登记于议事录，经主席取决后，方得提议修改。

第十六条　议事时，发言者应先起立，甲言毕，方准乙言，不得同时辩驳，以免纷扰而维秩序。

第十七条　议事时不得谩词谐语喧哗，及任意唾痰吸烟等事。

第十八条　开会、闭会均以振铃为号，不得早去迟来，如会员有特别事故，须先提出理由向大会声明，经主席认可者不在此限。

第十九条　会员入会时，应缴入会捐一元、常年捐一元，其有热心公益特别捐助者不在此限。

第二十条　会员所缴之入会捐、常年捐及特别捐等，均须按名列簿发给收据。

第二十一条　本会员书、夫役等每月应领薪工，须经正、副会长签印，方得发放。

第二十二条　本会活支款项逾十元以上者，须得正、副会长之许可，方许开支。其在百元以上者，须报经大会议决，呈由主管官署核准，方许开支。

第二十三条　本会支出须按预算樽节开支，不得超过预算之外。

第二十四条　本会购买物品须由商号开票，以备存查。

第二十五条　本会未列专条之件，均照农会规程及农会规程施行细则办理。

第二十六条　本会之决议、职员之行为，如有违背农会规程或会章及有害公益者，主管官署得依照农会暂行规程第二十六条处分之。

第二十七条　本简章如有应行修改之处，必须开会议决，呈请主管官署核准，方能有效。

第二十八条　本简章自核准日施行。

吉林县农会为具报补选会长日期及办法的呈文

民国十一年七月七日

为呈请事。

窃查本会正会长谢广霖被选为省农会会长，出缺未便久悬。当于本月五日经评议会议决，此次补选会长，仍以先前呈报有案之会员投票补选，不另临时介绍会员，以免发生异议。又此次补选正会长若由副会长或评议员选出为正会长时，即时投票补选副会长及评议员。选举时期定于七月二十二日齐到会所，于二十三日上午十点钟起至下午一点钟止为投票时间。如会员届时不到者，是自行抛弃选权，决不改期。至通知会员手续，一、登报宣布。二、各区各市镇村中张贴布告:“本县市乡农会此次补选会长,各有一选举权”等语。查所议各情,事关补选,自应慎重办理,理合具文呈请监督鉴核备案,示遵施行。谨呈

吉林县公署

县知事批：

如呈备案，仰即知照。此令。

七月八日

吉林县农会为具报补选会长结果并请发委任状的呈文

民国十一年七月二十六日

为呈报事。

窃查本会会长谢广霖未届任满，当选为省农会会长。出缺未便虚悬，业经评议会议决，定于本年七月二十三日补选会长，倘副会长或评议员被选为正会长，即时补选副会长或评议员，并请钧署届期莅临监视，业蒙批准在案。届期共到会员一百七十人，即于七月二十三日上午十时，眼同钧署派来科员吴源慥监视，依法投票。本会副会长刘广厚得一百一十九票，为最多数，应当选为会长。递遗副会长之缺，依前呈报补选之法，应即补选副会长，结果本会会员祖兴甲得一百六十三票，为最多数，应当选为副会长。理合将当选各员姓名履历暨所得票数缮具清册，恳请分别转呈备案，并请发给正、副会长委任状，以便就职任事，谨呈

吉林县监督于

附　呈履历清册三份

县知事批：

呈暨清折均悉。应候转请省长公署鉴核备案，委任状随令附发，仰即查收可也。清折存。此令。

七月二十七日

吉林县公署为通饬各区分所迅即召集绅民组织市乡各种农会具报的训令

民国十二年三月三十日

令警察所

案奉实业厅第一三二号训令内开，案奉农商部第二八九号训令内开：查省、县、市、乡各种农会系属改进农业重要机关，自应分别组织成立，以资协助。近查农会规程公布以后，各种农会成立者固多，而未成立者亦复不是少，亟应酌定期限，从速组织。应饬该厅转行所属，凡未设省、县、市、乡各农会地方，限于本年六月底以前，分别按照农会规程一律成立，报部查核。除分行外，合亟令仰该厅遵照办理，此令。等因，奉此。查各种农会本为改进农业重要机关，自应及期创设，现查各县、市、乡各种农会据报成立者固居多

数，而迄未举办者亦复不鲜。此次既奉部令督促，殊不容再为延缓，除分行外，合亟令仰该县立即遵照此次通令，将未设之县、市、乡各种农会一律次第举办，依限据报成立。毋违，切切，此令。等因，奉此。合亟令仰该所即便转饬各区警察分所遵照，招集地方绅民迅即组织市、乡各种农会，依限据报成立，以凭汇转。速切，此令。

吉林县克勤镇农会为请按地抽捐以充农会调查等项办公费用的呈文

民国十二年十一月十六日

为呈请事。

案奉钧署第一千四百六十七号训令内开，案奉实业厅第一百六十九号训令内开：案查农会规程施行细则第九条内载，市、乡农会应于每年十月以前，就调查所得照表填注报告于县农会暨地方主管官署。县农会总括该县各市、乡农会之调查，编成册本，于每年十二月以前报告于省农会暨地方主管官署。又第十条所载，县农会未设立之地方，市、乡农会之调查得报告于省农会；市、乡农会未设立之地方，应由县农会调查报告于省农会，各等语。是此项调查为改良农事、研究进步之资料，现在已届调查期间，自应一律照办。除函省农会并分行外，合亟令仰该县即便查照，转饬各县暨市、乡农会照规程施行细则第八条左列各项，一体认真详细调查，并依部颁表式，限期分别填报。切切，此令。等因，奉此。除分行外，合亟令仰该会即便遵照办理。切切，此令。等因，奉此。查农产调查固宜遵章照办，惟本区村堡二百余处，家数不止一万余户，东西南北之直径各达百里有奇，若按户调查，一日一屯仅可竣事，本会调查员照章仅止二名，分途调查需时须百日之久，加以编造册本，恐非限期五月决难奏功。所有调查费用按日应支给旅费，每月应予以薪金，又兼印刷册纸、雇用临时书役所费不赀，本会向未筹有专款，行之颇感困难，此调查费之所急宜设法筹措者。余如照部颁甲种第二表式所列关于会议费者，有大会及评议员会之区别；关于事业费者，除调查费外，尚有旅费、品评会费，及陈列所费、讲演会费，并邮电印刷等费，多种均宜同时举办，需款尤为大宗。本会一钱莫名，实觉进行无策，虽照规程第二十条所载，事业费有不足时，得呈请主管官署酌拨地方公款，然不足系亏歉之谓，自筹似规程所许，如果筹有专款，兴办事业不敷应用，则当然呈请酌拨，现一款无着，若不特筹专款，非止调查无以进行，即各项事业终无设施之日。当经开职员会议，讨论结果均主张以调查农产既为改良农事、研究进步之资料，倘令各农民负担事业费用，当然应无异议。拟即仿照抽收看青费之办法，由种地各户每地一垧征收大洋五分，为数有限，自可乐输。至农家副业之家，畜种类照章宜一并调查，亦拟按头计算，同此办理。除指定调查费外，余则为各项支用及事务所常年经费。但征收由本会负责，径行办理，不与官署相涉。所议是否有当，理合备文呈请钧署鉴核，指令施行。谨呈

吉林县行政公署

克勤镇农会　会　长　李向荣

副会长　李润民

县知事批：

呈悉。据陈该会种种费用，洵属实情。惟查大凡会体系由会员组合而成，既以会员为主体，所有经费自应由会员分担，或由会员特别捐助。所议按地抽捐，碍难照准，至牲畜按头抽捐，尤近细苛，均勿庸议。须知抽捐收税关系最大，岂容轻易办理，仰仍由各会员另筹会费，以利进行。此令。

十一月廿六日

吉林省实业厅为转饬县农会修订会章的训令

民国十七年三月二十二日

令吉林县知事

案奉农工部训令内开：查农会条例暨农会条例施行细则前经本部订定，分别呈准公布。嗣复按照条例暨施行细则订定县、市、乡农会会章程式及各项表册程式，通行转饬各种农会，此后组织成立，应即按照会章程式拟定会章，呈请核办。其已经成立各农会并限于本年二月底以前，一律按照条例细则暨会章程式改订会章，转部查核，各在案。现在限期已届，各农会遵章呈报者固多，未经转报者亦复不少。应即转饬凡已经成立各农会，统限于本年四月底以前，一律按照部颁程式将会章从速改订，转报备核。除分行外，仰即转饬遵照。此令。等因，奉此。查奉颁农会条例暨农会条例施行细则及会章、表册各种程式，业经先后刷印通行遵办在案，未经成立各会组织时，均应按照新颁条例及各程式办理，其已经成立各县、市、乡农会亦应按照程式，将会章另行修订，务于本年四月十五日以前一律呈报到厅，以凭转呈。除分行外，合亟令仰该县即日转饬遵办。事关部令，勿任稽延，是为至要。此令。

吉林省吉林县农会会章

民国十七年六月三十日

第一条　本会以增进农民知识，扩展农业经济，图区域内农事之改良发

达为宗旨。

第二条　本会暂由区域内具有会员资格者组织之，定名为吉林省吉林县农会。

第三条　本会以吉林省吉林县所辖区域为区域。

第四条　本会应办事业如左：

一、每年应将本会事务成绩及区域内农事状况编成报告书，分别呈送主管官署；

二、关于农事上之改良进行事宜，本会得依会员之议决或多数农民之请愿，建议于主管官署，陈述意见。主管官署有关于农事上之咨询，本会应答复之；

三、遇荒歉时，本会应调查其状况，共筹救济方法，呈报主管官署；

四、本会应征各种农产，设立农产陈列所。此项陈列应兼为优良种子之交换，并应酌列新式农具；

五、本会应酌量区域内情形，设立农事试验场及苗圃，并随时派由劝导员进行讲演农事改良之方法及技术；

六、本会应酌量筹以农民补习学校或农业讲习所，或于冬期农闲时设冬期学校，招集农民，教授农学大意。其章程办法及办理情形，并应随时呈报主管官署查核；

七、俟农业协社规程公布后，本会得筹办农业协社，但须事先呈报地方主管官署，转报农工部核准；

八、本会区域内遇有农民发生争执时，得依主管官署之委托或双方当事人之请求，于调查事实后适宜调解之，但以不涉及司法、行政之范围为限，并须将调解之结果呈报主管官署；

九、本会区域内如有研究农学、农事确有发明或成绩者，本会对于其事业或团体，得给予补助金或呈请地方主管官署给予奖励；

十、本会对于区域内各种灾害，如水、旱及病虫害等，应指导农民讲求共同预防与除灭之方法；

十一、本会得编辑及发行关于农业之书报杂志；

十二、其他关于图农业改良发达之必要事业。

第五条　本会事务所设于省城维新街。

第六条　凡区域内品行端正，年逾二十五岁，具有左列资格之一者，均得入会为会员：

一、有农业之学识者；

二、有农业之经验者；

三、有耕种牧场、原野等土地者；

四、经营农业者。

前项第三款、第四款以能粗通文字为限。

第七条　凡志愿入会者，须依左列程序，经职员会或发起人审查合格，并登入会员名册，发给会员证后，方得认为本会会员：

一、填具志愿书；

二、得本会会员或发起人二人以上之介绍；

三、缴纳入会费。

第八条　凡热心资助本会经费，赞襄本会事业者，得为本会名誉会员。

第九条　凡会员入会后，均有左列之权利及义务：

一、议决权、选举权及被选举权；

二、对于会章及会务有意见时，得提出会议及讨论；

三、分担经费；

四、遵守会章；

五、共谋本会事业之发达。

名誉会员得出席会议陈述意见，但无议决权，并不得参加选举。

第十条　有左列各款情事之一者，虽合第六条规定之资格者亦不得入会为会员：

一、褫夺公权尚未复权者；

二、受破产之宣告确定后尚未撤销者；

三、有精神病者。

第十一条　会员如有左列各款情事之一者，得由会长或会员若干人以上之提议，经职员会审查确实后，开会议决除名：

一、违反前条之规定经事后发觉者；

二、欠缴常年经费至两期以上者；

三、违背会章或防〔妨〕害本会名誉者。

第十二条　会员如有不得已事故自请出会时，应听其声明出会。

第十三条　会员除名或出会时，应将会员证缴销，并由书记员于会员名册内随时详细记载。

第十四条　本会置会长一人、副会长一人、评议员六人、劝导员二人、调查员二人、会计兼庶务员一人、书记员三人。如发行书报时，得聘用编辑员一人或二人。本会名誉会员有功劳于农业或有关于农业之学识经验，名望素著者，得聘为本会名誉会长。

第十五条　会长总理全会事务，副会长协同会长办理会务。会长有事故时，得由副会长代行其职权；评议员筹议事业之设施，并监查其进行之状况；劝导员劝导农业之改良，并讲演其进行之方法；调查员调查农业及农民一切状况，随时报告；庶务员、会计员、书记员商承会长，分掌会务。名誉会长得出席会议，陈述意见，但无议决权，并不得参加选举。

第十六条　本会职员均由会员用记名投票法选举之。会长、副会长由全体会员过半数出席以得票过半数者为当选，如无当选者，以得票最多者二人决选之，得票数多者为当选。评议员、劝导员、调查员、庶务员均以得票多数者为当选。

第十七条　选举评议员、劝导员、调查员时，均应先尽有农业学识者选任。

第十八条　选举投票时，应就会长及依次各职员分别投票。

第十九条　选举投票时，有左列各款情事之一者，所投之票应作为无效：

一、不用定式之投票用纸或字迹不清、任意涂抹、难以辨认者；

二、不依会员名册书写姓名而任写别号者；

三、不能确认被选举人为何人者；

四、记载之姓名其人为无被选举权者；

五、于被选举人姓名以外记载他事者。

第二十条　本会职员均以二年为一任期，再被选者得连任，但以二次为限。

第二十一条　本会职员任期届满时，应于一个月前开会改选。改选一个月前应将会员名册呈报主管官署，每届选举，选举人及被选举人以册报所列会员为限。

第二十二条　职员有左列各款情事之一者，得解其职：

一、因不得已事故经开会议决，准其退职者；

二、遇有第十条所列各款情事之一者；

三、故意旷弃职务经开会议决，令其退职者；

四、会员资格业经撤销者。

第二十三条　本会职员如有中途退职或解职时，应由得票次多数者补充，如无次多数时，应由通告议决该职员退职或解职之日起于四十日以内开会补选。但中途补选或补充之职员，以补足前任之任期为限。

第二十四条　本会选举及改选或补选时，应先期报请地方主管官署，届时派员到会监视投票、开票。

第二十五条　本会职员之选举或改选及补选，应将左列事项各于册簿内记明年、月，分别呈报：

一、职员会员之姓名、年岁、住址、履历及合于农会条例规定之资格；

二、职员当选票数及次多数者之姓名、票数；

三、会员投票总数及会员到会签名簿。

第二十六条　本会会长及副会长经开会举定后，应即报由地方主管官署核转农工部查核，发给证书。

第二十七条　本会会议分常年会议、职员会议、临时会议三种。

第二十八条　本会会议规则另定之。

第二十九条　本会经费应由会员分担，但事业费有不足时，得呈请主管官署酌拨地方公款。支用此项地方公款后，除年度终了应造具决算呈报外，并应专案报请地方主管官署核销。预算及决算书内，应将该项地方公款之种类、款额及呈奉核准年、月详细注明。

第三十条　本会会员分担会费数目及经收办法规定如左：

一、入会费每人大洋一元，于入会时缴纳之；

二、常年费每人大洋二元，每年分春、秋二次缴纳。春季于四月一日缴纳之，秋季于十月一日缴纳之；

三、特别捐助者，随时缴纳。

凡依前项规定缴纳会费，均应由会计员掣于收据。

第三十一条　本会如能集有财产，应随时呈报主管官署备案，动支时亦如之。

第三十二条　本会保管财产规则另定之。

第三十三条　本会每年以七月一日至翌年六月三十日为一会计年度。

第三十四条　本会经费之预算及会费之经收办法经开会议决后，须于每年度两月前呈报主管官署核准；预算及经收办法有变更时，亦须呈报主管官署核准。

第三十五条　每年度开始后两月内，须将上年度之经费决算、财产目录及会务之状况通知会员，并呈报主管官署。

第三十六条　本会会章如有应修改之处，得开会议决修改，但须呈报主管官署核准，乃能有效。

第三十七条　本会除主管官署依农会条例第三十三条之规定以命令解散外，得自行开会议决解散，但须将原由呈报地方主管官署核准，转报农工部备案。

第三十八条　本会解散时，应以会长、副会长为清算人。

第三十九条　本会虽已解散，在清算期间内仍视为存续。

第四十条　本会会章如有未尽事宜，悉遵农会条例及农会条例施行细则办理。

第四十一条　本会章自呈奉核准之日施行。

关锡山等五十二人联名为请组织市农会的呈文

民国二十年四月六日

呈为组织市农会，拟定会章，仰祈鉴核，俯准立案事。

窃民等同在吉林省会市治区域业农，遵照农会法第十三条之规定，发起组织吉林市农会，以图农业发达，拟定会章三十条，除俟奉批准再行照章选举外，理合缮录会章三份，具文呈请钧处鉴核，俯准立案，示遵施行。谨呈

吉林省会市政筹备处

计呈送吉林市农会章程三份

吉林市农会发起人关锡山等为报召开成立大会并选举日期仰祈派员莅临监视的呈文

民国二十年四月三十日

呈为具报吉林市农会召开成立大会，并选举日期，仰祈鉴核派员监视事。

案查：前将组织吉林市农会，拟定会章，呈请在案，当于四月十一日奉钧处第一九号批开：呈件均悉。查市农会之设立应以其下级会为会员，该民等发起组织市农会于法殊有未合，惟本市区域尚未划定，现有区域过狭，无分区设会之必要，暂设市农会以促农业发达，俟市区划定，范围扩大，区农会分组成立时，再行依法改组，似尚可行。仰即召集设立大会，选举职员，造具职员会员清册各四份，并另缮章程四份，呈候分别存转可也。附件存。此批。等因，奉此。遵即照章组织，征求会员，定于本月三十日上午十时暂假省城西关和泰栈内，召集会员开成立大会，同时选举职员，即请届时派员监视，以资郑重。至组织市农会章程前已呈送三份，谨再遵批补造会章一份，除俟组织成立选举完毕再行造报职员名册外，理合检同会员名册四份、会章一份，具文呈请钧处鉴核施行。谨呈

吉林市政筹备处

计　呈送会员名册四份、会章一份

吉林市政筹备处为拟成立吉林市农会并呈送章程及职员会员名册函

民国二十年五月

径启者，案查本处前据市民关锡山等五十余人，联名呈请组织吉林市农会一案：当以查市农会之设立，应以其下级农会为会员，该民等发起组织市

农会，于法殊有未合。惟本市区域尚未划定，现有区域过狭，无分区设会之必要，暂设市农会以促农业发达，俟市区划定，范围扩大，区农会分组成立时，再行依法改组，似尚可行。仰即召集大会，选举职员，造具职员会员清册各四份，并另缮章程四份，呈候分别存转。等因，批示在案。兹据该民等遵令于四月三十日假本市西关和泰栈内，召集会员开成立大会，同时选举职员，并由本处派员监视，依法投票。开票结果，关锡山当选为干事长，阎仲平当选为副干事长，其余干事、评议暨候补各职员等，亦均依次选出，并造具职员名册、会员名册，连同章程，呈请立案，并发给图记。等情前来，本处查核，尚无不合，除批示并刊发图记外，相应检同职员会员名册暨章程各三份，函请查照核转为荷。此致

吉林省政府农矿厅

计呈送吉林市农会章程、职员会员名册各三份

吉林省农矿厅为吉林市政筹备处拟成立市农会一案的复函

民国二十年五月二十三日

径复者，案准贵处第一零零号函送吉林市农会章程暨职员会员名册，嘱即核转。等因到厅。查市民关锡山等五十余人联名组设市农会，以图农业之发达，自属可行，惟手续上尚欠完备，若遽予照转，必难邀准。现在本省省党部既已成立，究竟该会组织是否合法，须由该会直接检同章程及选举一切文件，依各级党部指导农会组织办法第二条之规定，申请省党部补行许可后，再按本厅由本年五月三日以第八六号公函转奉实业部解释福建建设厅原文，并另函所订表式，填具职员就职表三份，呈由贵处核明，函厅转报备案，方符法令。相应检同原件函复贵处，希即转饬遵照办理为荷。此致

吉林市政筹备处

附　还市农会会章及职员会员名册各三份

吉林省农会为农会法并代拟各级农会草章及应办一切手续以凭组织而资成立函

民国二十年九月一日

径启者，案查农会法业经公布，前因国民会议代表选举各级农会，虽多改组，合法者甚少，乃为一时权宜之计。现在因限于农会法手续纷繁，多未能另行改组，省令催促甚厉，而各级农会之改组实为急不容缓之事，是以代拟各级农会草章及应办一切手续，相应函送贵处查照，督促市民依法组织，以期早日成立而副公令，是为公便。此致

吉林市政筹备处

附　省农会函送代拟各级农会草程

吉林省　　农会章程

民国二十年九月四日

第一条　本会以增进农民知识，改善农民生活，发展农民经济，而图本县区域内农事之改良发达为宗旨。

第二条　本会之设立应有直接下级农会过半数之同意，并各派代表二人出席选举组织之，定名为吉林省　农会。

第三条　本会以吉林省　区域为区域。

第四条　本会事务所设于本。

第五条　本会设置农业试验场、农产陈列所及农具陈列所，并办理农业及农民之调查统计等事。

第六条　本会应办事业如左：

一、关于土地水利之改良；

二、关于种子肥料及农具之改良；

三、关于森林之培植及保护；

四、关于水旱虫灾之预防及救济；

五、关于农业教育及农村教育之推进；

六、关于公共图书室、阅报室之设置；

七、关于公共娱乐之举办；

八、关于生产消费信用仓库等合作事业之提倡；

九、关于治疗所、托儿所及养老济贫事业之举办；

十、关于粮食之储积及调剂；

十一、关于荒地之开垦；

十二、其他关于农业之发达改良。

第七条　本会除前条规定应办各项事业外，不得为他项营利。

第八条　本会职务对于政府自治机关咨询应答复之，并应接受其委托。

第九条　本会凡关于农业之发达改良，得建议于中央及地方政府。

第十条　本会应接受上级农会之委托，为农业调查及报告。

第十一条　本会以下级农会为会员。

第十二条　本会职员须年满二十五岁以上者方得被选。

第十三条　本会设干事长、副干事长各一人，干事五人，评议员十一人，由各区农会代表选举之。

第十四条　本会办理会务，应设劝农员二人，调查员二人，编辑员一人，会计兼庶务员一人，书记员一人，司书二人，由干事长延用之，并听其指挥命令。

第十五条　干事长总理全会事务，副干事长协同干事长办理会务，干事辅助干事长办事。干事长有事故时，副干事长代行其职权；正、副干事长均有事故时，委托干事一人代理之。

第十六条　评议员得随时开会，议决本会交议事件。

第十七条　本会职员用记名投票法选举之，正、副干事长、干事及评议员，由各区所派代表过半数出席，分次选举，以得票多数者为当选。如得票同数，以抽签法定之。

第十八条　选举投票时，有左列各款情事之一者，所投之票应作无效。

一、不用正式之投票用纸，或字迹不清、任意涂抹难以辨认者；

二、不依下级会员名册书写姓名，另写别号者；

三、记载之姓名，其人为无被选举权者；

四、于被选举人姓名以外，记载他事者。

第十九条　本会职员有左列各款情事之一者，应即解任：

一、因不得已事由，经自请辞职者；

二、旷废职务，经下级会议决令其退职者；

三、职务上违背法令，营私舞弊或有其他重大之不正当行为经下级会议决令其退职或由实业部或该管监督机关令其退职者；

四、发生农会法第十七条各款情事之一者。

第二十条　本会职员任期一年，但得连任。如有干事、评议员中途退职或解职时，应由得票次多数者补充之。如正、副干事长辞职、解职时，或无次多数补干事、评议员时，均应开会补选。为中途补选或补充之职员，以补足前任之任期为限。

第二十一条　本会补充及补选之职员，应即呈报主管机关发给证书，并转呈实业部备案。

第二十二条　本会选举及改选或补选时，应规定投票日期，通知下级农会，每会派代表二人，先期函送造具代表名册，呈报主管机关，届时派员到会，监视投票开票。

第二十三条　本会职员之选举或改选及补选后，应将左列事项造册呈报：

一、当选职员之姓名、年龄、住址、履历详细记载；

二、职员当选票数及次多数者之姓名票数；

三、代表投票总数及代表到会签名簿。

第二十四条　本会正、副干事长、干事经开会举定就职后，应于十五日内呈报，由主管官署核转实业部查核备案，发给证书。

第二十五条　本会为上级农会会员，如选举上级农会职员时，应派代表一人出席选举。

第二十六条　本会办理会务，应随时开职员会，如遇有重要事故须召集下级农会，各派代表二人开联席会议，以本会干事长为主席。

第二十七条　本会开联席会议之决议，以代表过半数之出席，出席代表过半数之同意行之。

第二十八条　左列各款事项之决议，应召集各下级会所派代表过半数之出席，出席代表三分之二以上之同意行之：

一、变更章程；

二、职员之退职；

三、清算人之选举及关于清算事项之决议。

第二十九条　本会经费分左列二种：

一、事务费，由地方捐项下分拨之；

二、事业费，由农会募集，但有必要时得由地方行政官署另行补助之。

第三十条　本会收支，每年应呈报本管监督机关并转报实业部备案。

第三十一条　本会每年以七月一日为会计年度。

第三十二条　本会经费之预算及会费之经收办法，经开会议决后，须于每年度一月前呈报主管机关核准。预算及经收办法有变更时，亦须呈报主管机关核准。

第三十三条　每年度开始后一月内，须将上年度之经费决算及会务之状况呈报主管机关。

第三十四条　本会依据农会法第三十一条第一项及第二项解散时，其清算人由监督机关指定或由下级会选举之。

第三十五条　清算人有代表农会执行清算上一切事务之权。

第三十六条　清算人清算及处理财产之方法，应经监督机关之核准，或下级农会之决议。

第三十七条　本会章如有未尽事宜，悉遵农会法及农会法施行法办理。

第三十八条　本会章如有应行修改之处，得召集下级农会各派代表二人开联席会，议决修改之，但须呈报主管机关核准，方为有效。

第三十九条　本会章自呈奉核准之日施行。

（二）畜牧模范场

吉林县实业局为请本局拟创办畜牧模范场请拨基金的呈文

民国十五年六月十五日

为呈请创办吉林县畜牧模范场，拟请酌拨基金以利进行，仰乞鉴核俯准事。

窃维富国之道，首重实业，提倡之方要在实践，此东西各国所以不惜巨帑奖励实业之进行者也。我国仿行以来虽鲜绩著，而实业行政次第扩充。吉林幅员辽阔，向称富庶之区，就吉林全县言之，土壤肥沃，农事急待改进，林矿开采尤为当务之急，苟能分别标本积极着手，则实业发展容或有待。惟规模较大者需用浩繁，基金难筹集，谈何容易。然无米虽难为炊，职责岂可放弃？局长审情度势，斟酌缓急，惟有畜牧一项简而易举，良法苟能周知农民起而仿行，牧养之收益立见，则中外观瞻所系之首县之区，或可推广于全省也。

局长管见所及，拟于靠山临水之处，设立畜牧模范场一所，先就土产家畜择易购置，开辟利源，徐图发展，嗣有盈利，不难搜罗优良畜种，交配改造成一种最好之良畜也。似此增进土产，不特为实业之模范，且使来场参观者直接以动其爱牧畜之心思，间接以动其慕实业之观念，以期实事求是推及于齐民，辟场畜牧之新识灌输于遐迩，俾教育实业共利于进行，人民受益知所以趋向也。兹缘筹款维艰，进行匪易，拟请由地方存款项下拨借吉林大洋二千元用作基金，一俟少著成绩得有收益，必当陆续归本，以重公款。似此办法无损于公款，有利于民生，一举两得，较为妥善。事关动用公款，未敢擅便，是否有当理合拟具简章，具文呈请鉴核，准予施行，实为公便。谨呈

吉林县监督高

附　吉林县公署指令

令实业局

呈及简章均悉。所请系为提倡人民牧畜起见，尚属可行。所需基金曾经召集地方士绅会议，拟由财务处收存自治款项下措拨，俟办理一年后，以四个月为一期，分作四期归还。惟事关动支公款，应候转请实业厅，核示到日再予令遵。简章存转。此令。

七月一日

吉林县实业局畜牧模范场简章

民国十五年六月十五日

第一条　本场由吉林县实业局负责创办及管理，定名曰“吉林县实业局

畜牧模范场”。

第二条　本场以提倡畜牧、厚利民生为宗旨。

第三条　本场牧养鸡、鸭、鹅、羊、蜂、兔等类，办有成绩逐渐扩充。

第四条　本场请拨地方存款吉大洋二千元作为基金，一年之后以四个月为一期，四期归本，以重公款。（由十六年七月至十七年十二月如数归本）

第五条　本场设管理员一员，暂以实业局劝业员兼充，秉承实业局长管理本场一切事务。

第六条　本场设出纳员一员，以实业局会计兼充之，经理本场出入款项。

第七条　本场应用之人夫，以事之繁简由实业局长酌定之。

第八条　本场出入款项，按月遵章编造预算交局，呈送县公署查核。

第九条　本场牧养牲畜应考查天时地势，另拟牧养施行细则。

第十条　本场组织完备正式成立后，呈县转请实业厅派员查验。

第十一条　本简章自呈奉照准之日施行。

吉林县公署为省署及实业厅已准予创设畜牧模范场仰遵照并呈报创设场址及日期的训令

民国十五年七月二十九日

令实业局

案查前据该局呈拟创办县立畜牧模范场，由自治粮租拨款，分期归还，并拟具简章请鉴核等情一案，当经邀集地方士绅暨财务处主任公同议决并转呈在案。兹奉实业厅指令第三七二号内开：呈及附件均悉。据称该县实业局拟创办县立畜牧模范场，借用自治存款，分期归还各节，仰候转请省署核示，再行饬遵。附件存。此令。后于七月二十五日奉第二一九号训令内开：案查前据呈报该县实业局借用地方自治存款创办畜牧模范场，拟具简章送请核办等情到厅，当经指令，一面转请核示在案。兹奉省署指令内开：呈悉。查该局拟在该县财务处征收自治款内借用吉大洋二千元创办畜牧模范场，既经地方士绅集议，订有分期归还办法，应予照准。仰即转饬知照。附件存。此令。等因，奉此。合亟令仰该县即便转饬知照，并饬将畜牧模范场创办地点及成立日期呈候备查。此令。各等因，奉此。除分令财务处知照外，合亟令仰该局即便遵照具领，并将创设场址及成立日期呈候转报。此令。

吉林县实业局拟请为畜牧植树各场委用技术员一员的呈文

民国十五年九月十四日

呈为创设畜牧、植树各场刻已筹设就绪，拟请委用技术员一员，借图发展，仰祈鉴核事。

窃查职局前呈准创设畜牧模范场一处，现已筹设就绪，并在欢喜岭筹备设立植树场一所，以溥林利而壮观瞻，刻正着手筹备，日渐进行。惟查吉省畜牧、植树各端尚在萌芽时代，非聘有专门技术人才料理，殊不足以资发展，裨益进行。拟请钧宪俯准职局添设技术员一员，俾资助理。如蒙俞允，即由职局聘有相当人员，另文呈请委用，是否之处，未敢擅拟，理合具文呈请鉴核，示遵施行。谨呈

吉林县监督高

吉林县实业局为具报畜牧模范场创办地址及成立日期的呈文

民国十五年九月二十八日

呈为具报畜牧模范场创办地址及成立日期，请鉴核事。

案查职局创办畜牧模范场，请由自治存款项下拨发大洋二千元，业经呈奉照准，具领呈报在案。兹在城西紫霞宫迤西租用基督教会空地一段，依据牧养方法，建筑洋瓦房三间、养鸡板房三间、小鸡运动场一处。又修养兔板屋三间、养羊板圈一座，均系建筑合法，空气适宜。现已购买山绵羊五十只、家兔一百只、家鸡二百只，定于十月一日正式成立，暂为牧养。并拟购买瑞士羊及洋鸡若干只，以资交配，改良种类。惟因请款太少，未敢稍事铺张。所有创设畜牧模范场地址及成立日期，理合具文呈请鉴核施行。谨呈

吉林县监督高

吉林县实业局为保护畜牧模范场公物的布告

民国十五年十一月二十五日

为布告事。

照得本局呈奉吉林县公署转奉吉林实业厅令准创设畜牧模范场一所，专事研究牧养方法，其期普遍，兹于本年十月一日正式成立。所有牲畜及房舍物件均属公有，不得有损害及侵占情事。如有前往参观者，先期函知该场管理员引导，以便招待。除呈报外，合亟布告周知。此布。

吉林县畜牧模范场为具报鸡瘟情形并拟将已病未病鸡一并宰杀出售以少损失函

民国十五年十二月十八日

径启者，窃查本场原购家鸡二百只，曾于十月间罹灾死去七十三只等情，业经表报在案。不料于本月初旬鸡灾流行，深恐蔓延，当即督率夫役严加防范，对于饲料尤其注意。陡于本月之十四日鸡瘟发现，察其病状，始见咽鸣，继吐黄水，即难施治，虽经隔离施疗，究无若何效果，自本月十四日至十六

日三日之间，计因灾死去家鸡三十二只，退去羽毛，以待查验。尚有罹灾者五十五只，其余四十只虽然似无病状，但此灾传染之速，实属防不胜防，况乏隔离宽敞，病鸡无处容纳，若不因时制宜，难免传染殆尽，致遭意处损失。揆诸情势，未便徐图挽救，拟将已病、未病家鸡九十五只一并宰杀，退去羽毛出售冻鸡，当值隆冬，尚易出卖，所得代价虽然偿不及失，然一俟灾消续购，犹可借资挹注，较诸一任传染之为愈也。管见所及，是否有当，相应函请鉴核示复，俾有所循。此致

吉林县实业局

吉林县实业局为准畜牧场拟将已病未病鸡宰杀出售并将鸡价报解的公函

民国十五年十二月二十一日

径启者，兹准该场函开，略谓陡于本月之十四日鸡瘟发现，传染之速实属防不胜防，拟将已病、未病家鸡九十五只，一并宰杀出售，以免传染殆尽等语。查鸡灾流行尚属实在情形，其势果不及防，自难一任灾殆，所拟办法是属相宜，准如所拟。希将所卖鸡价报解来局，一俟鸡灾消灭，以资续购，补足原数，而昭核实。至病死家鸡三十二只查与报数相符，应准核销，相应并复，希即查照。此致

吉林县实业局畜牧模范场

吉林县实业局为请将畜牧模范场停办移在欢喜岭改办植树事宜的呈文

民国十六年五月十二日

呈为吉海路线防〔妨〕碍牧养，拟请移在欢喜岭学田荒地，改办植树事宜，请鉴核事。

案查职局前请由县存余款项下提拨吉大洋两千元，在西关紫霞宫迤西创设畜牧模范场一处，建筑房舍，购置牲畜，已于去年十月一日实行开办，各等因呈报在案。

惟开办之始，正在冬令，所有牧养牲畜费用浩繁，数月以来稍有亏赔，正拟另订方针借谋进行，适逢吉海路购地兴工，已将紫霞宫地段占用一半，而占用之地相距职局建筑之房舍不过数丈，但职局建筑物则不在吉海路收买之列，然距离铁路甚近，诸多防〔妨〕碍，自难久居。拟请将建筑各物一律拆毁，根据前请办理植树之原案，将应用房舍移在欢喜岭学田荒地，改建土房三间，专办植树事宜。并将牧养之牲畜及拆毁之木料一并出售，所得之款，均作植树之用。所有植树之常年经费，即由职局经费项下撙节开支，以利进行。似此变通办理，庶于损失之中继续进行植树，前途或有发展之可期也。第查职局前请提拨之大洋二千元，系属借贷性质，拟定分期归补，以重公款。兹者无端受此损失，变卖各物仅能凑集千元，局长之职责所在，固不敢借端塞

责，惟因感受种种困难，不得不恳请改组，以维现状。又，查吉海路现已开工，所有占定地段实行收用，局长为减轻损失计，已将畜牧模范场即日停办，拟与教育局订立契约，借用欢喜岭学田荒地，专办植树事宜，以资进行。惟事关变更原案，理合将畜牧模范场停办原因及改组植树各缘由具文呈请鉴核，恩准施行，实为公便。谨呈

吉林县监督高

吉林县积谷董理处总董林及生为复遵令详查畜牧模范场用过款项数目情形的呈文

民国十六年七月二十五日

呈为具报遵令详查实业局设立畜牧模范场用过款项数目，加具切结，仰乞鉴核事。

案奉钧府第五七六五号训令内开：案查前据县实业局局长沈玉和呈报畜牧模范场因受吉海路占用地段，拟将该场移至欢喜岭继续办理，并造具购置计算书送请核转等情，当经据情呈奉吉林实业厅第三一三号训令，转奉省长公署指令内开：呈暨附件均悉。查该县实业局设立畜牧模范场用过款项究竟是否核实，有无冒滥情事，应由该厅饬县查明，报厅核转。等因，奉此。合亟令仰该总董即便遵照令饬各节，前往该局查照前送计算书所列各项节目，核兑收支账簿，详细查明，加结具复，以凭核转。此令。等因，奉此。总董遵即前往实业局，调阅畜牧模范场用过款项账簿，按照原送计算书逐一核对，尚属相符。查该局设立畜牧模范场原请吉大洋二千元，除建筑住房三间，七百四十四元二角五分；鸡舍三间，二百四十九元三角三分；兔庭三间，二百零六元八角三分；羊圈一所，七十四元六角六分；暨挖壕工钱七十元；地皮租金四十一元二角一分；又买羊五十只，四百一十六元六角六分六厘；鸡二百只，一百六十六元六角六分；兔一百只，一百元；尚超出吉大洋六十九元六角零六厘，系由实业局经费项下挪移垫付，已由该局另案呈报在案。再，查该场原设在紫霞宫迤西，现因吉海路占用地段，迁至城西欢喜岭学田荒地继续办理。总董复往欢喜岭实地查验，现正建筑房舍，积极进行，并在学田荒地之上栽种各种树株，尚未完全工竣。除由该局将迁移情形径行呈报外，理合将查明畜牧模范场用过款项情形，加具切结，具文呈报鉴核施行。谨呈

吉林县监督高

计呈切结一纸。

吉林县公署为转报实业局畜牧场迁移欢喜岭拟请改为农林试验场的呈文

民国十六年八月二十三日

呈为转报实业局将畜牧模范场迁移欢喜岭，改植各种果树，兼养牲畜，

拟请改为农林试验场，用符原案等情，仰乞鉴核事。

案查前据实业局局长沈玉和呈，为创设畜牧模范场因吉海路线防〔妨〕害牧养，拟请移在欢喜岭学田荒地改办植树，等情到县，当经据情转呈在案。旋奉钧厅第四九七号指令照准，等因，遵即转饬该局遵照办理去后。兹据该局长沈玉和呈称：查欢喜岭学田荒地，系于去岁七月间提倡植树与县教育局商订妥协呈报在案，委以彼时的款无着，遂即中道废止。兹即奉令准予迁移，自应翔实查验，备作进行计划。业经局长一再前往勘测，该处纯系一片荒山，并无河流，对于畜牧一节稍感不便。按照土质地势，而该山之东、西两面纯属朝阳，种植果树及各种树木最为适宜。况值兹雨水调和之际，正应及早栽种。局长为提倡实业起见，遂不揣冒昧选择地势开垦数段，并在城乡一带购买二三尺高之李、杏、桃等树，及五六寸高之樱桃树，各数百株，已派职局劝业员曲在田加以肥料，依法分别栽种。此外另辟苗圃一大段，已由浙江富国农林场购到各项树木种子以资试验。一面逐渐垦荒，以便将来实行造林。如此办理以植树为主体，仍以牧养为实业，一举两得莫此为善。但案未请准，遽然着手，冒昧之咎，固属难辞，而时不及待，则非积极进行，别无良策。所最难者，该场基本金原仅拨给大洋二千元，尚应分期归还，以现在计算，余存房舍及牲畜等价值不过一千三四百元之谱，此次拆毁迁修，竟自亏耗六七百元有余，设不另谋建设，将来之亏耗更不堪设想。故拟如此改组，以利进行，而符原案。一俟将来得有收益，则庶几此项垫款尚不致无着。惟查该场既以植树造林为主体，牧养乃属农业之范围，拟请改畜牧模范场为农林试验场，以符名实，而利进行。除绘具草图、拟定简章、编造预算另文呈请核示外，所有拟以畜牧场迁移地址，改种各种果树树木等情，是否可行，理合备文呈请核转，示遵施行。等情，据此。查该局长所陈各节，不无理由，惟事关变更原案，是否可行，理合具文呈请鉴核，示遵施行。谨呈

吉林实业厅厅长马

吉林省实业厅未准吉林县呈报畜牧模范场拟改为农林试验场一案的指令

民国十六年九月七日

令吉林县知事

呈悉。查该县实业局请设之畜牧模范场，粗具形式，已将借用自治存款大洋二千元开支罄尽，此次迁移地点竟至亏耗六七百元，亟应赶紧筹划进行，冀收成效，以补公亏，而清垫款。今若中途变更名目，核与原案既不相符，而经费势须增加，亦无着落。况江南省立农事试验场本有造林部分，该县似无重设必要。如果该县经费充裕，本厅亦不加以限制，倘仍有名无实，厌故

喜新，不如率由旧章，即将试验树种附属畜牧场内之为愈也。仰即转饬遵照。此令。

吉林县实业局畜牧模范场牧养规则

民国十七年九月八日

第一条　本场为改良牲畜种类起见，牧养中外畜类，以资交配。

第二条　本场现因经费不足，只有美利奴羊种。嗣后逐渐填〔添〕养马、牛、猪等类。

第三条　本场收养民羊，必须羊主由本管警团填送志愿表作为凭证，本场收到羊只时，立时掣给收据，以昭慎重。

第四条　本场以改良羊种为宗旨，收受民羊以牝羊为限，概不收养牡羊。

第五条　凡来场交配之民羊，如因特别原故伤亡时，本场不负赔偿之责。倘无故丢失时，责令管理员役包赔，以昭公允。

第六条　本场收牧民羊并不限定日期，一经受孕，即准羊主随时取回，有愿留场久养者，听。凡在冬令一、二、三、十、十一、十二等月来场交配者，每月收取饲料费吉洋三元六角；夏令四、五、六、七、八、九等月，每月收牧养费吉大洋一元二角。

第七条　本场收牧之民羊，按月检同羊主自愿表呈报县公署查核备案。

第八条　本场代收民羊，均得由各羊主自作标记，以凭辨认。

第九条　羊主取羊时，须持本场原发之收据为凭。如有遗失，届时另行取保，以昭慎重。

第十条　本场应收牧养费，每至月终收取一次，须由羊主送交。

第十一条　本场关于中外各种畜类之性质及防止疾病方法，加意研究，随时公布之。

第十二条　本规则由暂行试定，如有未尽事宜，随时修正之。

第十三条　本规则由呈奉核准之日施行。

吉林县实业局为声复拟由征收砍照暨　附收山份提成款拨充畜牧场经费足敷支用的呈文

民国十七年九月二十一日

呈为遵令声复拟由征收砍照暨附收山份提成款项，拨充畜牧模范场并培养树木经费，足敷支用各情形，仰请鉴核事。

案查职局前以畜牧模范场经费拮据，拟由砍伐执照及附收山份提成项下开支，以资维持等情一案，呈奉钧署指令第八六二六号内开：呈悉。所称尚属实情，惟该局经征之砍伐执照及山份提成款项，现在实存若干，将来每年约可收入若干，能否源源接济，足敷畜牧场经费，均须统盘筹划，以免拮据。来呈均未叙及，仰另详细声复，再予核夺。此令。等因，奉此。遵查职局发放砍伐执照系属创办，异常慎重，由十六年三月起至本年七月底止，计发出砍照五十二张，照章截留办公费吉大洋二百六十元。又，抽收山份二万九千零五十七吊，照章留支八千七百一十七吊一百文。由此逐渐推行，每年发放砍照约能有二百余张，及附收山份，共能留支一千余元。除提拨三成奖励职员外，其余之数足敷畜牧模范场及培养各种树木常年经费，如有盈余专案保管，呈请另作别用。奉令前因，理合据实呈复，恭请鉴核，批示遵行，实为公便。谨呈

吉林县监督高

县知事批：

呈悉。准予所请，仰将某项开支若干，先行造具预算，呈候备核。但须按照收入数目樽节开支，万勿超过，是为至要。此令。

十二月二十九日

吉林县实业局为声明前请拨公款大洋一千元拟定计划用途的呈文

民国十八年五月

呈为遵令声明畜牧模范场无力进行，前请拨公款大洋一千元拟定计划用途，以期发展，仰乞鉴核事。

案查职局前为畜牧无力进行，请由地方公款项下提拨吉大洋一千元，以资维持等情一案。呈奉吉林县公署指令第二七三号内开：呈悉。据称欢喜岭畜牧场经费困难，拟请由地方公款项下提拨吉大洋一千元，以资接济，借图发展，等情。究竟如何计划，何项需款若干，是否均为当务之急，来呈含混，具报并未详细声明，实属无从悬揣。又称该处荒山空地栽种各种果树万余株，究竟实有若干，均系何种名称，每种计有若干株，并系何时栽种，似此笼统拉杂，并无计划步骤，转请定遭指斥，应详细呈报，以便查核。仰即遵照指驳各节，切实声复，再行核夺。此令。等因，奉此。遵查职局经办畜牧模范场自民国十六年五月间迁至欢喜岭之后，因地势关系，对于种植各种树木最为相宜，因即从事栽种桃、李、梨、杏、樱桃、苹果、松、柳、榆、杨等树近十七种，共四万六千余棵。缮具植树名称数目表一份，随文附呈，以便查核。兼以原办畜牧事宜两项合计人工一切所费，自属不赀。十六年度虽造具预算，呈奉核准。十七年自开始至今，所费款项较之十六年度并无若何

减少，惟两年以来上项费用均系由职局勉力挪垫，竭蹶之状，实非笔墨所可形容。现值春融之际，已植之树均待培养，未种之处尚拟继续栽植，总期得著成效，用副我县长注重实业之至意。惟经费为办事之母，现下该处亟应筹备之事，需用临时费款者计有数项。一、该处无水灌溉，拟凿洋马神井一眼，约需吉大洋二百元。又，栽植树株，购置犁、锄、镐、刀等项用具，约需吉大洋一百五十元。又，拟将房舍并羊圈四围建筑木障暨树区，各用铁丝围栏，以资保障，约需吉大洋二百元。又，拟在熊岳、杭州富国农林场等处购买良种树子，并培植肥料等项约需大洋一百五十元。以上各项计共需吉大洋七百元，均系势所必需，减无可减。至十八年度经常费，仍拟援照十六年度请准成案办理，分别造具临时经常预算书各三份，拟请由地方公款项下提拨吉大洋一千元，以便积极进行。至临时费实际用款若干，随时专案核实呈报，下余之数即作为经常费。再有不足，届时仍由职局设法挪垫，可否之处，理合检同附件一并具文呈请鉴核施行。谨呈

吉林县政府

永吉县地方财务处为拟由地方款拨付补助实业局畜牧模范场吉大洋一千元的呈文

民国十九年二月十八日

为呈复事。

案奉钧府第一四八号训令内开：案据实业局呈称，案查职局创设之畜牧模范场，截至十八年年底，积亏吉大洋一千八百四十四元三角五分六厘，拟请由公款项下准予如数拨发，以示体恤，借资维持，各等情业经呈请在案。顷奉钧府训令内开：案查前据该局长呈报办理畜牧模范场，截至十八年十二月止实亏吉大洋一千八百四十四元三角五分六厘，造具收支清册，请由公款项下拨发，以清积欠等，当经令行财务处核复并指令在案。兹据该处呈称：该局所陈办理畜牧模范场积亏各款虽属实在情形，惟职处十八年度截至十九年一月十六日止地方收入各款除开支外，仅存吉大洋二万六千二百六十一元，又官贴钱八百零七万三千一百二十吊，约合吉大洋五万六千四百五十元。再，预计自十九年一月十七日起至十九年六月底年度终结日止，按照预算规定，应收营业税、粮捐及警学团捐款洋并计约收吉大洋十八万五千九百元。二共有吉大洋二十万八千余元之收入。而各机关经费现亦发至十八年十二月底止，其自十九年一月至六月底约共支警学团经费及教育购买地基、建筑楼房校舍等项，又须吉大洋三十二万一千八百余元，以收抵支，尚亏吉大洋五万三千八百余元，其临时支出各款将来应需若干，尚未预计在内。既使本年度地方各款能有长征，不过抵弥补本年度之积亏，恐无盈余可作他项挹注。

况职处历年非于年度终了时存有二十五万元以上，不能维持七月至十二月各机关经费之开支，是以通盘筹划，地方款实在无可拨付。第查该局前于民国十五年七月间创办畜牧模范场之际，曾借职处吉大洋二千元作为开办经费，并拟定由该场收益项下分期拨还，业经呈奉钧府，转请核准拨发在案，乃迄今四年有余，分文未缴。兹复请拨付积亏吉大洋一千八百四十四元三角五分六厘，可否由钧府转呈财政厅，在该局前借开办费吉大洋二千元内酌拨若干，以轻该局担负，其余之款仍照原案由该局收益项下分年归补，抑或呈请财政厅按照该局所亏全数拨发，以资维持。职处未敢擅便，理合缴同原册，备文呈请鉴核。等情前来。复核所陈情形，是地方款并无余裕不难共见，该场于创办之初所请开办费尚系借垫性质，今则不惟无款筹还，且将经常开支积亏至三十九个月之久，所收变卖羊毛费不过一百余元，复由他项收益抵补仍亏吉大洋一千八百余元，据以转呈，实难自圆其说。此项积亏从前既未专案呈明，本县长接事在后，原属无凭置议，虽云因公受累，论情不无可原。第一再筹维，殊乏澈底善策，且现在旧亏未已，新亏尚继续增加，以后又将如何弥补。局长虽未慎始，亦应图终。能办则办，不能办亦无妨呈请停办，万不可仍前敷衍，自取苦累。究竟以后归宿如何，该局长有无切实把握，仰再妥为查核具复，以凭察夺。须知地方款各有用途，量予补助则可，若全赖公款开支，无论地方无此财力，即据情照转亦断不能邀准。仍望本此意旨，详加考虑为要，此令。等因，奉此。遵查职局创设之畜牧模范场，虽系因陋就简，未能大事扩充，而规模已具，不无事迹可考。此间牧养之美利奴羊及蒙古羊不下三十余只，场内盖房二所，凿井一眼，周围栽种之各种果树亦不下五千余棵，其杨柳之类为数尤巨，以两千元之开办费相比较绰有余裕。况日积月累，以至于此，惨淡经营，亦属非易，转瞬收益日增，足以维持。此该场实有设置之必要，弗敢率尔呈请停办也。局长办理无状，积有公亏，职责所有，固属咎有攸归，拟恳恩施格外，体恤局长之因公受累，准将积亏之一千八百四十四元三角五分六厘如数拨付，以示维持。此后该场之收益日必增多，一切之开支竭力核减，以期出入相抵，自相维持。设有不足，即由局长自行筹措，不敢援例请求弥补，以示限制。兹奉前因，理合将请补旧亏不能再有新亏之实在情形，具文呈请鉴核，伏乞恩准由公款项下将旧亏如数拨付，以示体恤，实为公便。等情，据此。查此项畜牧场既据声明以后开支设有不足，由局自行筹措，所有前此亏累，不得不曲加体恤，酌予补助。究由某项下提拨若干，除指令听候外，合再令仰该处即便妥为核议具复，以凭察夺。此令。等因，奉此。查此案前奉钧府训令，业将无款拨付情形呈报在案，兹复以该局系因公亏累，曲加体恤，酌由某款补助若干，饬令到处。查该局既系因公亏累，似不能不曲加体恤，遵即多方搜罗，勉由地方款节余项下筹措吉大洋一千元，以为该局补助。惟事关动款，应请求钧府转呈财政厅核准，再行拨发，以昭核实。是否有当，理合具文呈请鉴核施行。谨呈

永吉县政府县长王

吉林省财政厅为姑准由地方款内拨助畜牧模范场一千元后不为例的指令

民国十九年六月十八日

令永吉县县长

呈悉。该县实业局经办之畜牧模范场，既据该县长查明此后所得收益确能足敷开支，所请由地方款内拨助吉大洋一千元姑予照准，以后无论如何不得援例续请，用示限制，仰即饬遵。此令。

吉林省财政厅为照准具报县实业局请拨专款充作发展畜牧模范场基金一案的指令

民国二十年六月五日

令永吉县县长

呈悉。该县实业局原办畜牧模范场曾请准借用自治款二千元作为基金，所有工资及一切消耗均系自筹，并未专请经费。现有各种动植等项物品代价按照原有基金虽有余裕，而每月收益仅敷开支，无力偿还借款。自非积极扩充，不足以资发展，尚属实在。所请由地方款内提拨吉大洋四千元，以二千元归还自治借款，以二千元作为发展费用，应准照办。此令。

永吉县实业局为报解归还畜牧模范场前借财务处吉大洋二千元的呈文

民国二十年七月十一日

呈为报解归还畜牧模范场前借财务处吉大洋二千元，检同现款，仰乞鉴核饬收事。

案查本局兼办之畜牧模范场，于民国十五年借得自治款吉大洋二千元，为该场基金。现已届归还时期，兹特由请准畜牧模范场临时基金吉大洋四千元之内，归还该场前借二千元，理合检同现款，具文呈请鉴核饬收施行。谨呈

永吉县政府

附　吉大洋二千元

吉林省实业厅为饬各县参考推广永吉县畜牧模范场改良羊种方法的训令

民国二十年七月十四日

令永吉县县长

查接管农矿厅卷内前遵省令拟定推广改良羊种办法一案，曾经通令遵照妥速进行在案。兹据永吉县转，据实业局局长沈玉和呈称：窃查本局附之畜

牧模范场原养美利奴羊四只及本地羊十只，混合交配，期其改良羊种，而示提倡。旋奉钧座谆谆以厚利民生，劝谕乡农改良羊种为前题，复经拟具办法，请令各乡区转谕民众，送养羊只为之交配，借图推广，各等因在案。第查该场开办以来，因漏〔陋〕就简，未能大事扩充。幸赖牧养之羊只繁殖渐多，羊毛之收入增加，虽无常年经费，尚可勉为挹注。按收养各种羊只之手续异常简略，其羊种改良之交配更易明了。若以纯种美利奴羊与本地羊交配，而生毛绒参半者，曰杂种羊，杂种羊再与美利奴羊交配，则所生者一变而为美利奴羊。即此互相交配，易于改良，展转推广，收益良多。每一美利奴羊，年可剪毛八九斤，每斤价值日金一元有奇，每羊年可收入吉大洋二十余元，似以收益之巨，实有竭力提倡之代价。况政府注意改良羊种，早经三令五申，本局为详述改良羊种之利益计，特制美利奴羊照片及羊毛分别呈赠，借广传播。除函请本县各乡区公所查照竭力提倡外，理合检同美利奴羊照片五十份、羊毛五十袋，一并送请钧府，转呈通令各县，备作参考，庶期一致提倡，借图推广，转呈鉴核。等情前来。查该局所称改良羊种推广办法简而易行，核与前农矿厅通令改良羊种办法用意大致相同，具见该局长留心牧业，殊堪嘉许，自应准予通令参考办理，以资观感。除分行外，合亟检同羊毛、照片，令仰该县参考仿行，切实办理，以继牧业是为至要。此令。

附　发羊毛一袋、照片一份。

永吉县实业局为具报畜牧场最近情形并拟将收获之李梅分别赠送以示提倡的呈文

民国二十年七月二十九日

呈为具报畜牧模范场最近状况，拟请将本年收获之李子梅尽数作为非卖品分别赠送，以广传播而示提倡，仰乞鉴核示遵事。

窃查本局附设畜牧模范场虽系牧养羊只、改良羊种，复为废物利用，计前在该场用地之内以良好肥料栽种各类果树，俾资试验，藉示提倡。顷据该场管理员报称，场中所种果树异常发育，而李子梅一项本年约有三四百斤之收获，究竟如何处置。请示遵行。等情前来。查该管理员所称各节系属实在，第以该场李梅树不下千棵，本年结实为数无多，况属初次结果，似应充量赠送，以示提倡，借广传播。惟事关公有物之处分，是否可行，未敢擅便，理合具文呈请鉴核，示遵施行。谨呈

永吉县政府

（三）农产种子交换所

吉林省农矿厅为发农产物种子交换所章程的训令

民国十八年十二月十九日

令永吉县县长

案奉农矿部第一〇三二号训令内开：为令遵事。查交换种子为改进农产、增加收获之根本要图，东西各国均极注重。我国古称农业之邦，各项优良种子随在多有，徒以交通梗滞，农民囿于习惯，未能依科学方法换种改良，以致农业比较东西各邦相形见绌。兹特制定农产物种子交换所章程，以为交换种子机关组织之准则，经呈奉行政院转呈国民政府核准公布在案。除分令外，合亟检同章程二份，令仰该县长遵照，分发各农事试验场依该章程第四条之规定迅予组织成立。其未经设有试验场者，仰由该县长察看情形，委托其他农业机关办理农产种子交换事务，并将办理情形随时呈报为要。此令。

附　发农产物种子交换所章程一份

农产种子交换所章程

第一条　农矿部为便利各地交换佳良种子起见，特设农产种子交换所。

第二条　农产种子交换所分左列各种：

一、中央农产种子交换所；

一、各省农产种子交换所；

一、各县农产种子交换所。

第三条　中央农产种子交换所附设于中央农事试验场，各省农产种子交换所附设于省立之农事试验场，各县农产种子交换所附设于县立之农事试验场或农业指导所。

前项各农事试验场未设立或有其他故障时，得由各该主管官署委托其他农业机关办理农产种子交换事务。

第四条　农产种子交换所设主任一人，技术员及办事员若干人，主任得以各该场场长兼任，技术员及办事员由主任依事务之繁简呈请各该主管官署委派。

第五条　各省、县农产种子交换所应将该管区域内所有佳良种子之种名、特质，及所宜土质、肥料、培溉方法等填具表册，呈报中央农产种子交换所。中央农产种子交换所接受前项呈报后，应分别抄发各县。

第六条　各县查阅前条表册，欲得某项种子以广试种时，可依序呈请中央农产种子交换所，向出产之县征取转发。

第七条　交换之种子分甲、乙两种：

甲种　一县与他县因交互试种交换种子，或虽非交换数量无多者，均不给价。

乙种　一县欲得他县种子为推广莳种之用，数量既多又无别项交换者，应由领受之县给价。

种子由人民领用时，除有特别情形准予免价外，应令其缴纳原价。

第八条　凡交换种子所需邮运等费，由领受之各县农产种子交换所担任之。

第九条　各县农产种子交换所每年须将所征取之种子试种成绩，填具详表呈报各省农产种子交换所，各省农产种子交换所再汇辑呈报中央农产种子交换所。

第十条　中央农产种子交换所每年须将各省各县交换种子情形及试种种子成绩，呈报农矿部备核。

第十一条　本章程自公布日施行。

永吉县实业局为具报农产种子交换所成立日期暨办理情形的呈文

民国十九年一月十三日

呈为具报农产种子交换所成立日期暨办理情形，仰乞鉴核事。

案奉钧府训令第三七六号内开，案奉吉林省政府农矿厅训令第五一九三号内开，案奉农矿部第一零三二号训令内开：为令遵事。查交换种子为改进农产、增加收获之根本要图，东西各国均极注重。我国古称重农之邦，各项优良种子随在多有，徒以交通梗滞，农民囿于习惯，未能依科学方法换种改良，以致农业比较东西各邦相形见绌。兹特制定农产物种子交换所章程，以为交换种子机关组织之准则，经呈奉行政院转呈国民政府核准公布在案。除分令外，合亟检同章程二份，令仰该厅遵照办理，并将办理情形随时呈报为要，此令。附发农产种子交换所章程。等因，奉此。除分行外，合亟检同章程令仰该县长遵照，分发各农事试验场依该章程第四条之规定迅予组织成立。其未经设有试验场者，仰由该县长察看情形，委托其他农业机关办理农产种子交换事务，并将办理情形随时呈报为要。此令。等因，奉此。合亟抄发原件，令仰该局即便遵照办理，并将办理情形随时具报，以凭转呈为要。此令。计抄发农产物种子交换章程一份。等因，奉此。遵查此案实为改进农业之要图，自应切实办理。兹遵照章程第四条之规定，所有主任即由局长兼任，其技术员、办事员等均由职局职员分别兼充，遵即于本年一月一日组织成立。除关于办理交换事务由局拟具办事细则另案呈报备查外，理合将农产种子交换所成立日期及办理情形具文呈请鉴核，转报施行。谨呈

永吉县县长王

县长批：

呈悉。仰仍认真办理，随时报查，并候转呈吉林省政府农矿厅查核。此令。

一月十六日

永吉县实业局为遵令拟具永吉县农产种子交换所办事细则送请鉴核的呈文

民国十九年二月二十二日

呈为遵令拟具农产种子交换所办事细则，送请鉴核事。

案奉钧府训令第一百零八号内开：案查前据该局呈报农产种子交换所成立日期暨办理情形，当经指令并转呈在案。兹奉吉林省政府农矿厅第一六六号指令内开：呈悉。据称该县农产物种子交换所委托实业局办理，业已组织成立，所有职员即由该局职员分别兼充等情，核与部定章程尚无不合，应即由该县长切实督饬，认真办理，借观实效。至于办事细则应饬该所从速拟定，呈转备核，并候转呈省政府、农矿部备案，仰即转饬遵照。此令。等因，奉此。合亟令仰该局即便遵照，迅将办事细则拟定，备具四份克日呈送来县，以凭核转。毋延，切切。此令。等因，奉此。遵即依照部颁章程参酌地方情形，拟定办事细则十七条，用资遵守。

再，查该所对外行文应否专备印章，拟或借用职局钤记，以昭信守，理合检同办事细则四份，具文呈请鉴核，示遵施行。谨呈

永吉县政府

计呈办事细则四份

附　县政府批：

呈暨附件均悉。仰候转呈省政府农矿厅核示，俟奉指令再行饬遵，附件分别存转，此令。

二月二十四日

附　吉林省政府农矿厅指令

令永吉县县长

呈件均悉。查核所拟办事细则大致尚无不合，仰候转呈农矿部核示，并分呈省政府备案，俟复饬遵。至于该所对外行文应用图记，即由该县直接刊发，仍饬将启用日期报查，并仰遵办。附件存转，此令。

三月十一日

永吉县农产种子交换所办事细则

民国十九年二月二十二日

第一条　本细则依照部颁农产种子交换所章程，并参酌地方情形规定之。

第二条　本所设主任一员、技术员二员、办事员二员，组织之前项主任暂由实业局长兼任，其技术员、办事员则由劝业员、事务员分别兼充，但均不兼薪。

第三条　主任秉承县长之命办理全县交换籽种、改良农业事宜，对于所内员司服务有指挥监督、考核功过之权。

第四条　技术员专任办理调查农产状况、研究改良、宣传、计划、指导，并制备图表、编订报告书各事项。

第五条　办事员秉承主任意旨分任撰拟文稿、保持图记、汇编报告、造具预决算，并一切出纳杂务事项。

第六条　本所对于缮写文件事宜，暂以实业局雇员兼理之。

第七条　本所对于外省、外县交换籽种时，以本县出产之谷类为限。

第八条　本所与各县并农民交换籽种手续，依照部颁章程第七、八两条之规定办理之。

第九条　本所备农产陈列室一所，随时征集县境出产佳良谷类，制作标本分别陈列，以便参考研究，而资改进。

第十条　对于征集前项种子标本，得由本所制定表式，呈请县政府通令各区公安分局负责征集，以利进行。

第十一条　本所须于春耕时期以前，将征集佳良种子填具详表登报通告，并呈请县政府通令各区公安分局转饬农户试验播种，次年再令其他农户交换试种，以期改良普及之效。

第十二条　农户播种前项种子，须于秋成由各区查明其试种成绩、收获量数，列表汇报县政府交本所备核。

第十三条　本所为谋农业逐渐改进起见，得随时派技术员分赴各区调查生产状况，指导改良方法，而资发展。

第十四条　本所遵照章程第九条之规定，须于年终时交换种子试种成绩，编具报告表呈报县政府，转呈省农产种子交换所备核。

第十五条　本所职员每月应集合会议一次，以凭筹谋进行。

第十六条　本细则如有未尽事宜，得随时修正，呈请核定之。

第十七条　本细则自呈奉核准之日施行。

永吉县政府为据农产物种子交换所呈请转饬征集农产物优良种子仰即遵照的训令

民国十九年十月十四日

令各区公安分局

案据农产物种子交换所主任沈玉和呈称：窃查职所之设立，原为谋农产之发展、种子之改良为宗旨，自成立以来，对于种子交换改良各端无不竭力进行，借收宏效。现届秋获禾稼登场之际，自应广事征求优良种子，随时交换耕种，以期物土合宜，方能增加生产，而我农民克登富庶之域。拟请钧府通令各区公安局长选征县境农产优良种子，随时包固邮送职所，并请按照制定表式各项详细查明填注，以备陈列交换，而便提倡改良，理合检同表式具文呈请鉴核。等情，据此。除指令外，合亟抄表令仰该分局即便遵照征集，径送该所核收，仍具报备查。此令。

计抄发表式一份。

永吉县实业局为复桦甸县第三区长函请示知大豆种子交换办法函

民国二十年二月四日

迳复者，案准贵公所公函内开：径启者，兹查农产收获之丰盈在于农业之改良，而种子之选择又是改良农业之首要。兹闻贵局有鉴及此，特备大豆种子以便农民交换，用期改良农业，增加生产。但此项种子如不限制外县交换时，敝区拟欲交换若干，以便分发农民为来年耕种之需。相应函达贵局，请烦将交换办法及手续一一示知，实纫公谊。等因，准此。查敝局上年奉令设立农产交换所，旨在改良农业，开办半载，颇收实效。承询交换办法，是征贵区长关心实业、注重民生，深为钦佩。准函前因，除将该所办理交换章程抄送外，相应备文函请贵公所查照为荷。此致

桦甸县第三区区公所

附　抄章程一份。

永吉县实业局为具报畜牧模范场及种子交换所已往成绩及本年计划的呈文

伪大同二年三月十四日

呈为遵令具报畜牧模范场及农产种子交换所已往办理成绩、本年实施工作计划，造具造报书，仰乞鉴核事。

奉案钧署第二二零号训令内开：为令遵事。案奉吉林省公署实字第八号训令内开：为令遵事。现在大同二年开始，所有该县县立农事试验场暨苗圃并种子交换所等大同元年一年间各种试验成绩及种子交换情形，亟应造报。至大同二年事业并应速为计划，以资整顿。除分行外，合亟令仰该县即便转饬所属县立农事试

验场暨苗圃并种子交换所等遵照，限于文到一月内迅将元年详细成绩报告及二年作业计划书一并各造具二份，呈送来署，以凭审核。勿违，切切，此令。等因，奉此。除分行外，合亟令仰该局即便遵照，限文到二十日内迅速将元年详细成绩报告及二年作业计划书一并各造具三份，送候核转，勿稍违延，切切，此令。等因，奉此。遵查职局经办畜牧模范场及农产种子交换所成立，每年因未专拨经费，所有办公事业费均由职局经费项下撙节开支，以致虽稍具规模而未收宏效。第查职局职司实业，责有攸归，未便因噎废食，所有每年办理事迹已为报告书内所述，此后自当本诸计划循序积极进行，以期贯彻提倡实业、福国利民之旨。奉令前因，理合拟具报告书具文呈报鉴核，转报施行。谨呈

永吉县县长

计呈送报告书三本

永吉县实业局局长沈　　谨将经办畜牧模范场及农产种子交换所已往办事成绩，并本年工作事业计划，造具报告书，恭请鉴核。

计　　开

一、畜牧模范场试验各类畜种之概况

查畜牧模范场于民国十五年十月一日成立，场址始在城西紫霞宫迤西，后因吉海路线占用场址，呈准迁移欢喜岭继续办理。原拟搜罗欧西改良畜种与本地畜种交配改良，嗣因的款无着，未能扩充，仅置有美利奴羊五只、蒙古种羊二十只，并有鸡兔等类，使资试验防病、喂养各方法。数年以来因无经费，未能多置本地羊种予以充分改良，深为遗憾。为求普遍改良起见，得将县境民有羊只随时送场，予以交配改良。系现在场内计有纯美利奴羊五只、改良种羊十只、杂种羊七只。此羊毛质极佳，每一羊年可产毛八斤有奇，综计年可产毛百余斤，约价四十余元。此该场改良各类畜种之概况也。

二、农产种子交换所已往办事成绩

查农产种子交换所于十九年一月一日成立，因县款支绌，并未专拨经费。为改良大豆起见，当经交换公主岭日本农事试验场改良大豆五石，分发县境各区农户试验种植。此豆粒极大且含充分油质，诚与本地农户所种豆种不同。将此改良豆种分发后，复由局派劝业员随时下乡详细指导，所有逐年收得效果业经表报有案。又呈请通令各省各县征集各种优良品种，专设陈列室分别陈列，俾农民任意参观，以广宣传，借资提倡。此该所已往交换种子之概况也。

三、畜牧模范场、农产交换所本年实施工作计划

查畜牧、农产两事已往办理概况已如上文所述，所有本年诸端措施自当慎密计划，以期达到提倡之宗旨。惟久无专款，而局中经费又万分拮据，至

每拟□事辄感困难。第职责所在，亦未便因噎废食也。查养蜂事业甚不发达，而其事业又简而易举，拟在该场附设小规模之养蜂场一处，借资提倡。购巴孤沿猪种，改良民有猪种，以期普遍。交换东西各国农产改良种子，分发农户试种，编拟白话布告晓谕农户，加意改良，随时派员指导，以广宣传，而收宏效。此畜牧模范场及农产种子交换所本年实施事项计划也。

（四）农事试验场

吉林县公署饬警察事务所将所出农产物品解送试验场以供品评令

民国二年十二月十六日

为令行事。

民国二年十二月七号奉省行政公署业字第六百三十号训令内开：案据农事试验场呈称，窃本场每年开农产品评会一次，以开发农民智识，提倡农业改良为宗旨，并拟定章程，历办在案。兹届应开第四次品评会之期，自应继续办理。查章程第十五条开：会前一月由行政公署行文农务总会及各属地方官、农务分会，传知各该处农民选备物品，带同来省赴会，其有不能自赴者，可由该农会及地方官代为汇集解送，其运送费用，概由自给，等因在案。兹拟于民国三年二月上旬开第四次农产品评会，自应遵照定章，详请通饬各属查照章程，凡关于农产物品选择解送，务于明年一月十五日以前一律送到本场，以便先期评定等第，借资激劝。所有拟开第四次农产品评会请通饬选送农产物品缘由，理合呈请鉴核。等情，据此。查该场每年应开农产品评会一次，民国三年二月系第四次会期，自应查照定章赓续办理，集农产品评优劣，以期改良而裕民食。除批示并分行外，合亟令行该县即便遵照，务于民国三年阳历一月十五日以前，拣选所属出产农品径送该场查收，以备开会品评，勿得稽延。切切，此令。等因，奉此。合亟令仰该所即便遵照，转区传到各农户，依期将所出农产物品择其精良者，解送农业试验场，以供品评可也。此令。

吉林巡接使公署饬发农事试验场农产品评会奖品录

民国四年四月十五日

为饬发事。

案据农事试验场详称：窃职场于三月二十一日开第六次农产品评会，当将省立农业学校并农安、扶余、滨江、敦化、宾县、密山、磐石、长春、同宾、珲春、额穆、阿城、方正、榆树、舒兰等县送到农产物品详加品评，分别优劣等第，发给奖凭，以昭劝勉。兹将吉林农业学校应得最优等奖凭三张、优等奖凭四张、上等奖凭三张；农安县试验分场应得最优等奖凭二张、优等奖凭三张、上等奖凭三张；扶余县应得最优等奖凭四张、优等奖凭二张、上等奖凭一张；滨江县应得最优等奖凭一张、上等奖凭一张；敦化农会应得优等奖凭二张、上等奖凭二张；宾县农会应得优等奖凭二张、上等奖凭六张；密山县应得优等奖凭二张；磐石县应得优等奖凭一张、上等奖凭一张；长春县应得优等奖凭一张、上等奖凭一张；同宾县应得优等奖凭一张、上等奖凭二张;珲春县应得优等奖凭一张、上等奖凭三张;额穆县应得优等奖凭一张、上等奖凭一张；阿城县应得上等奖凭二张；方正县应得上等奖凭一张；榆树县应得上等奖凭一张；舒兰县应得上等奖凭二张。照章所定，以一百分发给最优等奖凭；以九十分发给优等奖凭；以八十分发给上等奖凭；以六十分为中等，免发奖凭。计共发最优等奖凭十张；优等奖凭二十张；上等奖凭三十张。其奖品录未列县分，查虎林、德惠两县复称未设农会，碍难征送农产；延吉县产物开会后始据送到，未便品评；其余各县曾请饬催，仍未遵送来省，无凭核办。应请饬令各该县嗣后对于此项事体格外注意，有农会者饬由该会征收，如无农会设法责令乡警办理，务将农产依限送省，并将经种产物农户花名造册随案详送，以凭核办。理合检同前请印就奖凭及由场刷订奖品录具文详送鉴核转发。等情，据此。除详批示暨分行外，合亟检同奖品录饰发该县即便查照。此饬。

计发奖品录一本。

吉林省公署为发省立农事试验场选送农品办法的训令

民国六年十一月二十二日

令吉林县

为令行事。

案据吉林省地方农事试验场场长王士瀛呈称：窃职场每年举行农产品评会一次，原以策励农业、敦促进行，洵属法良意美。查上届开会之先，各县对于征集农品一案认真选送者固多，而潦草塞责不顾奖劝者亦属不少。现值秋获各竣，关于征集农品事宜自应及时筹备。兹由场长详加审查，酌拟办法七条，如蒙核准，拟恳钧署通令各属及农业机关查照办理，所有拟具选送农品办法恳予通令遵照，各缘由是否有当，理合具文呈请鉴核。等情，据此。除指令照准并分行外，合亟照抄选送农品办法，令仰该县即便查照办理，并转行各农业机关遵照。此令。

附　抄一纸

谨将拟定各县及农业机关选送农品办法开呈鉴核

计　　开

一、每县及每一农业机关选送农品，须在十种以上，每种以二合为度。

一、所送农品凡属于根菜及药材类者，每种须在二枚以上；属于纤维类者，每种须在四两以上。

一、所送农品属于禾、黍、豆、麦之类者，须先洁净干燥之。

一、所送农品除农业机关自行试种者，每种封面除注明某机关某品名外，如系由乡村征集者，每种封面须将播种人姓名及品名一并登载。

一、各农业机关或乡农所播作物，如有心得之处，可另备一说明书附送。

一、如水稻、靛青之类非本省普通作物者，须合普通作物之利率比较盈绌，附以说明书。

一、各县及各农业机关，须于民国七年一月以内将农品一律直接函送到场。

吉林农事试验场民国六年成绩报告书（节选）

例言

一、本报告为民国六年常年报告，与民国五年相接续，如有特别事项发生则增刊，临时报告不在此例。

一、本报告所记地亩二百四十弓为一亩。

一、本报告所用之量按六筒四为一升，六十四筒为一斗。

一、本报告所用之衡按十六两为一斤。

一、本报告所载月日概从阳历。

一、本报告所记度数以前清工部营造尺为准。

吉林农事试验场成绩报告

禾谷类

秋小麦

一　播种期试验

目的　用同一土地、肥料、籽种及管理栽培各事项，分为早、中、晚三期播种，以验其收获之结果，以何期为秋小麦适当之播种期为目的。

种类　直隶秋小麦

分区　共分三区，每区计地面积一分。第一早期区　第二中期区　第三晚期区

施肥　每区用厩肥一百五十斤为基肥，骨灰八斤、大豆粕二十斤为补肥。

整地　前作物收获后，即将土壤耕起并以耙细碎其土块，使之均匀。

选种　用盐水选种法。其法用木桶或瓦器盛水，以食盐投入，待其溶解后将应选之种子倾入，以木棍或他物搅之，将其上浮者掬去，留其沉者。用清水洗去其种皮之盐质，以免妨其发芽力。但水对于食盐所加之量，如水十斤，可加食盐三斤上下。

播种法　用条播法

播种量　每区二合

播种期　早期区九月初五日；中期区九月十五日；晚期区九月二十五日。

管理　早期区九月十二日发芽；中期区九月二十二日发芽；晚期区十月三日发芽。四月二十日除草、二十四日中耕，五月十七日除草及中耕。

今将其所得之成绩列表于下：

项目 区别	秀穗期	收获期	收获量		对于一亩收获量		一升重量	穗长	藁高
			谷实	藁秆	谷实	藁秆			
第一区	六月初九日	七月廿四日	〇.五八斗	二九斤	五.八斗	二九〇斤	三.一斤	〇.二〇尺	二.四尺
第二区	六月十二日	七月廿四日	〇.六一斗	二九斤	六.一斗	二九〇斤	三.三斤	〇.二四尺	二.五尺
第三区	六月十一日	七月廿四日	〇.五九斗	二九斤	五.九斗	二九〇斤	三.一斤	〇.二一尺	二.四尺

〔备考〕按：如表观之，第三区之收量以第二区为最优；第一区而又逊于第三区。第二区为九月十五日播种，由此可知秋小麦之播种期以九月中下旬之间为适当也。

再将其纯收入数目列表于下：

项目 区别	籽种费	肥料费	栽培费	收获费	支出总数	收入总数	每斗价格	利益总数
第一区	〇.四〇角	〇.一三角	四.二〇角	一.二〇角	五.九二角	九.五七角	一六.五角	二.六二角
第二区	〇.四〇角	〇.一三角	四.二〇角	一.二〇角	五.九二角	一〇.〇七角	一六.五角	四.一八角
第三区	〇.四〇角	〇.一三角	四.二〇角	一.二〇角	五.九二角	九.七五角	一六.五角	三.八二角

二　病害预防试验

目的　用同一种子、同一栽培方法，各异之浸种法，以验其病害之有无。此法业于客岁试行，其结果以温汤浸种及灰汁浸种两法为有效。然其究竟确否有效，于一年之试验未敢决定，故行连续试验。以二年之成绩两相比较，以验其何法为确有效力，以定采取浸种法之标准为目的。

种类　浙江秋小麦

分区　共分四区，每区计地面积五厘

第一区未浸种　第二区盐水浸种

第三区温汤浸种　第四区灰汁浸种

整地　与播种期试验同

施肥　每区用堆肥六十斤为基肥，人粪尿三十斤为补肥。

选种　同播种期试验

浸种法　1. 未浸种者。选种之后即行播下。

2. 盐水浸种法。取食盐溶解于水中，即将种子投入，浸二小时许取出播种。

3. 温汤浸种法。冷水加热至华氏百三十度，直浸种子于其中，待五分钟时取出以冷水冷却之。

4. 灰汁浸种法。取草木灰等入水中搅拌之，使成浓汁，将种子浸于其中，经一昼夜即二十四小时取出阴干。

播种法　条播

播种量　每区八勺

栽培　于上年九月二十一日播种，至二十九日萌芽，本年四月廿十日除草，二十四日中耕，五月廿七日除草及中耕。

今将其所得之成绩列表于下：

项目 区别	病害有无	株数	收获量		对于一亩收获量		一升重量	穗长	藁高
			谷实	藁秆	谷实	藁秆			
第一区	黑穗病	二五	斗〇.二九	一五斤	斗五.八〇	三〇〇斤	斤三.一〇	尺〇.二三	二.五尺
第二区	黑穗病	八	斗〇.二九	一五斤	斗五.八〇	三〇〇斤	斤三.一〇	尺〇.二三	二.五尺
第三区	无		斗〇.二九	一五斤	斗五.八〇	三〇〇斤	斤三.一〇	尺〇.二三	二.五尺
第四区	无		斗〇.三〇	一五斤	斗六.〇〇	三〇〇斤	斤三.一五	尺〇.二三	二.五尺

〔备考〕按：如表观之，黑穗之发最多者为第一区，第二区次之，而第三、第四两区未见发生，正与去岁试验结果相符。可知秋小麦之病害预防法，以温汤与灰汁浸两法最为有力也。

再将纯收入总数列表于下：

项目 区别	籽种费	肥料费	栽培费	收获费	支出总数	收入总数	每斗价格	利益总数
第一区	○.二○角	○.二八角	二.一○角	○.七○角	三.二八角	四.五九角	一六.五○角	一.三一角
第二区	○.二○角	○.二八角	二.一○角	○.七○角	三.二八角	四.五九角	一六.五○角	一.三一角
第三区	○.二○角	○.二八角	二.一○角	○.七○角	三.二八角	四.五九角	一六.五○角	一.三一角
第四区	○.二○角	○.二八角	二.一○角	○.七○角	三.二八角	四.九五角	一六.五○角	一.六七角

春小麦

一、肥料三要素效力比较试验

目的　作物种类既繁，其所要肥料之成分亦各异。兹以同一土地及栽培手续，而施以成分各异之肥料，以验其收获之结果，究以何种肥料能使其收量增多、品质佳良，而定小麦施肥之标准为目的。

种类　吉林敦化县春小麦

分区　共分五区，每区计地面积五厘。

整地　将土壤耕起，然后以耙等细碎其土壤，使之均匀，并作成二尺五寸宽之畦线。

施肥　各区肥料成分及其配合量如下：

第一区完全肥料　人粪尿五十斤　草木灰四斤　过磷酸石灰九两

第二区无加里肥料　过磷酸石灰九两　人粪尿五十斤

第三区无磷酸肥料　大豆粕八斤　草木灰四斤

第四区无窒素肥料　草木灰六斤　过磷酸石灰十一两

第五区　无

选种

播种法　条播法

播种量　每区一合

栽培　　四月十五日播种，四月三十日发芽，五月十五日除草中耕，二十五日间引，六月五日除草中期〔耕〕。

今将其所得之成绩列表于下：

项目 区别	秀穗期	收获期	收获量		对于一亩收获量		一升重量	穗长	藁高
			谷实	藁秆	谷实	藁秆			
第一区	六月二十日	七月十九日	○.四四斗	二○斤	八.八○斗	四○○斤	三.三○斤	○.三一尺	二.五○尺
第二区	六月二十日	七月十九日	○.三九斗	二○斤	七.八○斗	四○○斤	三.三○斤	○.三一尺	二.五○尺
第三区	六月十九日	七月十九日	○.三九斗	二○斤	七.八○斗	四○○斤	三.三○斤	○.三一尺	二.五○尺
第四区	六月廿一日	七月十九日	○.三二斗	二○斤	六.四○斗	四○○斤	三.三○斤	○.三一尺	二.三○尺
第五区	六月廿四日	七月十九日	○.二九斗	一九斤	五.八○斗	三八○斤	三.三○斤	○.二五尺	二.○○尺

〔备考〕按：如表观之，第一区收获量为最优，品质亦佳良；第五区收量为尤少；然以第二、第三、第四三区相比较，则以第四区为劣。可知本场之土质栽植春小麦，宜与窒素成分之肥料，而加里磷酸等肥料即少施亦可。

再将纯收入数目列表于下：

项目 区别	籽种费	肥料费	栽培费	收获费	支出总数	收入总数	每斗价格	利益总数
第一区	〇.四〇角	〇.九〇角	二.一〇角	〇.七二角	四.一二角	六.九九角	一五.二〇角	二.五七角
第二区	〇.四〇角	〇.八四角	二.一〇角	〇.七二角	四.〇八角	角六.〇三	一五.二〇角	一.九五角
第三区	〇.四〇角	〇.六五角	二.一〇角	〇.七二角	三.八七角	六.〇三角	一五.二〇角	二.一六角
第四区	〇.四〇角	〇.六五角	二.一〇角	〇.七二角	三.八七角	四.八七角	一五.二〇角	一.〇〇角
第五区	〇.四〇角	〇.〇〇角	二.一〇角	〇.七〇角	三.二二角	四.四一角	一五.二〇角	一.一九角

二、选种试第〔验〕

目的　作物收获之丰歉，往往因种子之善恶有以左右之也。故农民于播种期前不可不加意选择，以求美满之效果。兹用同一籽种，同一土地、肥料及管理事项，而行各异之选种法分别试验，观其结果之如何，以定采择之标准为目的。

种类　吉林长春县春小麦

分区　共分三区，每区计地面积一分。第一区风选法　第二区水选法　第三区盐水选法

整地　同肥料三要素效力比较试验

施肥　每区用厩肥二百五十斤

选种法　兹述其选种手续于下：

1. 风选法　利用天然之风力，将种子自高处落下，使轻者远飞、重者近落，然后以簸箕扬之，并去其夹杂物。

2. 淡水选法　用木桶或瓦器盛清水，投种子于其中，轻者掬去，沉者取之，使其阴干以为播种之用。

3. 盐水选法　其所用之器具与手续与淡水无异，但清水中稍加盐，使其溶液加重。其所加之食盐量，如清水十斤可加食盐三斤。其应选之种子即以清水洗之，以去其表皮之盐质，免妨其发芽力。

播种法　均用条播。

播种量　每区用种子一合五。

栽培　　于四月十五日将已选之种子按区播种，至四月廿九日均行发芽，间引一次，中耕除草各一次。

今将其所得之成绩列表于下：

项目 区别	秀穗期	收获期	收获量		对于一亩收获量		一升重量	穗长	藁高
			谷实	藁秆	谷实	藁秆			
第一区	六月廿二日	七月十九日	〇.五二斗	二〇斤	五.二〇斗	二〇〇斤	三.二斤	〇.三一尺	二.五〇尺
第二区	六月廿二日	七月十九日	〇.五五斗	二〇斤	五.五〇斗	二〇〇斤	三.二斤	〇.三一尺	二.五〇尺
第三区	六月二十日	七月十九日	〇.六一斗	二〇斤	六.一〇斗	二〇〇斤	三.四斤	〇.三二尺	二.五〇尺

〔备考〕按：如表按此三区之栽培管理、土地、肥料莫不相同，而其收获之结结〔果〕竟有差异者，岂非种子之善恶以为之左右乎。可知农作种子非加注意选择，不能得良好之效果。而其选种之标准，以此三区参互比较，以盐水选种为最优，而风选则又不如淡水选之为得也。

再将纯收入数目列表于下：

区别＼项目	籽种费	肥料费	栽培费	收获费	支出总数	收入总数	每斗价格	利益总数
第一区	○.四○角	一.○○角	二.一○角	○.七二角	四.二三角	六.九○角	一五.二○角	二.七八角
第二区	○.四○角	一.○○角	二.一○角	○.七二角	四.二三角	七.二六角	一五.二○角	三.○四角
第三区	○.四○角	一.○○角	二.一○角	○.七二角	四.二三角	九.二六角	一五.二○角	五.○七角

燕麦

繁殖试验

目的　取历年成绩佳良之种类，用同一栽培方法以冀繁殖，预为分布种子之准备为目的。

种类　1. 美国脱克塞司红燕麦。2. 奉天燕麦。

分区　共分二区，每区计地面积二分。第一区：美国脱克塞司红燕麦　第二区：奉天燕麦

整地　同大麦播种深浅试验。

施肥　每区用厩肥一百二十斤、干人粪五十斤为基肥，大豆粕二十斤为补肥。

选种　盐水选法

播种法　条播

播种量　每区三合五勺。

栽培　四月十四日按区播种，至四月二十七日发芽，生育期中行间引一次、中耕除草各一次。

今将其所得成绩列表于下：

项目 区别	秀穗期	收获期	收获量		对于一亩收获量		一升重量	穗长	藁高
			谷实	藁秆	谷实	藁秆			
第一区	六月廿一日	七月十九日	一·四五斗	二八斤	七·二五斗	一四〇斤	二九·五斤	〇·二四尺	四·三〇尺
第二区	六月廿四日	七月十九日	一·三六斗	二八斤	六·八〇斗	一四〇斤	二九·五斤	〇·二三尺	四·三〇尺

〔备考〕按：如表二种之成绩均甚优美，品质亦佳，生育期中均甚健旺，且未发何等病害，堪为分布种子之用。

再将其纯收入数目列表于下：

项目 区别	籽种费	肥料费	栽培费	收获费	支出总数	收入总数	每斗价格	利益总数
第一区	〇·四〇角	二·〇〇角	二·五〇角	一·八〇角	六·七〇角	一八·二五角〔一九·五七〕	一三·五〇角	一二·八七角
第二区	〇·四〇角	二·〇〇角	二·五〇角	一·八〇角	六·七〇角	一八·三六角	一三·五〇角	一一·六六角

粟

距离试验

目的　作物条间之距宽狭有关于收获量之丰歉，过狭恐有收获不丰之患，过宽有旷廉土地之虞，两者均非所宜。兹用同一种类，同一土壤、肥料，而行宽狭距离试验，以觇其结果究以某等距离为适宜。

种类　吉林县黄粟

分区　共分三区，每区计地面积一分。第一区一尺　第二区一尺五寸　第三区二尺

施肥　每区用厩肥二百斤为基肥。

选种　同燕麦肥料同价试验。

播种量　第一区一合五勺

第二区一合二勺

第三区九勺

栽培　五月初一按区播种，至五月十二日萌芽，苗长三寸间引一次，中耕除草各二次。

今将其所得之成绩列表于下：

项目 区别	秀穗期	收获期	收获量		对于一亩收获量		一升重量	穗长	藁高
			谷实	藁秆	谷实	藁秆			
第一区	七月廿七日	九月初二日	〇.七五斗	二八斤	七.二〇斗	二八〇斤	三.二斤	〇.六八尺	五.二〇尺
第二区	七月廿七日	九月初二日	〇.七六斗	二八斤	七.六〇斗	二八〇斤	三.二斤	〇.六八尺	五.二〇尺
第三区	七月廿五日	九月初六日	〇.九一斗	二八斤	九.一〇斗	二八〇斤	三.二斤	〇.七五尺	五.二〇尺

〔备考〕按：如表观第一区、第二区、第三区其收获逐渐增，可知粟类行间距离愈宽愈妙。但本场今岁此三等距离，虽以第三区为最佳，尤恐有未尽

其畅茂之力，是为缺感。待后日再宽其距离，究以至何程度为适宜。

再将其纯收入总数列表于下：

项目 区别	籽种费	肥料费	栽培费	收获费	支出总数	收入总数	每斗价格	利益总数
第一区	〇.二〇角	〇.九二角	四.四〇角	〇.七二角	六.二四角	七.五五角	九.八〇角	一.一一角
第二区	〇.二〇角	〇.九二角	四.四〇角	〇.七二角	六.二四角	七.四五角	九.八〇角	一.二一角
第三区	〇.二〇角	〇.九二角	四.四〇角	〇.七二角	六.二四角	七.九二角	九.八〇角	二.六八角

玉蜀黍

肥料同价试验

目的　以同等价值各种肥料施用各区，以觇其生育之状况、收获之优劣，而定经济之标准为目的。

种类　用美国黄马齿玉蜀黍

分区　共分三区，每区计地面积一分

整地　见种类比较试验。

施肥　各区肥料配合量如左：

第一区　大豆饼五斤　干人粪六十斤　草木灰二十斤

第二区　厩肥八十斤　骨灰四斤　大豆粕五斤

第三区　堆肥百廿斤　大豆粕五斤　草木灰四十斤

播种法　点播

播种量　每区一合

栽培　于四月二十九日按区播种，至五月十四日即行发芽，其除草、中耕、间引等项均同于种类比较试验。

今将其所得之成绩列表于下：

项目 区别	秀穗期	收获期	收获量		对于一亩收获量		一升重量	每株穗数	穗长	藁高
			谷实	藁秆	谷实	藁秆				
第一区	七月十五日	九月廿三日	○.七四斗	六○斤	七.四○斗	六○○斤	三.二○斤	三	○.七二尺	七.一五尺
第二区	七月十八日	九月廿三日	○.七九斗	六四斤	七.九○斗	六○○斤	三.四○斤	三	○.七八尺	七.一五尺
第三区	七月十八日	九月廿三日	○.七三斗	六○斤	七.三○斗	六○○斤	三.二○斤	三	○.七一尺	七.一五尺

〔备考〕按：如表观之，以第二区收获最丰，品质亦佳；第一区次之；第三区又次之。由此可知，第二区肥料之成分对于玉蜀黍之效力甚大，且无损于经济。

再将其纯收入数目列表于下：

项目 区别	籽种费	肥料费	栽培费	收获费	支出总数	收入总数	每斗价格	利益总数
第一区	○.三○角	一.○○角	○.七五角	一.五○角	三.五五角	七.二一角	九.七五角	三.六六角
第二区	○.三○角	一.○○角	○.七五角	一.五○角	三.五五角	七.七○角	九.七五角	四.一五角
第三区	○.三○角	一.○○角	○.七五角	一.五○角	三.五五角	七.一一角	九.七五角	三.五六角

蜀黍（即高粱）

肥料用量试验

目的　用同一种子、肥料及同一栽培方法，分别用量之多寡以验其收获之结果，而定施用肥料之标准为〔目〕的。

种类　吉林农安撒穗蜀黍

分区　共分三区，每区计地面积一分

整地　同距离试验。

施肥　各区所用之肥料如下：

第一区厩肥百四〔十〕斤　骨灰四斤　草木灰三十斤

第二区厩肥百六十斤　骨灰五斤　草木灰四十斤

第三区厩肥百八十斤　骨灰六斤　草木灰五十斤

选种　同距离试验。

播种量　每区一合五勺。

栽培　于五月初四日按区播种，至五月十八日发芽，苗三寸与以相宜之距离间引一次，计除草、中耕各二次。

今将其所得成绩列表于下：

项目 区别	秀穗期	收获期	收获量		对于一亩收获量		一升重量	穗长	藁高
			谷实	藁秆	谷实	藁秆			
第一区	八月十一日	九月廿九日	〇.五九斗	四六斤	五.九〇斗	四六〇斤	三.二斤	〇.七一尺	八.五〇尺
第二区	八月十五日	九月廿九日	〇.六五斗	五〇斤	六.五〇斗	五〇〇斤	三.二斤	〇.七五尺	八.五〇尺
第三区	八月十二日	九月廿九日	〇.七〇斗	五〇斤	七.〇〇斗	五〇〇斤	三.四斤	〇.七九尺	八.九〇尺

〔备考〕按：如表观之，三区之收获量逐渐增加，至第三区收量极丰，且品亦佳，可知肥料用量适宜。以该作物之茎根巨大，所需养分必多，故不可

不多与施肥也。

再将其纯收入数目列表于下：

项目 区别	籽种费	肥料费	栽培费	收获费	支出总数	收入总数	每斗价格	利益总数
第一区	〇.四〇角	〇.九〇角	二.〇〇角	〇.八〇角	四.一〇角	五.三六角	九.一〇角	一.二七角
第二区	〇.四〇角	一.〇〇角	二.〇〇角	〇.八〇角	四.二〇角	五.九一角	九.一〇角	一.七一角
第三区	〇.四〇角	一.三〇角	二.〇〇角	〇.八〇角	四.五〇角	六.三七角	九.一〇角	一.八七角

吉林省农矿厅为发组织农事试验场暂行简章的训令

民国十八年七月三十日

令吉林县县长

查农事试验场为改良农产扩充农业重要机关，场长一职责任极重，自非慎选得人，不足以促进行而收实效。本省各县农事试验场之报请设立者已有十余处之多，关于委用场长办法极不一致，有由农会会长自行兼充者，亦有由县长委任者，大抵无相当资格，不免有素餐尸位之讥。至其内容组织，亦复县自为政，时有措置失当之弊。推厥原因，诚以创办之初，人才、经济两感困难，不得不因陋就简。兹值训政开始，百度维新，农业为利民富国之源，尤宜积极整顿，庶可树改良之基础，资农民之借镜。兹已拟定各县组织农事试验场暂行简章十条，呈奉省政府指令内开：呈暨章程均悉。应准如拟办理，仰即通令遵照。此令。等因，奉此。除分行外，合亟检同暂行简章，令仰该县即便遵照。此令。

附　简章一份

吉林省各县组织农事试验场暂行简章

民国十八年七月三十日

第一条　各县为改良农产种植，谋农业之发展，应设农事试验场，定名为某县农事试验场。

第二条　各县组织农事试验场，须先行觅定相当地点，筹定应需款项、编制，开办经常预算书，连同作业计划书呈经农矿厅转奉省政府核准，再行设立。

第三条　各县农事试验场直接隶属于县政府，间接隶属于农矿厅，以场长一人，技术员、事务员若干人组织之。

前项技术员、事务员名额视该场事务之繁简酌定之。

第四条　各县农事试验场场长须品行端正，合于左列各款资格之一，缮具履历册，连同证明文件由该管县长呈经农矿厅核准后，委用试充之。

一、曾在各省农业专门以上学校毕业或与上列学历有同等资格者；

二、在乙种实业学校毕业，曾任农业行政职务在三年以上，著有成绩者；

三、对于改良农产种植、扩充各种农业确有经验者。

第五条　农事试验场技术、事务各员须合于左列资格之一，由该场长呈请该县长委任之，并呈农矿厅查核备案。

一、毕业于甲种实业学校者；

二、毕业于乙种实业学校曾任实业职务二年以上者；

三、曾任实业职务在三年以上，确有成绩者。

第六条　农事试验场场长试充一年期满，应由该县长认真考核，果能胜任，即呈请农矿厅加委，并呈报省政府查核备案。

第七条　农事试验场钤记应由该管县长呈请农矿厅，遵照国府颁定式样刊发之，并呈报省政府备案。

第八条　本简章奉准公布后，所有各县现行之农事试验场组织办法或章程一律废止之。

第九条　各县农事试验场施行细则应由该场自行拟定，呈由该县长转呈农矿厅核准执行之。

第十条　本简章自呈奉省政府核准公布之日施行。

吉林省农矿厅为发农事试验场计划大纲的训令

民国十九年四月一日

为令遵事。

查行政须先有计划，然后实施，乃有根据。农事试验范围极广，尤非普通行政可比，自应预定计划，遵照实行，以期日臻上理。本省各县设立农事试验场者已有十数处之多，求其实际，均无长足之进展，其故虽有多端，然预先缺乏计划实为主要原因。

兹为利〔力〕求进步起见，自本年起各县已办成或拟办之试验场均须拟定实施计划书，呈候核准，切实履行。复恐所拟计划未能扼要，现已由厅拟定计划大纲十五条，作为参考资料，计划无分巨细，不厌详尽，项目多寡可照各场现时情况随意伸缩。除分行外，合亟检同计划大纲，令仰该县长即便遵照。其已设有农事试验场者，即转饬该场参照规定大纲妥为拟呈候核。其正拟举办试验场者，亦宜照此办理，是为至要。此令。

计发农事试验场计划大纲

农事试验场计划大纲

民国十九年四月一日

一　名称

二　地点

农事试验场兼办苗圃者，其名称仍直称农事试验场，不得有兼办苗圃字样。

三　地势

甲　方向

乙　斜度

四　土性

五　面积

全面积为若干亩，除去房舍道路及其他占，净余可耕地若干亩。

面积须注明中亩或大亩，在亩以上不准用尺数。

六　区划

甲　农艺科
试验地亩数
经济作物栽培地亩数

乙　园艺科
试验地亩数
蔬菜栽培地亩数
果树栽培地亩数
花卉栽培地亩数

各场设置科数得勘酌环境、情形增减之，但农、林两科关系重要，未曾设置者，须从速组织成立，不准缓延。

丙　造林科
育苗地亩数
造林地亩数

造林地及放牧地不在场内者，须附带说明并注明面积亩数。

丁　畜牧科
饲育地亩数
放牧地亩数

戊　其他

七　栽培种类及占用面积

甲　农艺科

预定试验小麦、大豆、高粱共若干种，每种占地亩数；经济作物地预定栽培大豆、谷子等若干种，每种占地若干亩。

农作试验地至多一分，至少五厘；园作试验地至多五厘，至少二厘；不得有畸零，以便统计比较。

乙　园艺科

预定试验蔬菜若干种，每种占地若干亩；

预定栽培蔬菜若干种占地亩数；

栽培果树若干种，一年苗、二年苗、三年苗各若干株，各占地若干亩。

花卉。

丙　造林科

参照苗圃计划大纲

丁　畜牧科

饲养牛、马、羊、猪、鸡、鸭各若干种；改良种及本地种各若干；厩舍及放牧地占用亩数。

戊　其他

八　试验目的

改良本地品种

介绍异地优良品种

增加生产量数

减轻生产担负

适应当地需要

其他

试验目的为全场事务进行之南针，关系极为重要。各场须参照各该地方农业界需要情形妥为拟具，俾作场务进行之标准。

九　试验事项

甲　农艺科

肥料试验

施肥标准

肥料配合方法

品种比较试验

播种期试验

播种距离试验

农事试验事项极繁，并非以此为限，此仅择其简要者分别言之，各场参酌地方情形变通办理，不可拘泥上列各项也。

杂交试验

乙　园艺科

同上各种试验

促成栽培试验

软化栽培试验

插木接木试验

果树整枝试验

防寒试验

丙　造林科

播种期试验

移植期试验

移植次数试验

其他

丁　畜牧科

杂交试验

生产比较试验

饲养比较试验

成熟期比较试验

戊　其他各种试验

各种试验同时举办势难兼顾，故宜权其轻重、别其缓急分期举行，但每科至少须有二种试验。

十　灾害预防及驱除

甲　天灾

乙　病害

丙　虫害

各种灾害以何时发生为最烈，为害情况如何，普通农家有无预防及驱除方法，本场对此有何计划，均宜说明。

十一　推广方法

无偿分给

交换

贷借

讲演

展览

由试验所得之优良品种与方法能推广至民间，使一般农家之生产增加，耕种得以改良，乃试验场之主要目的，故此项须特别注意，分别说明。

十二　气候测验

十三　土质调查

十四　作物生育记载

十五　试验成绩报告

吉林省立农产物种子交换所为成立并启用钤记日期函

民国十九年八月二十六日

径启者，案奉吉林省政府农矿厅转奉农矿部令，为改进农业、增加收获起见，颁发章则，饬即遵章组织成立农产物种子交换所，附设农事试验场内，并委李作舟为主任，仰将成立日期具报，以凭转报。等因，奉此。遵于本年一月一日组织成立。又奉农矿厅第六七二号指令，附发钤记一颗，文曰："吉林省立农产物种子交换所钤记"，仰即查收启用，并将启用日期具报备查。等因，奉此。遵于本年五月二十日敬谨启用，除呈报并分函外，相应函达即希查照为荷。此致

永吉县财务处

吉林省立农事试验场为征集农产种子以便试验函

民国十九年十一月十二日

径启者，敝场试验农事、改良作物，以求农业之发展，而谋农界之收益。惟查种子一项虽经各处连年征集，然吉省地大物博，特产良种所在多有，若非广为搜集，难免不无遗珠之憾。敝场兹为彻底搜罗特产物详加试验起见，除分函征集外，夙仰贵县属界岔路河产各种陆稻，以及各区所产小豆、芸豆、大豆，素称特产，种子优良，相应函达，即希查照转饬各区搜集各种优良种子少许，交邮径寄为荷。此致

永吉县政府

（五）选　种

吉林县公署饬警察事务所拣选麦种的训令

民国三年五月初六日

为令行事。

民国三年四月二十九日奉省行政公署业字第二百三十六号训令内开：案奉农商部令开，我国自古重农，米麦生产之额甲于世界，比因四方俶扰，灾祲频闻，农耕事业渐次衰败。重以民智蒙昧，墨守旧法，于选种、保种、传种诸事恝置不理，佳种日趋劣败，产品安望精良。按查泰东西各国贩卖种子，特设专所，岁时比较留强汰弱，公私两便，裨益实多。我国此种营业机关尚未成立，良窳杂糅，迄无标准。本部任提倡农事之责，亟应先事筹思，借收后效。前农林部业经令行各省征集稻种在案，原为检查优劣，颁示全国。一面遴选良种，酌发各省农事试验场，重加选种试验，为传播良种之准备。前次各该省呈送之稻种，业经次第检查，一俟完竣，即行颁布报告。惟谷类品种繁多，仅恃一次检查评定，殊难正确。应令该省于今秋新谷登场，仍将各县稻种续行征集，俾收完全检定之效。再，麦种检查尤关重要，现届春令，大小麦不日登场，应令饬属遵照所开征集谷类规划，迅将小麦、大麦各品种先行检齐送部。春收在迩，毋任失时，此令。附抄件。等因，奉此。除分行外，合亟抄件令行该县即便查照，分别拣选呈送来省，以凭汇寄，此令。附抄件。等因，奉此。合亟抄件令行该事务所即便遵照发去规则征集，分别拣选呈送来县，以凭转呈。切切，此令。

附　抄件规则

计　　开

征集稻麦种规则

一、每县所产稻、小麦、大麦每种采集一分，寄送本部。

一、每一分采集二十根为度。

一、每一谷类须择其发育中等、粒实颖粟可为该种之代表者，采集之。

一、采集之时，杆、穗、根、叶皆须完全洗净泥土。

一、采后曝干，用纸或棉包裹装入木匣或洋钱匣，以免破坏折损之虞。

一、稻秆过长不易寄递者，可在中央部位准折之。

一、每一谷类应照左表填列各宗事项：

谷类	俗名	原产地			分布广狭	（是否本地最普通种植者）	每亩收获量	播种期	收获期	易罹之病害	易罹之虫害
		地名	土性	气候							

吉林县第四区区长冯成志为遵饬选送征集农产籽种送署的详文

洪宪元年一月三日

为详复事。

窃奉吉字第八十六号饬开：为饬知事，案奉吉林巡按使饬开，案据省城农事试验场详称：窃第七次农产品评会前曾详请通饬各属选送一案，奉批开：第七次会期将近，自应赓续办理，应候通饬各县及农产机关遵照选送，仰即知照。等因，奉此。现据磐石、额穆、宁安三县农产种子业已先后选送到场，此外各县尚未见选送。查会期伊迩，亟应预备整齐，庶免临期室漏。拟请于未选送各县再行饬催，将农商杂项种子迅速选送到场，以便汇集而备会品。等情，据此。除详批示暨分行外，合亟饬催该县迅速遵照选送，径寄该场，毋得违延。切切，此饬。等因，奉此。除分行外，合亟饬仰该区即便遵照迅将农产品各项种子广为征集，限文到五日内详送来县，以凭汇转，毋稍延缓。切切，此饬。等因，奉此。遵将界内出产各项农产籽种共二十九宗，业经征集完备，理合具文详送，核收施行。谨详

吉林县公署

计详送：胡芦子　玉米　茄子　黄瓜子　韭菜子　葱子　芸豆　香菜子　倭瓜子　辣子　萝卜子　白菜子　芥菜子　芹菜子　红粮　黄豆　梗子　谷子　稗子　糜子　苏子　小麦　大麻子　小麻子　绿豆　小豆　大麦　黑豆　荞麦

以上共二十九种

吉林实业厅为发农业选种办法的训令

民国十一年九月二十二日

令吉林县

案奉农商部第八八五号训令内开：查农作种子恒因气候土壤及选择方法之异，宜致收量、品质显判优劣，自非选别适宜，无以发挥各项种子固有之

生产能力。本部前经征集各地稻种检定优劣，通行各省择要试种。复饬部辖农事试验场并第一、第二、第三、第四各棉业试验场搜集中外棉种，历经试验，确定美棉隆司泰脱里斯等种品质优良，分别刊印浅说发给民间，藉资仿种，原为提倡改良起见。此外各项种子关系民食，有待地方之分别研究者为数尤伙。比年各省农产未增，收成歉薄，旱潦虫害固系主因，尤以选种未精，收获减缩，致农业经济上蒙无形之损失良为可惜。应饬该厅迅即转行各该地方农事机关、团体，联合农校、农场，酌就该地主要谷蔬暨重要特产各项种苗品种及选送方法悉心考验，注重加强产量，改善品质，切实推行，以图改进而增农利。除分行外，合亟检同办法令仰该厅遵办，仍将办理情形呈报查核，此令。附选种方法。等因，奉此。查欲图农事之发达，自以选择种子为要务。奉令，前因。除分行外，合亟照刷原件，令仰该县即便遵照办理，并将办理情形呈复来厅，以凭核转。切切，此令。

附　发办法一份

选种办法

一、历年各省农事试验场等机关对于选种一事能实事求是者固多，而粉饰敷衍者亦属不少。历观各省农事试验场报告每项作物搜罗品种至数十种之多，年年依样播种，从无淘汰选留之举，且此数十种年年同栽一区，杂交变劣，已无选留之价值。故各项作物所留种子如有此等情弊，宜即一律废弃，另行采办外国及国内著名之纯良种子，以充试验之用。

二、品种试验固应将各品种同栽一区，以资比较；但不宜选留种子，仍宜年年采用纯良种子。如已由品种试验选出优良品种，亦宜另采此品种之纯良种子加以隔离栽植，庶可保留其纯一不杂之品质。

三、既得优良品种，宜求繁殖，以充发给农民之用，但仍须逐年选种，以维持其既得之品质，令勿退化。植物之由种子繁殖者，除普通选种外，宜行独本选种法，续行每年，以求纯良种子。至植物之不由种子繁殖者，如果树等类，当各因其宜施行接嫁、插木、压条、分栽等法，以求推广良种。

四、异种交配以求改进品质方法，如行之不得其宜，或已得改良种子发给农民后，不能继续选种，每易退化变劣。故此项试验不妨从缓举行。

五、现在各省商办种子公司渐见发达，应由实业厅责令农事试验地等机关办理检查取缔事宜，其办法大纲开列于左：

甲、规定种子公司取缔及处罚规则；

乙、检查种子公司所售种子是否纯良并试验其发芽力；

丙、检查其有无掺入伪品及夹杂物等情弊；

丁、凡向种子公司购买种子者，对于种子如有疑虑，应即送往农事试验场等机关检查，以定取舍；

戊、规定各项纯良种子品质之标准，制成标本，并将各项作物物品制成标本，分送各种农业机关，以资参考；

己、按期编刊种子检查报告，详列各公司所售种子之优劣，使农民知所趋避。

六、农民如缺乏科学知识不宜径向外国购买种子，免受欺骗。如有购买者，应即送往农事试验场等机关检查，以定取舍。

七、对于各项优良种子，研究其收采、贮藏、拣选等方法，编制报告。

八、冬夏农暇时招集各种农业机关技术员及种子公司商人，讲习选种及检查种子方法。

永吉县实业局劝业员吴光新为奉令搜集黄烟种子的呈文

民国十九年十月二十一日

呈为遵令具报搜集黄烟种子，仰乞鉴核事。

案奉钧局训令内开，案奉永吉县政府训令第九四二号内开，案奉吉林省政府农矿厅训令第六二一号内开：为令遵事，查黄烟为本省特产之一，又为出口大宗，年来因品质低劣，销路滞塞，种烟之户不及往昔之盛，烟叶之出产渐形衰退，出口亦日见减少。倘不亟图补救之方，是不啻又予洋烟输入之机会。现在日人在凤凰城试种各种黄烟，成效大著，吉省既为产烟之区，自宜仿效办理。查该县为著名产烟之区，究竟产烟之品质如何，应须改良之点安在，亟应从事试验研究，以期改善。除分令外，合亟令仰该县长速即搜集各种烟种，于一月内呈送来厅，以便饬令省立农事试验场实行栽培试验，对于已衰之事业或有复兴之希望，切勿视为具文，是为至要。切切，此令。等因，奉此。除分行外，合亟令仰该局即便搜集各种，如限呈送来县，以凭转送。毋延，切切，此令。等因，奉此。合亟令仰该员即便遵照搜集各种，于二十日内呈送来局，以凭转报。案关厅令，勿稍隐徇。切切，此令。等因，奉此。遵即搜集本县境内所产大红花、小白花黄烟种子两种，理合检同黄烟种两种，具文呈请鉴核施行。谨呈

永吉县实业局局长沈

（六）防 虫

吉林县第七区为报禾稼虫害情形的详文

民国四年八月二十五日

为详报事。

窃于本月二十日案奉宪所所字第四百零一号饬开：为饬查事，照得本年春夏之交淫雨连绵，积水甚深，以致洼下地亩，多有不堪耕种者。近闻各区平原之地，又多起有黄虫，咬伤各种禾稼根叶。情事如果属实，则灾象立见，秋收无望。民食已难为继，而应供警费之一切垧捐，其将何从出纳。言念及此，甚为殷忧。除分令各该区切实详查外，合亟饬仰该区长立即遵照，速将该区管辖境域以内地亩，所有各种稼禾发苗如何，秀实究竟有无虫伤，限文到五日内，详细查明具报，以凭核办。事关民食，毋得敷衍稀却，并不得任意迟延，致干咎戾。切速，此饬。等因，奉此。区长遵将本区界内逐一详细查勘明确，惟五里河子左近一带于五月上旬谷田稍受虫灾，田苗咬去十分之一二，然亦不甚为大害。由此以后，虽经淫雨连绵，幸虫灾扑灭，而各种田苗尚未受有湮没之患，即秋成虽不及十分收足，势将不致无望。理合将查勘实在情形，备文详报宪所鉴核施行。谨详

吉林县知事兼警察所所长李

吉林县农会为报遵令传布预防及驱逐蝗蝻方法情形的呈文

民国九年十一月二十二日

为呈报事。

窃于十月十六日奉到钧署第八百号训令内开，案奉实业厅训令第五百二十八号内开，案奉农商部第九四九号训令内开：案查本年直、鲁、豫、晋、陕等省自春徂秋，雨泽稀小，亢旱情形实为数十年来所罕见；加以飞蝗肆虐，颗粒无收，农民转徙流离，道殣相望。查蝗患发生之地遗卵孳生，蔓延益众，若不预为竭力殄除，后患伊于胡底。是以捕蝗为临时救急之方，掘卵除蝻为善后预防之策。本部前编治蝗辑要一册，关于蝗蝻防治之法，搜采颇详，惟是刊印无复，周知尚少。兹将关于防御蝗虫方法逐一汇集，编成浅说，俾得家喻户晓，弭患将来。仰即饬属广为传布，实力奉行，以弭蝗患。仍将办理情形随时报部备查。此令。附防御蝗虫方法浅说一册。等因，奉此。除呈复并分行外，合行检件令仰该县广为传布，切实遵行，并转令所属农会遵照，仍将办理情形随时报查。此令。等因，奉此。除分行并布告外，合亟检同预防及驱除蝗蝻方法浅说，令仰该会即便遵照办理，并将办理情形随时具报，

以凭核转。此令。等因，遵此。当将所发蝗蝻预防及驱除方法浅说传布县属各区农民，按法预防施行。理合具文呈报监督鉴核转报，是为公便。谨呈

吉林县公署

永吉县实业局为具报遵令查填益鸟、益虫报告表请鉴核转报的呈文

民国二十年八月十八日

呈为具报遵令调查益鸟、益虫，检同报告表请鉴核转报事。

案奉钧府训令第四零八号内开，案奉吉林省政府农矿厅第四七二号训令内开，案奉实业部第五一五号训令内开：为令遵事，查歼除害虫，人工而外，昆虫动物自然扑杀捕食之力，收效尤宏。欧美各国极为重视关于是项益鸟、益虫等有益农作之动物，确定种类，加意保护。近年以来，各地虫害滋蔓，农作物受损不小，虽曾实施防除害虫办法，然对有益农作之动物尚疏于保护。我国幅员辽阔，气候生产未必尽同，此项有益动物名目繁多，亟应切实调查，以资参考。为此，令仰该厅转饬所属各农事机关，迅将益虫、益鸟等有益农作之动物种类、习性及实际有益情形，分别详细列表，呈由该厅报部，以便制定保护益虫、益鸟规章，而维农业，是为至要。此令。等因，奉此。合亟令仰该局迅即遵照令内指饬各节，切实调查，分别详细呈候转报，勿稍延误。切切，此令。正在办理间，复奉钧府令发报表，饬并案查填具报各等因，奉此。遵即饬派技术员张风书调查，复据该员呈称，遵即将各种有益农作之动物之益虫、益鸟详细填查。依式逐项填列报告表，理合检同报告表四份具文呈请鉴核，转报施行。等情，据此。除指令外，理合检同报告表四份，呈请鉴核，转报施行。谨呈

永吉县政府

计呈送报告表四份

永吉县益虫益鸟调查报告表

类别（益虫或益鸟）	名称：俗名	名称：学名	形态	习性	实际有益情形	备考
益虫	蚂螂	蜻蛉	复眼特大，几全蔽其头部，四翅圆形而多脉口，善咀嚼，腹部细长，能任意屈伸	性喜飞速，常游水中	能驱除田圃有害之虫	
益虫	曲蛇	蚯蚓	体细长而圆，为多数圆形之环节所成，无头，胸部之别口在体前端，而肛门则在其后端，近口之一端又有红色之肉带	性喜好暗湿，常穴居土中	能使土质坚硬而变为柔软之土粉，其粪同排出于地面，可为土壤之肥料	
益鸟	小燕	燕	体弱小，翼长大，尾羽又分歧如剪，故善飞翔，嘴短，口深，裂开，张甚大，以吞食空中飞虫	性喜温暖	善捕各种害虫	
说明	查本县境内除表列益虫、益鸟之外，并无他种，理合声明。					

六、建仓积谷

（一）吉林公仓处

吉林公仓处管收除在额存粮石数目移交清册

宣统二年四月二十二日

谨将管、收、除、在额存粮石数目，分晰造具四柱清册一本，呈送贵府查核施行。须至册者。

计　开

旧管

——光绪三十四年年底，实存旧管粮八万三千七百三十五石二斗三升七合二勺。

新收

——宣统元年分应征粮石，于十月间开征起至本年四月二十日止，共收粮二千二百三十一石九斗一升一合三勺。

开除

——宣统元年一年，共遵札开除各项粮三千二百八十六石六斗二升七合八勺。

——宣统二年正月起至四月二十日止，共遵札开除各项粮一千四百石零六斗零二勺。

——宣统元年六月间起至宣统二年四月二十日止，以钱米谷共放赈粮七万八千一百零九石二斗六升六合五勺。

实在

现存额粮三千一百七十石零六斗五升四合。

吉林公仓处各廒栈现存米石及折谷发商生息剩存利钱各数目移交清册

宣统二年四月二十二日

谨将各廒并在栈寄存米石，以及未领包存粮石折谷发商生息剩存利钱各数目，分晰造具清册一本，呈送贵府查核施行。

计　开

——永宁仓壹号　存谷四百四十六石零五升四合三勺。

贰号　存谷九百九十一石五斗九升七合九勺。

肆号　存豆一百七十二石六斗三升九合七勺。

陆号　存谷九百零九石八斗五升一合一勺。

——常盛栈　存米七百五十一石七斗二升七合七勺。

——庆兴懋　存米六百三十九石九斗九升五合三勺。

以上统共现存米、谷、豆合粮五千三百零三石五斗八升九合，内存遵札开除各项未领包存粮二千一百三十二石九斗三升五合。

实在

现存额粮三千一百七十石零六斗五升四合。

——公仓折谷正款钱文，前遵民政司咨文提用，以备散放春赈，业已如数移交过司查收讫。除正款移交外，仅有折谷发商生息，前由〔光绪〕三十二年二月初三日起截至宣统二年四月十五日止，共收得利钱二万一千三百二十三吊七百三十文。内除前因仓廒渗漏禀请饬令买席苫盖需钱二十一吊五百文，又挪运仓粮需用工脚钱二十七吊四百文，此二笔禀准动支在案。又去岁公仓放赈需费亏累膏伙钱一千一百五十六吊，详请暂由利钱项下先行借用归还商债，以俟由司筹拨，即行归清，仅剩存利钱二万零一百一十八吊八百三十文，合并声明。须至册者。

吉林财政局度支使司饬公仓事宜归吉林府接收并盘查各项是否属实的札文

宣统二年四月二十七日

为会饬事。

案准管理吉林公仓监督庆移称，案准旗务处移，准度支司移开：奉督、抚宪批本司详准旗务处移本城公仓监督期满拟归民署吉林府管理，请批示遵行由。奉批：据详吉林公仓监督任满出缺，应准归并就近民署吉林府管理，仰即分行遵照，并饬该府将接管日期缘由具报，缴。等因，奉此。除行民署吉林府遵照会查接收外，相应备文移会。为此合移贵处，请烦查照速饬旗署会同吉林府迅将吉林公仓一应事宜盘查明确，妥造清册，交接清楚，出具印结，会同具详，以凭查核，而重仓储，望切，望切。等因，准此。相应备文移复，为此合移贵监督等遵照办理可也。等因，奉此。应即遵文交代所有公仓一切应办事宜。管、收、除、在四大端虽头绪纷歧，不难造报交接，惟此次交接奉文之日，正值提赈发放之际，钱谷并出，适至中途，日日发放，实难综核其数，因之稍迟数日。现在钱谷提放完竣，仅剩永宁仓三廒存储额谷二千三百四十七石五斗零三合三勺，均系遵谕提出，霉烂在仓，未便掺杂。

一俟赈粮放结，仍将霉烂之谷再行呈请查验，一并随赈销除，抑或由敝仓折谷发商，收得利钱项下作价抵补足数。其折谷之款钱文业已如数移送民政司查收讫，仅存利钱二万零一百一十八吊八百三十文。业经详请候示遵办外，合将公仓关防、锁钥，由部颁发尺斛、一切应办文卷、钱谷册籍、收发账簿，暨遵札开除各项未领在仓包存粮石以及应需膏伙支领钱文等项各数目，一一分晰另造细册三本外，附利钱执帖一并移交，以便接收之处，除移交吉林府并分移民政司、财政局、旗务处查照外，理合备文移交。为此，合移贵司请烦查照可也。须至移者。等因，准此。查该公仓既将钱谷两项并官防、锁钥、部斛、文卷、册籍、账簿移交该府管理，究系于何日接收、移交各项有无亏短遗漏、所称提出霉烂及折谷正款钱文已否移送民政司核收、利钱存款数目按账是否相符，应由该府分别盘查，具报立案，以凭查核，合行会饬。为此，札仰该府即便遵照办理，具覆察夺，毋稍徇饰，代人任咎。切切，特札。

新委吉林仓官秦春田为接管任事盘查所存粮钱实存无亏的禀文

宣统二年五月

大人阁下：

敬禀者，窃卑职接奉派管理公仓事务，所存粮石盘查清楚加结禀复，以为交接等因。遵于五月初三日接管任事，即会同仓监督、仓官亲诣公仓处，将所存粮石照章逐一盘查。共存仓石粮四千八百五十一石五斗八升九合，内除霉烂在仓额存仓谷二千三百四十七石五斗零三合，业经前监督详请由仓折谷生息利款项下抵补，备放春赈，以敷原额，详准抵销在案。一俟由司派员验明销毁，将所抵霉烂之谷价值移交民政司，转放归入赈务并核销外，仅存仓石米豆合粮二千五百零四石八升六合，内有遵札开除各项未领粮二千一百三十二石九斗三升五合，实在额存仓石粮三百七十一石一斗五升一合。再，查折谷发商生息利钱二万零一百一十八吊八百三十文，核与应存各数均皆相符，并无亏短情弊，理合加具切结一纸，附呈鉴阅。所有卑职接管仓务日期并盘查仓存额粮钱文实存无亏缘由，理合具禀呈明宪台鉴核，转详饬司立案施行。为此，谨禀。

吉林府巡警第五分区官为报勘查积谷有无实存情形的呈文

宣统三年正月十八日

为呈报事。

窃于去岁十二月二十九日奉公所札开，案奉府宪札开：案查府属四乡各社甲捐存积谷，当经李前署府将原捐谷册札交该局，饬令照册查明此项捐存积谷是否实存、有无亏短。等因在案。兹据查得存谷各处，其中有实存者，有亏短者，有借词推诿希图取巧者，有侵吞不认赔还者，间有认赔而不肯交谷种种情弊。若非确切查明，不足以重仓储，合行札饬，札到该局，即便遵照转饬各分区，仍照前发册载积谷石数，传齐原经理人并存谷各户，详细验明其已认赔者有无实存在仓。如果实存无亏即取具切实存谷甘结，送案备考。倘有仍前隐匿、故意推诿者，即由该分区原经理人及存谷各户一并送到局，转送来辕，以凭押追。积谷为备荒要政，该局务须严饰各分区认真勘查，毋稍违延。切切，特札。等因，奉此。除分札外，合亟札饬，札到该区，即便遵照文内事理迅即按照各社甲谷册认真勘查，切实取结具报，毋稍违延，切切，特札。等因，奉此。遵查诚信社五甲大荒地屯在本区所管界内民户捐谷共一百一十三石六斗八升，存粮户辑五堂、富聚福二家，责令姜纯经理查辑五堂账簿，所存积谷六十三石五斗六升，富聚福生意早已歇业，所存积谷五十石零一斗二升，由其财东钟谦归补，二家共存积谷一百一十三石六斗八升，照原存之数相符。先前经理人姜纯故去多年，其子嗣系属幼童，不知正事，未令出具切结。至于辑五堂并钟谦、乡正蒋耀林均已各具切结一份，于去岁九月初五日将查明所存积谷数目并存户、乡正切结各一份呈报在案，令该粮户等奈难再出切结，理合备文呈报宪台鉴核施行。须至呈者。

总局批：

呈悉。府宪原札以各区存谷多有不实不尽之处，故又札饬仍照前发册载积谷石数详细验明，如果实存无亏即再取具切结备案，以昭核实，不得以已经呈报推诿。仰即遵照原文事理，传齐原经理人并存谷各户确切查明，令再补具切结，呈报来局，以凭转详，毋稍迟延。切切，此批。

正月二十二日

（二）吉林县积谷董理处

吉林县官仓处委员金明川为遵饬筹划积谷办法并报简章的详文

民国四年五月二十日

为详报事。

案查前奉监督吉字第三百八十八号饬开，民国四年四月二十二日奉吉长道尹公署第三百四十号饬开：案照积谷之设，原为救荒起见。在各属储有成数者，亟应切实清厘，其未经储积者，尤应加意劝办，以期有备无患。近查各属积谷往往变卖得价，或发商生息，或遇事挪移，以致有名无实，殊属不明缓急。应即将此项变价照数收买粮石，归仓存储。而未经筹办各属应即妥定办法，酌量地域之大小与户口之多寡，预定设仓地址及储谷数目，派员分途劝募，限期成立。嗣后所储谷石，每年只准借放，秋后本息一律还仓，不得再有变卖情事，俾维民食而重荒政。其经管各仓之人，并须遴委殷实绅董，仍由县随时督察，以杜流弊。兹拟订调查表式一纸，除分行外，合亟饬发该县，即便遵照。限文到十日内详细填送，并将办理情形具报，以凭查考，勿稍违延。切切，此饬。计发表式一纸。等因，奉此。查积谷为救荒要需，苟非筹备于先时，必至仓皇于临事。顾兹事体大，非得公正士绅相与提倡，不足以期成效。素稔该员久办公益，乡望允孚，且于仓务事宜，亦富有经验。希即按照饬文事理，参酌县境情形，筹议办法，详候察核。除将奉发表式随文附发外，合亟饬仰该员，即便遵照办理，并先将省、乌两仓情形，依式列表详报。切切，此饬。计发表式一纸。等因，奉此。遵经先将调查表照式填就，依限送核，奉批在案。

查吉林县境，于前清光绪十六年间，经前吉林府孙札饬劝募积谷。当时办法：所有钱粮大租地亩，每地一垧积谷二升，计全境共分十社七十三甲，每甲有乡约一名，即由乡约经理存积事宜。所积之数大牌一百余石，小牌二三十石不等，综计约有三千余石。暂派本牌甲大户殷商，分别囤放以备不虞。维时吉林境内，系属初次创办，管理既无专人责任，遂乏统系，以致经理之乡地及不肖绅户，任意动用。始则诡称奉谕借放，继则吞蚀分肥，而存谷商户，亦有因倒闭迁移，遂致莫可究诘。迨宣统三年，水旱灾患纷至沓来，民食匮乏，城乡惶恐。前民政司韩以欲保地面之治安，则筹维民食，实为刻不容缓之举。库帑有限，势难广为接济，遂不得不计及此项积谷，以为补助。比派员分头查提，所余尚不及三分之一，余均无着。嗣经澈底悉数提清，计当时除放给极贫民户六百石外，现存不过三百石之谱。设遇荒年，则杯水车薪，仍属无济于事。应即赓续提倡储积多数，以符救荒之要旨。

查从前之败，败于责成不专，办法未善。此后从新整顿，确应设立督促机关，专员经理，以免功废半途。兹拟于县公署院内创设积谷董理处一所，所内设员，专司其事。除雇员及赴乡办事旅费少数活支，撙节开销外，其余均尽义务，计常年用款六百元，足能敷用。即从积谷生息项下开支，不动款分文。至举行积谷，拟不论官公民产，一律责令积储。仍照从前办法，每地一垧，出谷二升，以免民间负担过重，力有不逮。县境大租地亩约计三十万垧，每垧积谷二升，计每年可积谷六千石，三年可积一万八千石之谱，咄嗟之间即成巨数。脱〔倘〕遇灾歉，接济自能广被。此项积成之数，每年春间，即由董理处派员下乡，会同出借与农商各户，息谷拟常年以二分为率，即每石收息二斗。查吉林县界民间习惯，借款贷粮普通均以三分为起码，有多至四五分者，兹拟定为二分，仍属从轻办理。以上办法，于公家并无分文之耗费，而于至完善之备荒政策，可以整理完全，有备无患。爰根据固有办法，酌以现在民情，拟定积谷董理处组织及办事简章草案三十一条，附文详送宪台，鉴核办理。惟是兹事体大，当此举办伊始，稍有不慎审，即恐增民间以无穷之扰累。吉林县所设之乡约、地方，均属该地面之土著民户，因其于地方情形极称熟悉，故此次不得不规定相助办理。惟伊等承前清敝政之余，舞弊作奸是其惯技，一旦假手办事藉端滋扰仍恐不免。自须严厉筹防，以免兴一利有一弊，随之为患。

委员既有所知，不敢不竭诚贡献上备采择。所有遵饬筹划积谷办法缘由，是否有当，理合具文详请宪台鉴核示遵。谨详

吉林县行政公署

计附简章二本

吉长道道尹公署批：

详及简章均悉。据称该县旧有积谷办理不善，除放给外仅存三百石，殊不足以备缓急，亟应设法整顿扩充。所拟按照县境地亩，每垧出积谷二升，自民国四年起至六年止，并于县署附设董理处，以资督率办法，尚属可行。查核简章各条，亦尚妥协，应准试办。惟募集之谷，暂由富户商号代为存储，有无流弊，仍须切实妥议。一面建仓专储，免蹈前辙。至筹办经费，拟请暂借旧有积谷变价垫付，俟收有息谷时，提还归垫，亦可照准。仰即督饬员绅，广为劝募，认真经理，并将旧有积谷，从严清厘追缴，以维民食，而重荒政。仍将办理情形并造具经费预算，查照前饬，分别表报，以凭核夺。此批。简章存。

民国四年六月六日

署吉林省长郭宗熙为严催加紧筹办积谷的训令

民国五年八月二十五日

令吉林县

照得都县委积之制，创自成周；乡社仓储之法，备于唐宋。节富岁盖藏之余，作凶年赈贷之用，虽有灾荒，民无菜色。法良意美，前事可师。

吉省比年以来，灾歉迭经，筹赈筹粜，每乏善策。推原其故，率由平日准备无术，以致临时措置失宜。本省长前在吉长道尹任内，即虑及此。曾经

拟定各属筹办积谷规则，报由王前巡按使，通行全省，查照办理在案。乃近查各县遵照筹办者尚属寥寥，殊非恢重民食之道。当兹禾稼有秋，正宜绸缪未雨，倘再敷衍迁延，将无观成之日。除俟秋收后，派员分赴各属查明办理情形，分别惩奖并分行外，合亟令仰该县，即便遵照前定积谷规则，妥速办理。仍将办理情形随时呈报备核。切切，此令。

吉林县公署为自民国五年起劝募积谷的布告

民国五年十一月初四日

为布告事。

谚曰："养儿防老，积谷防饥。"这两句话，很有道理。人到老来没有儿子，就无所依靠。年成不好，岁收欠薄，没有积谷，则贫民无从得食，较比老来没有儿子，尤其难忍。但看去岁歉收，民间缺食，受的饥苦，大众均都看见。今年业经丰收，自应切实举办按地积谷，不要抗违。

本县偌大地面，如果平时积有仓谷，遇着荒年，就可尽数发放，用不着另行设法，岂非有备无患、贫民容易保全吗？所以本县想到这层，就要着手办理积谷一事，以为荒年的预备。况近奉省、道两宪的通令，也叫本县赶紧操办，免得临渴掘井无法张罗。现已规定办法，已就县署附设一积谷董理处，派一位总董专司其事，另派副董一员帮同办理，委派督催员二名，赴乡催办。此次积谷，不论官公民户，凡种地一垧，即当出谷二升五合，依次递加，照地计算。不须多取，亦不容少缴。开办手续：各区先举定区董一人、董事数人，办理这件事情。积有成谷，就在各区及各分所地方，着他指定殷实粮户一家，或可靠的大商铺，暂时寄放。每年春间放出，为本区农民耕耘籽种，一到秋天，本谷一石，加利息二斗，全数收回，来年仍旧照办。如此周流，若过三年之后，全县可望积谷二万余石。一旦遇着凶歉之岁，仓储可恃，那就不怕了。

诸位想想，看这样办法好不好？本县的意思，照这种定规，平日出谷有限，后来受益无穷，公益之事，莫良于此矣！倘无仓谷，一遇荒年，民无食粮，受了饥饿，就知办理积谷之事，正为灾年之准备。未雨绸缪，无非都为民间永久饱暖的打算。倘以加捐增税视之，决非本县谆谆苦劝之苦心，亦非积谷之宗旨。

为此，明白布告，务望大家齐心，踊跃输将，共成巨举，为善降祥。与人方便，即属自己方便。慎弗因事不于己，漠然置之，不受劝募，不肯照章出谷，致违本县文告。或有聚众阻挠、公然抗拒者，此等不明事理之人，一经区董告发，抑被访知，定行拘县处罚不贷。其各懔遵。特此布告。

吉林县积谷董理处为各区另行召集民户推举积谷董事呈候加委令

民国五年十一月二十日

为通令事。

案照积谷一事，系为救荒要政事，非郑重办理，难收效果。兹经本处拟定办法，按照县属十区四十八分所，每分所设董事一人，得由本区粮户推举公正士绅、素孚重望、热心公益之人担任其事，并不得滥竽充数，致贻民害。

卷查各区前举董事计六十余人，业逾定额，惟何去何留，本处无从悬揣。自宜由民再行推举，另行加委，以洽舆情，俾专责成。至于各该区董、董事等薪膳费用一节，业经呈请在案，俟奉指令再行通令示遵。除区董业符定额，毋庸另选并分行外，合亟令仰该区官即便遵照，迅速召集区董及粮户，按照该区分所多寡，每所推举董事一名。并将该董事住址系某分所之董事列表，连同保结一并呈报，听候委任。急待筹办，幸勿延缓，是为至要。切切，此令。

监督　于　芹

总董　林及生

副董　杜著渤

吉林县积谷董理处令委各区积谷董事之委任状

民国五年十二月初五日

为令委事。

案照积谷备荒，系属要政，自非得人而理，不足以资进行。兹据该区粮户　　等公同推举士绅　　家道殷实，热心公益，堪充积谷董事，呈请加委前来。合亟令委该董事，即便遵照，认真办理，勿负委任。此令。

附　吉林县积谷董理处

员役暨各区区董、董事名单

积谷董理处员役

总董　林及生

副董　杜著渤

文牍员　苏钟涵

雇员　赵英恩　栾庆源　李润川

夫役　丁玉得　张　友

各区董、董事

第一区

区董　杨魁恩

董事　曲广春　刘庆霖　张和庆　关魁庆　侯君卓

第二区

区董　谭国良

董事　周文治　二道沟（住一分所）

　　　塔明彦　上河湾（住二分所）

　　　张振麟　六台南沟（住三分所）

　　　郭仪元　木石河街（住四分所）

　　　朱德贵　杨树河子（住五分所）

　　　周景祥　周家屯（住六分所）

　　　赵殿财　尖山子（住七分所）

第三区

区董　卢锡恩

董事　王长顺　九站（住一分所）

　　　姚　朗　四十家子（住二分所）

　　　李得升　太平山（住三分所）

　　　滕万成　滕家窝棚（住四分所）

　　　叶兰亭　太平村（住五分所）

　　　刘玉棠　荒山屯（住六分所）

第四区

区董　孙智魁

董事　高　瑞　前八台屯（住一分所）

　　　张殿福　大韦子沟街（住二分所）

　　　赵存双　羊头坎子屯（住三分所）

　　　李全林　川心店（住四分所）

　　　曹继春　小山嘴子屯（住五分所）

　　　齐　英　达子屯（住六分所）

　　　杨广成　下九台街（住七分所）

第五区

区董　韩惠廷　一拉溪

董事　陈　仑　大绥河（住一分所）

　　　陈学兰　蒐登站（住二分所）

　　　傅荣安　大荒地（住三分所）

　　　李鸿达　花家屯（住四分所）

李士魁　岔路河（住五分所）
卢殿举　金家屯（住六分所）
傅家珍　陡嘴子屯（住七分所）

第六区

区董　朱补山

董事　（原缺）

第七区

区董　陈国富　红石磊大屯

董事　王善亭　五里河子（住一分所）
关润泉　春登河（住二分所）
高连峰　铜匠沟（住三分所）
刘玉堂

第八区

区董　常　和

董事　吴永贵　红旗屯（住一分所）
李柏阳　狄家沟（住二分所）

第九区

区董　赵文魁　下大屯

董事　孙学春　额赫穆（住一分所）
关常祥　富太河（住二分所）

第十区

区董　吴恩贵

董事　鄢　荣　（住一分所）
赵　荣　双岔河（住二分所）
杨友薪　（住三分所）
吴文贵　（住四分所）
张国隆　（住五分所）

吉林县公署为积仓董理处呈请转饬各区团帮同看护仓谷一事的指令

民国十一年六月十五日

令积谷董理处

呈悉。该处以地面不靖，所有各区存储仓谷仅以更夫看守，恐有疏虞，拟请查照前案，由各区团暂拨临时兵丁，帮同护守，系属短局，事尚可行。已分令警察所长及保卫总队长，转饬所属一体拨给，仰即由处通行各区董知照。此令。

吉林县农会为拟取消积谷董理处请核议的呈文

民国十一年十二月三十日

为呈请事。

窃据本会评议员朱永浚、赵永禄等上书云：为提议取消积谷董理处，以免虚靡，而行实惠，请付公决，转呈执行事。窃查积谷备荒，原属善政。惟凡事创始难而乐成易，故每仓设董事一员，主管其事；每区设区董一员，以总其成。然一县之中，总司其事者，厥为县署。我吉林县为首善之区，行政事务宜较外县为繁。恐办理积谷分歧庶政，或有不暇顾及之处，附设积谷董理处，委任员司董理其事，亦一时权宜之政策也。现在各区积谷，业已积有成数，收贮仓廒。而积谷之事，已完全告成，宜一结束，是积谷董理处无存在之必要明矣。前闻监督曾有取消董理处之计划，闻斯言者，啧啧称赞，以为当然。盖以负积谷之责者，区有区董，仓有仓董，保管有人，发放有人。每届积谷之秋或发放之时，不过依照成例，收贮归仓以及放出若干，呈报县署注册而已，无须再设董理处，徒事虚靡。所有办理积谷事宜，既各归各仓董事负责，各区董有总司一区积谷之权责，遇事直接县公署办理。惟每仓宜添设仓夫二名，以供奔走之役及负看守之责。如恐积久生弊，派临时义务稽查一二员，每年按区周履调查一二次。约计每年除区仓各董以及仓夫应支并修理仓廒应用各费外，可节省吉大洋三千余元，可购谷四千余石。一遇水旱偏灾，即可额外救济多数民命，节虚靡之款，化为实惠，想亦我县监督所乐为，以践前言者也。县农会为县农民代表，关系民生利害，有代为请命之责。用敢不揣冒昧，恳将愚见付诸公议，如认为可行，即请转呈吉林县公署，依议施行。为此，上书伏乞大会鉴核施行。等情，据此。当经开会讨论，一体可决，理合具文，呈请监督鉴核施行。谨呈

吉林县公署

县知事批：

拟呈不为无见。惟本县幅员辽阔，所积各谷散存于四乡，保存办法至关重要，非没有综理机关，遇事恐无所归宿。既拟呈议前情，仰候斟酌核办。另行饬知董理处，邀集各区绅、粮户，核议复夺，仰即知照。此令。

一月五日

吉林县公署暨积谷董理处报改编保管章程并送预算的呈文

民国十二年三月十日

为呈请事。

案查本县积谷，原系定期三年。嗣因建仓等费不敷支出，复经会议请准，

续积一年。现在续积期限已经届满，亟应结束，另定保管办法，以资永久。

当经召集各区区董、董事等，于本年一月二日到县开全体会议，讨论以上所列各节。据该各区区董、董事等佥称：现在各区积谷，业已积成两万零八百余石，建成草瓦仓房一百三十五间。就势论事，外人观之谷已积成、仓已建修强半，似宜另订办法，以资收束。惟此项积谷，每仓现存最少者，亦有三四百石之多，若不仍按原章于春间贷出半数，以陈易新，日久定必霉乱，不堪食用。况春借秋收，周而复始，并每年于夏秋之交，经理出风等事，在在均须有人，方可永保无虞。况此次办理积谷，当开办之初，各区人民均以从前积谷办理不善等语借词推诿，否认者居大多数。嗣经区董、董事等开诚布公，晓以此次积谷章程如何妥洽，管理如何周详，各区积成之谷即在各区建仓存储，非遇特别荒年决不轻易提动，反复讲演，不惮舌敝唇焦，始收有今日之效果，于此而无人经管，必致功败已成。第谷储于仓，又分在十区各分所，尤非有综理机关，不特遇事动多掣肘，且恐县署兼顾难周，无从查考。为保存永久计，所有原设各区区董、董事以及积谷董理处，均应依旧存留，俾负责有人，不致废坠。惟事属因旧，而经费问题，则当从新筹议。应将前三年所积之谷，照章贷出半数，后一年续积之谷，统行贷出，仍按二分生息。常年所收息谷作为保管经费，量入为出，缩小范围，舍此之外别无良图。再四研究，询谋佥同，并拟具保管章程二十条，编就收支各预算，公同表决。

知事查该区董、董事等所称各区积成之谷应设专员经管，仍留积谷董理处为总汇机关，系为经久计划，有所考核，免滋弊端。但董理处势须改组，缩小范围，所需经费即由常年收入息谷项下提出，虽于仓储之数不能加多，而对于积成之谷所赖以保全者实大。惟董理处按月经费在各区未缴到息谷变价以先，仍由县署地方公款项下先行垫发，俟缴到再行归还。是否有当，除分、径呈外，理合检同拟具章程及编就岁入岁出预算书，具文呈请钧座、署鉴核，指令施行。谨呈

吉林省长公署

吉长道尹公署

计呈　预算书二本保管积谷章程二份

监督　于　芹

总董　林及生

吉林县积谷董理处积谷保管息贷章程

民国十二年三月十日

第一章　总纲

第一条　积谷董理处仍行存在，为各区总汇机关，以资统系全县积谷、

出贷、保管事宜。

第二条　各区区董、董事自此次规定保管章程以后，应妥慎负责，仍谓某区某分所区董、董事。（应由该区董查点某分所事务繁简，酌量归并，另行加委，以节经费，而便经理。各分所董事对于呈报事件，应直接董理处，以期捷便）

第二章　保管

第三条　各区区董、董事应将实存积谷妥慎保管，不时查验，若遇烧仓或夏雨连绵仓底受湿，其存谷如发生霉乱时，由该区董、董事随时呈报，派员查验复夺抑或出风，再行转请核办。但事先宜妥为防备，总期不损正谷为善。

第四条　各区董、各分所董事每半年应将所存谷数及经过情形呈报一次，以备考核。

第五条　董理处应据各区之所报谷数汇总造册分呈，每年以两次为限，其临时发生事故不在此例。

第六条　凡建有积谷公仓地点，其本管界内警团，须同负保管责任。

第三章　贷粜

第七条　每年贷谷时间，由旧历二月初一日起至四月底止；归还时间，由旧历十月初一日起至十二月底止，均不得违越定限。

第八条　前三年正式积谷，照章每年贷出半数；后一年续积谷数，每年应尽数贷出，以期多生利息。

第九条　丰年贷谷须由该区董、董事协同该管警团，分别界内一、二、三等户口等级，按照应贷谷数摊配派借，以期照数贷出，而免亏损息谷。惟以种地户为限，用符接济春耕之意。

第十条　贷放积谷，无论大小民户须取有承还保证，方能借给，俾免摊荒。

第十一条　遇有荒年，贷、粜、赈三种办法，须由董理处查核情形，随时呈请核定之。

第十二条　耗粮仍照定章，每石准耗五升，但以贷出谷数为算。其在仓不动或散存各户者，不得擅扣耗粮。

第四章　经费

第十三条　各区董、各分所积谷董事及各看仓更夫，须酌给常年辛费，其辛费数目另依预算定之。

第十四条　各区董、董事及更夫应领辛费，须由息谷变价缴到款内，于次年夏历三月内再向董理处具领，否则，董理处无款垫付。

第十五条　全县积谷保管经费须由每年贷出半数并续积一年全数贷出应

得息谷项下，尽数变价拨充之。

第十六条　每年全县息谷变价，董理处须提留十分之二，以资补助本处常年经费。

第五章　变价

第十七条　每年变价息谷，须由董理处通盘筹画，分别各处斗量，按照当时市行，酌定画一价格，通知各区，俾一律查照定价办理，以防有不实不尽之处。

第十八条　每年变卖息谷期限，由旧历十二月初一日起至转年十二月底止，其变卖得价后，须随时尽数呈缴董理处。

第六章　附则

第十九条　本章程如有未尽事宜或应行修改者，须随时声请之。

第二十条　本章程以规定核准之日施行。

附　吉林省长公署指令

呈悉。查核所拟积谷保管息贷章程暨出入各预算，尚无不合，应准照办。仰即转饬遵照。仍录案分报该管道尹备案。附件存。此令。

十二年四月三日

吉林县为报积谷数目并抄送章程致财政厅的呈文

民国十二年十一月二十七日

为呈报事。

案奉钧厅第九六四六号指令，据本县呈复积谷系实谷入仓等情由。奉令：呈悉。该县办理积谷既系实谷入仓，定有确数可考，何以仅称劝积年满，计达二万石之谱，殊属含混。究竟先后劝办几年，每年收入若干，截至现在实存若干，历年出陈易新如何办法，以及囤积何处，仰均查明详细分报，以凭稽考。此令。等因，奉此。查本县办理积谷系由民国五年起实行开办至九年止，除七年年景稍歉，呈准停积并官公零星地亩免积外，共办四年。每年每垧收谷二升五谷，有因及时、迟报，延至本年六月底止，共积谷二万四千八百十六石零零七合一勺九撮，并历年贷放收息谷四千六百八十八石八斗七升九合零二撮。除建仓需款提变谷四千三百三十九石七斗九升六合二勺三撮；区董、董事等办公薪膳费需款提变谷二千三百六十一石二斗三升八合五勺四撮；有因建仓费不敷，并看仓夫工食需款提变谷七百九十四石六斗二升二合一勺七撮；又历年贷放出仓耗谷一千一百六十一石二斗五升一合七勺九撮；有因被水火灾及烧仓、霉烂，请准注销谷四百十六石七斗四升二合五勺八撮外，核计共存实谷二万零三百六十石零五斗六升六合五勺三撮。均在各区分所建有公仓地点，妥慎存储，统由各区董、董事等经手，着人看护，遵照积谷董理处呈拟保管章程，按年春贷秋收、以陈易新各办法办理。知事恐有影射挪移等弊，复由县通令各区警察分所长，认真稽查各董事等所存积谷是否实在，一面委员侦察各警区有无附同隐饰，并严令各区董、董事等遵照妥慎保管，各在案。兹奉前因，理合将积谷数目造具四柱清册，连同先今章程，一并抄录，具文呈报钧厅鉴核施行。谨呈

吉林财政厅厅长孙

吉林县知事为报积谷董理处拟修改章程并扩充经费的呈文

民国十三年四月七日

呈 吉林省长公署
吉长道道尹荣 函

为呈请事。

案查上年三月二十九日
四月三日奉钧署第二千三百十
二百七十八号指令，据本县呈送积谷董理处规定积谷保管息贷章程并送预算书，请鉴核缘由。奉令：呈悉，查核所拟积谷
呈暨章程预算书均悉保管云云，此令。并奉省长公署第二千三百十号指令内开：呈悉云云，此令。各等因，奉此。当即转行遵照，去后。兹据该处总董林及生呈称：查前定章程，原为妥慎保管以期经久不敝。乃行之一年，详加考核，各区区董及各分所董事认真办理者，固不乏人；而一味敷衍、弊窦丛生者，亦居多数。就贷谷而言，有以春间借出之谷数多，而所报之数少、私吞利息者；有以多利出贷，违背原章，致滋冲突者；更有蒙混价格，款已收入延不报解者。本处额设总董一员、稽查一员、文牍一员、雇员一员，以县境之辽阔，所有积谷分存在四十二处，虽能窥其症结，只以无人告发，又不能随时亲临调查，即以书面告诫，往往置若罔闻。积谷为救荒要政，若非及时纠谬，恐敷衍日久，相率效尤，弊更有不堪言者。保管之难，甚于募积。总董职任所在，责有攸归。欲派员清理，则无人；欲周历查视，道途循环，计在二千里以上，非数月不为功。再四思维，惟有修改章程，恢复本处范围，添设人员，以便严行考核，认真督催。并将原定区董、董事人员公同推举办法取消，由本处直接选派本地方妥实粮户，呈请县署委充，借专责成，而便取缔，并可免通同欺。兹将原定章程，从事修正，分别增删，凡七章计三十二条，恳乞俯准照办，用策进行，如邀恩允，再行造送预算。总董为矫正弊端、保管积谷起见，是否有当，理合呈请察核。等情，据此。查各区变卖上年息谷，现届告竣缴齐款项之期，乃呈报收入者，尚不及三分

之一，解送铢文更无论矣，迭经令催，终鲜效果。该总董所陈不能尽属无因，详核修改章程，只有规复董理处旧制，添用人员，便于督催考查一项。经费问题，仍就息谷项下变价提支，于正谷并无损失，于原章亦不违背。是否可行，除分径呈外，理合检同所送修改章程，具文呈请钧署鉴核，俯赐指令祇遵。谨呈

吉林省长公署

吉长道道尹荣

计呈送章程一份

积谷董理处修正积谷保管息贷章程

民国十三年四月七日

谨将积谷董理处修正积谷保管息贷章程缮具清折，恭呈鉴核。

计　开

第一章　总纲

第一条　本章程以积成之谷认真出贷、妥慎保管、用备荒年为宗旨。

第二条　原设积谷董理处仍行存在，为各区总汇机关，以资统系。

第三条　本处一切事务仍依原定章程，由县知事监督。对于各区文告，以积谷董理处名义行之，遇有呈请事件，仍呈县转报。

第四条　本处原设总董一员，仍旧总理全县积谷一切事宜。

第五条　本处所辖存谷处所四十二处，事务甚繁，应设文牍一员、会计一员，由总董选用，呈请县公署加委，以专责成。

第六条　各区办理出贷及变价等事，非严行稽查不足以杜弊端。应由总董择地方士绅办事认真者四名，呈请县公署委为稽查，分赴各区随时考查。

第七条　本处设雇员二名，承总董之命，专司缮写；用夫役一名，以备差使。

第八条　各区区董、董事自此次规定保管章程以后，应妥慎负责，仍名为某区、某分所区董、董事。应由该区董查照某分所事务繁简，酌量归并，另行加委，即将从前公同推举办法取消，由董理处直接选派本地妥实粮户充之，以专责成而便整顿。至各区区董及各分所董事对于呈报事件，应直接董理处，以期捷便。

第九条　各自区、分所归并后，应以某区屯公仓名义各刊发长方图记一颗，以昭信守。

第二章　保管

第十条　各区区董、董事应将实存积谷妥慎保管，不时查验，若遇烧仓或夏雨连绵仓底受湿，其存谷如发生霉乱时，由该区董、董事随时呈报，派员查验复夺，抑或出风，再行转请核办。但事先宜妥为防备，总期不损正谷为善。

第十一条　各区董、各分所董事每半年应将所存谷数及经过情形呈报一次，以备考核。

第十二条　董理处应据各区之所报谷数汇总造册分报，每年以两次为限，其临时发生事故不在此例。

第十三条　凡建有积谷公仓地点，其本管界内警团，须同负保管责任。

第十四条　各区董、董事每届年终将借出之谷本利完全收仓后，即行来处核兑一次，以免数目歧异，俾昭核实。

第三章　贷粜

第十五条　每年贷谷时间，由旧历二月初一日起至四月底止；归还时间，由旧历十月初一日起至十二月底止，均不得违越定限。

第十六条　前三年正式积谷，照章每年贷出半数；后一年续积谷数，每年应尽数贷出。核总推算，即系三分借出二分。每石仍以二分生息，届秋务须本利清还，不准拖欠。应用出陈易新办法，转年将新谷存仓，陈谷贷出，以免久存生霉，俾重荒政。

第十七条　丰年贷谷须由该区董、董事协同该管警团，分别界内一、二、三等户口等级，按照应贷谷数摊配派借，以期照数贷出，而免亏损息谷。惟以种地户为限，用符接济春耕之意。

第十八条　贷放积谷，无论大小民户须取有承还保证，方能借给，俾免摊荒。

第十九条　遇有荒年，贷、粜、赈三种办法，须由董理处查核情形，随时呈请核定之。

第二十条　每年贷谷，出仓一石准去鼠耗五升，俟届收仓，应由利谷核扣，勿损正谷。其在仓不动或散存各户者，不得擅扣耗粮。

第四章　经费

第二十一条　本处前届建仓经费两项节余款项，尚有未经建仓区域，暂留本处备用，以俟将仓建齐，再另行定规存储办法。

第二十二条　全县积谷保管经费，按全县存谷两万石有余，依第十六条规定三分之二出借，如完全贷出，每年本有一万三千余石，可收息谷二千六百余石，扣除耗粮尽数可变一千六百余石。无论钱法如何，每石准值吉大洋十元，预计常年可得息谷变价吉大洋一万六千元之谱。除董理处暨各区办公经费左列分配常年共支大洋一万二千二百零四元外，其余三千七百九十六元尽还财务处垫款，所余之数另案呈请核定之。

第二十三条　积谷董理处常年经费大洋四千九百零八元。其细数列左：

（一）薪工月支大洋三百三十九元，常年四千零六十八元。

（甲）总董一员，月支大洋六十元。

（乙）稽查四员，每员月支大洋四十元，计一百六十元。

（丙）文牍一员，月支大洋四十元，庶务兼会计一员，月支大洋三十五元，计七十五元。

（丁）雇员二名，一级一名，月支大洋十八元；二级一名，月支大洋十四元。共三十二元。

（戊）夫役一名，月支大洋十二元。

（二）办公费，月支大洋七十元，常年八百四十元。

（甲）文具票照，月支大洋三十六元。

（乙）消耗，月支大洋三十四元。

第二十四条　各区董、各分所积谷董事及各看仓夫应酌给常年薪工大洋七千二百九十六元。其细数列左：

（一）薪缮月支大洋三百五十六元。

（甲）区董十员，每员月支大洋十元，计一百元。

（乙）董事三十二员，每员月支大洋八元，计二百五十六元。

（二）工食月支大洋二百五十二元。

（甲）各区看仓夫四十二名，每名月支大洋六元，计二百五十二元。

第二十五条　各区董、董事及更夫应领薪费，须将息谷变价款呈缴到处，于次年夏历三月内再向董理处具领，否则，董理处无款垫付。

第五章　变价

第二十六条　全县每年贷谷得息，扣除耗粮，应尽数变价，呈报董理处核准后，再行分拨之。

第二十七条　每年变价息谷，须由董理处通盘筹画，分别各处斗量，按照当时市行，酌定画一价格，通知各区，俾一律查照定价办理，以防有不实不尽之处。

第二十八条　每年变卖息谷期限，由旧历十二月初一日起至转年二月底止，计三个月。分为三限：十二月为第一限；正月为第二限；二月为第三限。每限照定价增加十分之二。如先期呈报价格超过定价，以五成提公，五成充赏，以期迅速。其变卖得价后，须随时尽数呈缴董理处。

第六章　奖惩

第二十九条　各区董、董事应请核奖事项如左：

一、区董、董事每年将所存之谷照章贷出，届秋本利完全收仓，由总董汇案呈请监督为名誉之奖叙；

一、各区、所变息谷价格若超过原定价格以外之数，以五成充公，作为正款；以五成提给董事，作为奖金，以示鼓励；

一、各区董、董事办理息借保管满五年以上，并无霉烂、不损正谷、亏短情弊准由董理处呈报县公署转请核奖。

第三十条　各区董、董事办事不力及侵蚀情弊应行惩罚事项如左：

一、各区公仓应借出谷数未能完全照贷或未借出者，不但不能照章给薪，且按该分所实在谷数每年应贷获利数目，从实处赔，以儆因循；

一、各区董、董事如有侵蚀影射息谷舞弊情形，立请撤换，送县法办；

一、各区借户若有拖欠借谷者，由区董、董事报告警察，送由董理处呈县押追，以儆其余。

以上事项各区董、董事应由董理处遴派妥员，认真查考其办事之优劣，或经地方民户举发有侵亏舞弊情事，或声请办事完全者，呈报董理处，必须核实办理，分别奖惩，以励进行。

第七章　附则

第三十一条　本章程如有未尽事宜或应行修改者，须随时声请之。

第三十二条　本章程以呈奉核准之日施行。

附　吉林吉长道道尹公署指令

令吉林县知事

呈、折均悉。该总董请修改积谷保管息贷章程，自系为认真考核、严杜弊窦起见，查阅修改各条尚属完善，应准照办。（下略）

民国十三年四月廿四日

吉长道道尹荣厚

积谷董理处为请令行各区警团遵照协助董事稽查息借收谷的呈文

民国十三年六月二十五日

为呈请事。

案查本处办理积谷结束，业经拟定保管办法，专以借贷为宗旨。所有各区出借、收息等事，民户往往滋生阻力，若非警团实力护助，难期进行。本处为整顿积谷、考察流弊起见，兹派定稽查员贾庚昌、阎肃、迟起涛、隋世昌等四员分区调查，端赖各警团协助。一俟该员到区或董事等遇有要事，务使各区警团随时协助，听从稽查董事指挥，以资进行，俾昭郑重。理合具文，呈请钧署鉴核俯准，令行各区警团一体遵照，妥为协助，并严令撤惩处分。

仍请发给稽查协同警团传单，以免违抗，实为公便。谨呈

吉林县公署

县知事指令

令积谷董理处：

呈悉。已令各区警察遵照协助矣。所请另发传单及能从指挥各节，应勿庸议，仰即知照。此令。

民国十三年七月五日

吉林县知事　于芹

吉林县积谷董理处春贷散存各谷完全入仓暨保管办法简章

民国十四年十月十三日

吉林县积谷董理处谨将本年借贷暨散存民户各谷，奉令实行归仓暨保管办法，拟具临时简章，恭呈鉴核。

计　开

第一条　本章程以原有积谷务期实在仓廒、用备荒政为宗旨。

第二条　各区积谷，无论散存暨春贷之谷，本年一律入仓，以求实在。

第三条　收入之谷，值此丰稔，必须籽粒干圆，以防仓霉。

第四条　查各区民户向惯疲顽，仅以董事一人催收，诚恐鞭长莫及，应由处呈请县公署，令行警团实力协助之，违则送县押追，以儆效尤。

第五条　收谷时间，仍查照原订息借章程第十五条内载，由旧历十月一日起至十一月底止，计二个月，分作二期。如在第一月催收竣事，查验属实者，由处呈请县署详加奖勉；如在最后催收终未完结者，即行撤惩。

第六条　本年收谷，奉令完全入仓。兹恐民户习惯拖延，应请由县颁发布告，预先周知，以免临时藉端拖延。

第七条　收入息谷，仍照定章二十七、二十八两条之规定，照章尽数变价，随时呈报董理处核收。

第八条　本年收入之谷，有仓者完全入仓，无仓者即择附近妥靠殷实粮户，均须实谷在仓，不得影移顶挪等弊，倘经查出或被举发，即照章惩处。

第九条　各处收谷入仓时，须由董事召集住在地保卫备补附团、甲长或此次经稽查兑验明确出具担负赔偿保结承保董事之大粮户，到场监视收仓。收入仓谷数，由监视人员加文具报，以昭核实。

第十条　本章程如有未尽事宜，应随时修改之。

第十一条　本章程自呈准之日施行。

吉林县积谷董理处总董林及生为天象亢旱拟请将积谷半数出贷的呈文

民国十五年六月十二日

呈为现观天象亢旱，本年秋收不定，所存积谷拟照半数出贷，以备歉收，请鉴核备案事。

案查历年贷数皆遵定章，照仓存谷三分之二出贷，以一分存仓，办理在案。乃查今年自入夏以来，天气亢旱，永未降雨，现在田苗业渐枯槁，本年秋收诚恐歉薄，来年人民难免乏食。总董拟将本年仓谷按照半数出贷、半数备荒。除通令各区遵照办理赶速册报外，理合具文，呈请监督鉴核备案。谨呈

吉林县公署

县公署批示：

呈悉。应准如拟办理。仰由该处通令各区董事遵照，并将贷放谷数报由该处汇报备查。此令。

六月十五日

卸任县长高汝清为送积谷董理处清册的咨文

民国十八年九月十四日

为咨送事。

案查本县办理积谷，向归积谷董理处经管。现积谷董理处奉令改为义仓管理委员会，仍负经理保管积谷事宜。兹本任奉令交卸，当饬由该委员会委员长林及生，查照案据，造具经办积谷收支数目清册一本，经管积谷贷放生息及提赈变价钱款数目清册一本前来，相应照抄各一份，备文咨送贵新任，请烦查收，核办施行。此咨

新任吉林县县长王

积谷董理处总董林及生为积谷董理处改组为义仓管理委员会移交义仓委员会各项清册的咨文

民国十八年十月二日

为咨交事。

案查积谷董理处机关，前经县政府遵照民政厅训令第七十四号颁发义仓管理规则第十一条之规定，于本年八月十三日，会同地方法定团体，公推林及生、卢庆泰、李士魁三名为义仓委员，并推定林及生为委员长，组织义仓管理委员会。于八月十四日成立，业均遵照到会，拟具章则，呈报在案。所有以前经及生办理积谷董理处一切事项，自应遵照清厘，造册移交，以资续

办而结前案。兹将经手各项事宜，分别造就清册九宗，汇记总册一本，相应一并检齐，备文咨交贵会查照核办，并祈转报复，实纫公谊。此咨

吉林县义仓管理委员会

计咨交：总册一本

附　清册九本

附　第一号

吉林县积谷董理处总董林及生

任内经办积息谷数交代清册

吉林县积谷董理处总董林及生，谨将任内自开办积谷起至民国十八年八月十四日改组前一日止，经管各区仓董办理积谷及借贷生息并提赈各项变价谷收支数目，造具四柱清册，交由贵会查照造册转报。

计　开

旧管：

无

新收：

——收：据各区报，积民国五年份积谷六千二百九十三石三斗七升四合一勺七撮。

——收：据各区报，积民国六年份积谷六千四百二十八石八斗八升六合五勺二撮。

——收：据各区报，收民国六年份息谷四百一十二石二斗八升六合八勺二撮。

——收：据各区报，收民国七年份息谷五百八十石零零三升六合五勺。

——收：据各区报，积民国八年份积谷六千四百四十五石零三升四合五勺三撮。

——收：据各区报，收民国八年份息谷一千二百五十九石八斗三升四合七勺。

——收：据各区报，积民国九年份积谷五千六百四十八石七斗一升一合九勺七撮。

——收：据各区报，收民国九年份息谷一千一百二十七石六斗一升二合六勺。

——收：据各区报，收民国十年份息谷八百石零零四斗一升九合六勺。

——收：据各区报，收民国十一年份息谷四百九十六石六斗八升八合八勺。

——收：据第六区报，收九年份积谷五百三十石零五斗九升四合五勺七撮。

——收：民国十三年据各区报，收十二、三年份息谷一千七百五十九石八斗三升五合三勺六撮。

——收：据第九区补报，积九年份积谷三十七石四斗七升四合五勺。

——收：十四年据各区报，收十二、三、四等年份息谷一千九百四十六石七斗二升四合四勺七撮。

——收：十五年据各区报，收十二、三、四、五等年份息谷二千八百七十八石七斗三升二合零一撮。

——收：十六年据各区报，收十四、五年份息谷一千六百二十三石四斗一升六合一勺二撮。

——收：十六年据各区补报，积谷七十四石一斗五升八合九勺五撮。

——收：十七年据各区报，收十二、三、四、五、六等年份息谷二千七百十六石七斗一升零二勺四撮。

——收：十八年一月起至八月十三日止据各区报，收十六、七等年份息谷一千九百五十五石七斗一升二合四勺。

以上共据各区报，收积谷二万五千四百五十八石二斗三升五合二勺一撮，收息谷一万七千五百六十石零零零九合六勺二撮，总计入谷四万三千零一十八石二斗四升四合八勺三撮。

开除：

——除：据各区报，卖民国五年份建仓谷九百七十九石四斗二升五合七勺六撮。

——除：据各区报，卖民国五年份经费提谷四百八十五石二斗八升零四勺八撮。

——除：据各区报，卖民国六年份建仓谷九百七十六石五斗一升四合六勺二撮。

——除：据各区报，卖民国六年份经费提谷五百零九石六斗一升四合四勺四撮。

——除：据各区报，出民国六年份仓耗谷一百零一石五斗六升三合四勺四撮。

——除：据各区报，出民国七年份仓耗谷一百四十三石零二升七合三勺九撮。

——除：据各区报，卖民国八年份建仓谷九百八十二石六斗三升零零六撮。

——除：据各区报，卖民国八年份经费提谷四百五十七石一斗九升零五勺五撮。

——除：据各区报，卖民国八年份经费息谷六百三十一石二斗四升三合六勺二撮。

——除：据各区报，出民国八年份仓耗谷三百一十七石四斗五升六合一勺八撮。

——除：据各区报，卖民国九年份建仓谷一千零七十一石二斗一升三合二勺九撮。

——除：据各区报，卖民国九年份经费提谷三百四十六石一斗零六合三勺九撮。

——除:据各区民国九年报,卖经费息谷五百零一石三斗七升五合五勺六撮。

——除:据各区民国九年报,出仓耗谷二百八十石零四斗五升三合一勺五撮。

——除：据第六区民国九年呈奉令准注销被焚谷一百六十九石二斗五升七合一勺八撮。

——除:据各区民国十一年报,卖建仓谷三百零五石九斗二升七合三勺二撮。

——除：据各区民国十年报，卖息谷二百四十六石零四升六合五勺七撮。

——除：据各区民国十年报，出仓耗谷一百九十九石八斗五升四合九勺。

——除：据第二区民国十年呈奉令准注销被焚谷一百五十七石八斗三升五合四勺。

——除:据各区民国十二年报,卖补提建仓谷二十四石零八升四合一勺八撮。

——除：据各区民国十一年报，卖补提经费谷九石零九升二合九勺六撮。

——除：据各区民国十一年报，卖息谷一百六十五石零七升六合五勺。

——除：据各区民国十一年报，出仓耗谷一百十八石八斗九升六合七勺。

——除：据各区民国十一年呈奉令准注销霉烂谷八十九石六斗五升。

——除：据各区民国十三年报，卖补提九年建仓谷二百六十九石六斗零三合九勺一撮。

——除：据各区民国十三年报，卖补提九年经费谷一百十四石三斗七升四合四勺五撮。

——除：据各区民国十三年报，卖经费息谷一千三百九十七石五斗一升五合一勺。

——除：据各区民国十三年报，出仓耗谷四百三十六石六斗七升五合二勺八撮。

——除：据各区民国十三年报，出奉令准注销匪损霉烂谷五十四石六斗五升五合。

——除：第十区杨故董事亏损谷二百一十五石三斗八升六合八勺八撮。

——除:十四年据各区报,卖息谷一千四百三十二石二斗五升八合四勺五撮。

——除:十四年据各区报，出仓耗谷四百七十四石一斗三升二合六勺八撮。

——除:十五年据各区报,卖息谷一千八百八十石零九斗三升一合四勺四撮。

——除:十五年据各区报，出仓耗谷六百三十九石七斗五升八合五勺九撮。

——除：十五年据各区报，除奉令核准桦皮厂、大绥河请销霉烂谷四十七石二斗零五合六勺五撮。

——除：十六年据各区报，卖息谷一千二百二十三石二斗一升二合三勺八撮。

——除：十六年据各区报，出仓耗谷四百零五石七斗二升八合七勺八撮。

——除：十七年据各区报，卖息谷一千九百六十一石八斗八升九合零三撮。

——除：十七年据各区报，出仓耗谷六百五十四石一斗六升八合二勺九撮。

——除：十八年一月起至八月十三日止据各区报，卖息谷一千四百六十六石四斗零四合八勺五撮。

——除：十八年一月起至八月十三日止据各区报，出仓耗谷四百八十八石九斗二升八合一勺。

——除：十八年一月起至八月十三日止据各区报，卖二成赈谷三千二百二十九石七斗。

——除：十八年一月起至八月十三日止据各区报，已变未结二成赈谷八百八十七石三斗。

以上共除：

各区报，卖二成建仓提谷四千六百零九石三斗九升八合一勺四撮；

各区报，出百分之八经费谷一千九百二十一石六斗五升九合二勺七撮；

各区报，出经费息谷一万零九百零五石九斗五升三合八勺；

各区报，出仓耗谷四千二百六十石零六斗四升三合四勺八撮；

各区报，请奉令注销霉烂亏损谷七百三十三石九斗九升零一勺一撮；

各区奉令提卖二成赈谷四千一百一十七石。

总计除谷二万六千五百四十八石六斗四升四合八勺。

实在：

——在第一区乌拉街仓存谷一千石

——在第一区桦树嘴子仓存谷三百八十石

——在第二区其塔木仓存谷二百石

——在第二区二道沟仓存谷二百石

——在第二区上河湾仓存谷二百四十石

——在第二区六台仓存谷五百石

——在第二区沐石河仓存谷三百五十八石

——在第二区卢家屯仓存谷四百四十石

——在第二区胡家屯仓存谷二百五十四石

——在第二区石家屯仓存谷三百九十石

——在第三区桦皮厂仓存谷五百一十五石

——在第三区大荒地仓存谷五百六十四石
——在第三区两家子仓存谷五百八十六石
——在第三区太平村仓存谷三百四十石
——在第三区烟达木沟仓存谷四百四十三石
——在第四区二道沟仓存谷一千零三十石
——在第四区八台仓存谷四百石
——在第四区大苇子沟仓存谷二百七十二石
——在第四区羊头坎子仓存谷二百六十石
——在第四区波泥河子仓存谷七百六十石
——在第五区岔路河仓存谷四百五十七石
——在第五区大绥河仓存谷七百八十一石
——在第五区大荒地仓存谷四百五十石
——在第五区花家屯仓存谷五百二十四石
——在第五区一拉溪仓存谷三百石
——在第五区金家屯仓存谷一百一十二石
——在第五区陡嘴子仓存谷二百一十五石一斗
——在第六区双河镇仓存谷三百石
——在第六区平埠子仓存谷三百石
——在第六区清茶馆仓存谷五百三十五石五斗
——在第七区口钦仓存谷四百三十石
——在第七区大三家子仓存谷五百六十石
——在第七区苏相屯仓存谷二百五十石
——在第八区旺起屯仓存谷四百三十石
——在第八区红旗屯仓存谷一百九十一石
——在第九区常屯子仓存谷二百七十六石
——在第九区王麻子沟仓存谷二百四十石
——在第十区尤家屯仓存谷二百二十七石
——在第十区双岔河仓存谷二百一十石
——在第十区大屯仓存谷三百四十九石
——在第十区龙潭山仓存谷二百石
以上四十一处，共实在谷一万六千四百六十九石六斗。

（三）吉林省城官仓

吉林县官仓处经理员杜著渤为呈请筹备省城积谷的呈文

民国八年九月二十日

为呈报事。

案查职员管仓以来，行将三载，所有各项整顿办法及经过情形，业经呈报在案。

窃以民为邦本，食为民天，民食足则邦本自固，所以古今中外执政诸人，莫不以民食一项为百政之首要。吉省举办积谷，倡行者纯系我省长；而实力奉行始终不懈者，尤推我监督，是以吉县积谷成绩实在各县之上。但以此一次积谷，恒有畛域观念。无论甲县对于乙县升合不能通融，即以此乡积成之谷挹注彼乡，更戛戛乎其难。然各县乡虽系不能挹注，大约遇有荒年，均能自顾，惟省城一隅，面积辽阔，户口纷繁，其中贫户尤多，仅有广厦万间，实无薄田半亩，一粒之谷无处劝积，明矣。一旦年景歉收，则省城乏食，贫户又将倚何维持，必指日省城官仓尚有米可以接济。讵知官仓在民国四年以前，县界大宗仓田未曾卖出，按年储米较多，故省城每设粥厂，即由仓米拨付。迨自民国四、五两年之交，经前清丈局将县界仓田一律卖出，收入顿少。经王前巡按使拨留者，仅系伊、双、桦、舒各县界内及乌拉五官屯等处仓田，统计地数不到五千垧，年收额谷市石只在二千二百石以内，均有指定用途。计养济所全年需谷市石八百石，乌拉学校需谷二百石，省仓经费变价需谷六百石，三共需谷一千六百石，外加各旗孀妇半垧、白山鹿豆约需一百余石。扣去以上各项用谷，按年盈余者不过四百石之谱。一遇仓田被灾正用尚且不敷，岂能有余谷备荒乎？职员生长斯土，桑梓攸关，奉委管理仓务又兼办积谷，责任关系尤重。抚良自问，实不忍再事敷衍，徒耗公家经费也。兹将管见所及之处，试缕晰陈之。

查省仓全年经费，计变卖仓米三百石，二谷一米，合谷六百石。拟按年减去谷三百石，十年可积谷三千石。再“孀妇半饷”、“白山鹿豆”两项，当前次划留仓田时，该两项并不在预算之内，拟一并取消，以符原案。况“孀妇半饷”历由各旗具领转发，委系有名无实，由此裁去，并无不合。而白山供鹿尤属国家用品，如必保存，应请财政厅另行筹款拨抵，似觉相宜。若将此两项取消，年可积谷百有余石，十年可积谷千有余石。再加职处减去经费，并原有余谷，年可积谷八九百石，十年可积谷八九千石，为数不为不巨。倘遇荒年，则省城之贫户不致有乏食之叹。从此各县各乡之仓廪既盈，而省城之仓廪亦可告实。当此国库支绌，地方财政亦万分艰窘，除此办法恐无它救急良策。至将职处全年经费遽然节减一半，若不另行设法，势必不能支持。拟将乌拉公仓处机关裁撤，归并省仓办理。腾出乌仓经费，补充省仓，复力加撙节，满能敷用。当去冬职员初接乌仓时即有归并之意，只以金前兼理移交卷内亏欠经费若干，急待归还。又兼去岁乌属五官屯仓田被灾，经费谷租亦统未收齐，因之不得不稍为延缓。兹查今秋职处所属各处仓田均无被灾警告，将来各项经费谷租必能收齐。际此改组，审势度时，均无障碍。再职员此举委系出于至诚，并非徒博一时虚名。经费虽减，而仓务更力加整顿，尤与因陋就简者不同。然两仓既行归并，应即更定名目，另拟办法，方合手续。现已均行拟就，呈候转请裁夺。如蒙允行，年前作为预备时间，以九年一月一日为实行裁并之期。除全年预算另行编定呈核外，所有拟将吉、乌两仓合并，节出经费余谷，专作省城备荒各缘由，是否有当，理合附具新拟办法一并备文，呈请钧座鉴核，俯赐转请，示遵施行。谨呈

吉林县监督于

计呈简章一份

批文：

呈及简章均悉。查所拟各节于整饬仓政之中，筹谋省城积谷以备荒政要需，用意至为远大。阅之无任嘉许。仰候检同简章呈请省长公署核示饬遵可也。此令。

十月廿一日

吉林省长公署为批复吉林县呈拟筹备省城官仓的指令

民国八年十一月八日

令吉林县

呈暨清折均悉。查该县官仓处经理员杜著渤拟请将乌拉镇公仓处归并吉林县官仓处，改名吉林省城官仓，节出经费积储余粮专作省城备荒之用，事尚可行。惟查各旗“孀妇半垧”一案，系前清为赡养各旗官兵阵亡之妻而设，现在官兵俸饷既照旧发给，自不能将“孀妇半饷”单独取消。至小白山致祭一节，曾准内务部来电暂循旧例办理等，因是所设鹿圈亦应仍旧保存。所请将各旗“孀妇半饷”及“白山鹿豆”一并取消之处，未便准行，仰即转饬，将简章另行修改，造具预算，并呈候核。原折发还。此令。

归并吉乌两仓改设省城官仓简章

民国八年十二月

谨将拟定改组吉乌两仓简章缮具清折呈请鉴核。

计　开

第一条　以两仓合并节减经费积储余粮专作备荒救饥省城贫户为宗旨。

第二条　吉林县官仓处、乌拉镇公仓处等名目同时取消，更名曰吉林省城官仓。

按:本仓所属仓田，均隶在伊、双、桦、舒各县界内，吉县范围实无一垧。若仍称吉林县官仓处之名，将来各县自治团体恢复，似此有名无实，难免不无争执之处。改称省城官仓，借以包括各县之地而杜他日借口。合并声明。

第三条　吉林县官仓处、乌拉镇公仓处两项木质钤记一并缴销，另请刊发钤记。曰:吉林省城官仓钤记，以资信守。

第四条　本仓监督仍以吉林县知事任之。

第五条　拟将吉林县官仓处之经理员、乌拉镇公仓处之兼理员等名目一并裁去，改设仓长名称，以专责成。

按：两仓合并事务较繁，责任亦重，改设仓长一人以资统制，而昭重要，合并声明。

第六条　本仓仓长仍由监督拣定，呈请省长加委，以重职守。

第七条　本仓仓长承监督之命令，所有一切文件仍呈报监督鉴核后，再行分别存转。

第八条　本仓设催征二员、助理一员、庶务一员、书记长一员、书记三名。拟助理员常川住乌，外拨书记一名。

按:未改组以前，两仓人位较繁。兹既合并，应即力加裁减，以免虚靡。故核照从前人位，已减去三分之一。合并声明。

第九条　本仓催征、助理、庶务等员，仍由仓长拣定，呈请监督加委。书记长以下各人位，由仓长随时酌用之。

第十条　本仓不另设出纳员，所有会计事项仍由仓长兼任，不支薪水，以节经费。

第十一条　本仓所有人位，统承仓长之命令，各守各职，不得侵夺权限。如有功过，由仓长随时记录，分别呈报监督，查核奖惩。

第十二条　拟将乌拉镇公仓处改为吉林分仓，以备临时催粮或储粮占用。

第十三条　吉、乌两仓统计仓田四千余垧，年纳额谷二千二百石左右，仍照章给养济所拨谷八百石，给乌拉学校拨谷二百石，给本仓经费拨谷三百石，“孀妇饷米”拨谷一百三十石，“白山鹿豆”拨谷五十石，计全年需谷一千四百八十石，下余七百二十石专作省城备荒之用。

第十四条　“白山鹿豆”、“孀妇饷米”，仍照旧发给，惟“孀妇饷米”以该孀妇故去，即停止支发，不得顶名续领。

第十五条　本仓无论年景丰歉，统以催收现粮为本位。如有折价，必要时须遵照省公署历年颁发催粮布告第三条办理，并须随时买粮入仓，亏赔官家概不负责。

第十六条　本仓按月呈报粮数时，仍遵照旧章以仓石计算之。

第十七条　本仓耗粮一节，应查照原有旧例，按九五折耗，以免公亏，而符定章。

第十八条　本仓出入粮一节，应行查照旧例，以斛斗入之，以市斗出之。如有盈余，统行化私为公，变价列入预算，核实呈报。

第十九条　查省仓经费，原系变价额谷六百石，兹拟减去一半，下剩谷三百石。乌仓经费，原系余谷一百九十石零四斗，浮多谷四十余石，经费地租百石上下，外加草价大洋五百六十元。以上两仓经费归一，作为此次改组新仓全年经费之用。

按：乌仓年收仓石谷三千零二十四石，合市石谷一千二百零九石六斗，系为呈报额谷正数。但该处一百四十佃户，每佃年纳市石谷十石，共计一千四百石。除正数外，余谷一百九十石零四斗。再草价系每户以大洋四元计算，然草价有落有涨，应随市行为转移，庶不至两亏。再经费地租每逢报灾时，多不输纳，故不敢指定确数，合并声明。

第二十条　本仓经费用谷如须变卖时，应即由仓长主持，按照当时市行变价，多寡须呈报监督备案。

按：变价多寡除核实开支外，如有盈余应行保存，不准超出预算任意开销，合并声明。

第二十一条　本仓如有大宗动款，即补修仓廒一切工程之需，必须事前呈请监督许可，转呈省长核准，方准举办。

第二十二条　本仓所属仓田，拟由仓派员一律清丈，以免被侵占而资保存，清文章程另定之。

按：前清嘉庆年间，初拨仓田时，每纳粮一垧其实地即有两垧之多。迨自日远年烟，奸佃盗卖，时有所闻，往往有粮无地，即此弊也。况现在各县又举办自报升科，尤系奸佃取巧时机。若长此敷衍，不但原有浮多无以保存，即纳租额地亦恐不敷原数矣。清丈一举事在必行，合并声明。

第二十三条　本仓全年经费预算另行编拟之。

第二十四条　本章程呈奉省长批准之日施行之。

第二十五条　本章程奏准后，如有修正事项，须先呈请省长公署核准，方发生效力。

吉林省城官仓呈报十年度仓谷收支数目

民国十年、十一年

（计二份）

吉林省城官仓　谨将民国十年一月至六月收支仓谷数目，缮具四柱清册，恭呈鉴核。

计　　开

旧管项下

——上年结存仓石谷一千四百六十四石五斗九升七合四勺六抄。

新收项下

——收：四年份仓石谷十五石三斗四升七合六勺二抄。

——收：五年份仓石谷十四石七斗八升七合一勺四抄。

——收：六年份仓石谷四十八石七斗八升一合四勺三抄。

——收：七年份仓石谷三十九石三斗一升五合四勺八抄。

——收：八年份仓石谷一百零四石四斗九升七合三勺六抄。

——收：九年份仓石谷八百九十九石六斗零二合九勺七抄。

以上共收仓石谷一千一百二十二石三斗三升二合。

开除项下

——除：十年份经费变卖原额仓石谷七百五十石。

——除：十年份经费变卖原收额外余谷四百七十六石。

——除：十年份经费变卖原收浮多地租仓石谷八十二石九斗八升七合五勺。

——除：本年一月至六月养济所粥米仓石谷一千零零五石。

——除：孀妇半饷仓石谷一百六十八石。

——除：白山鹿料仓石谷五十石零六斗八升。

——除：发还粮价扣仓石谷四十四石五斗二升七合五勺。

以上共除仓石谷二千五百七十七石一斗九升五勺。

实在项下

——结存：仓石谷九石七斗三升四合四勺六抄。

民国十年十二月

吉林省城官仓　谨将民国十年七月至十二月份收支仓谷数目，缮具四柱清册，恭呈鉴核。

计　　开

旧管项下

——截至十年六月底，存仓石谷九石七斗三升四合四勺六抄。

新收项下

——收：九年份尾欠仓石谷三石五斗八升九合六勺九抄。

——收：十年份于十二月内经收仓石谷一千零三十四石八斗一升六合五勺四抄。

——收：十年份于十一月内经收仓石谷六百零五石三斗一升零八合三勺三抄。

——收：十年份于十二月内经收仓石谷三千四百三十七石三斗八升九合三勺八抄。

以上共收：仓石谷五千零八十一石一斗零六合四勺五抄（内有浮多仓石谷八十石三斗六升九合零五抄）。

开除项下

——除：本年七月至十二月养济所粥米仓石谷九百九十五石。

——除：孀妇半饷仓石谷六十九石。

——除：白山鹿料仓石谷六十四石三斗四升。

——除：乌拉学校九、十两年经费仓石谷一千石（每年补助经费市石谷二百石）。

——除：收九年粮误报仓石谷四石七斗六升二合（系九年份错误，已列报市石二石二斗二升七合，查三联票马殿魁名，实系市石二斗二升七合）。

以上共除：仓石谷二千一百三十三石一斗零二合。

实在项下

——结存：仓石谷二千九百五十七石七斗三升八合九勺一抄。

民国十一年六月

“长白文库”出版书目：

东三省政略校注（全三册）

满洲实录校注

钦定满洲源流考校注

吉林外纪

吉林分巡道造送会典馆清册

鸡塞集

松江修暇集

吉林乡土志

吉林志略

吉林志书

吉林纪事诗

戊午客吉林诗·鸡林杂咏

吉林地志·鸡林旧闻录

长白山江岗志略

长白汇征录

吉林纪略·一　柳边纪略、宁古塔纪略、绝域纪略、吉林舆地说略、吉林地略、吉林形势

吉林纪略·二　吉林汇征

吉林纪略·三　大中华吉林省地理志

吉林纪略·四　吉林地理纪要

韩边外

金碑汇释

吉林三贤集

东疆史略

东北史地考略

东北史地考略续集

雷溪草堂诗集

东北旗地研究

满族说部神话、史诗研究

满族萨满神辞口语用语研究（全两册）

启东录　皇华纪程　边疆叛迹

双城堡屯田纪略　东北屯垦史料

松漠纪闻　扈从东巡日录

成多禄集

蒙荒案卷

珲春副都统衙门档案选编（全三册）

吉林农业经济档案

海西女真史料

打牲乌拉志典全书　打牲乌拉地方乡土志

东夏史料

顾太清诗词

清代吉林盐政

延吉边务报告　延吉厅领土问题之解决